書き込み式 漢字検定2級問題集

成美堂出版

もくじ

別冊 解答・解説

学習ドリルの練習問題と本試験型テストの解答は別冊に詳細な解説入りでまとめて掲載!

2級の出題範囲　徹底攻略

出題される漢字は2136字

漢字検定2級では、常用漢字すべての**2136字**が出題範囲となり、準2級から**185字**増えました。

漢字を読ませる問題と書かせる問題どちらも、**2割程度**2級の漢字が使われており、それ以外は準2級配当漢字を使った問題が中心となっています。

ただし、下級の漢字でも**高校で習う読みや熟字訓・当て字、特別な音訓**（⬇本冊P168）が出題されています。

✪ 2級の問題番号と出題内容※1

問題番号	出題内容
大問（一）	読み
大問（二）	部首
大問（三）	熟語の構成
大問（四）	四字熟語 ← 漢字一字を書くものから二字書くように変更
大問（五）	対義語・類義語
大問（六）	同音・同訓異字 ← 漢字を二字書くように変更
大問（七）	誤字訂正
大問（八）	漢字と送りがな
大問（九）	書き取り

■部分は準2級からの変更点

2級の要注意問題の対策

「熟語の構成」の見分け方

熟語の構成の問題は、二字の熟語の上下の漢字がどのような関係にあるかを**5つの選択肢から答える**、普段あまり目にしないタイプの問題です。

熟語の構成には次のようなパターンがあり、それぞれ見分けられるようにしておけば得点しやすい問題です。

ア 同じような意味の漢字を重ねたもの

（例）媒介（ばいかい）　媒：なかだちすること ＝ 介：間をとりもつこと

上の字と下の字、それぞれの漢字の意味を考え、同じような意味であればこの構成。

イ 反対または対応の意味を表す漢字を重ねたもの

（例）雅俗（がぞく）　雅：風流なこと ⇔ 俗：ありふれていること

上の字と下の字、それぞれの漢字の意味を考え、反対または対応する意味であればこの構成。

ウ 上の字が下の字を修飾しているもの

（例）謹呈（きんてい）　つつしんで 差し出す

上の字から下の字に読むと意味がわかるものはこの構成。

エ 下の字が上の字の目的語・補語になっているもの

（例）争覇（そうは）　覇権（を）争う

下の字に「て・に・を・は」をつけ、下の字から上の字に読むことができればこの構成。

オ 上の字が下の字の意味を打ち消しているもの

（例）不肖（ふしょう）　似ていること（が）ない

上の字が打消しの意味を表す「不」「未」「無」「非」であればこの構成。

※1 本書は出題が予想される形式で構成しています。実際の試験は、公益財団法人 日本漢字能力検定協会の審査基準の変更の有無にかかわらず、出題形式や問題数が変更されることもあります。

✪ 2級の審査基準

領域・内容		程度
読むことと書くこと	すべての常用漢字の読み書きに習熟し、文章の中で適切に使える。 ●音読みと訓読みとを正しく理解していること。 ●送り仮名や仮名遣いに注意して正しく書けること。 ●熟語の構成を正しく理解していること。 ●熟字訓、当て字を理解していること。 （例）海女＝あま　玄人＝くろうと　など ●対義語・類義語、同音・同訓異字を正しく理解していること。	すべての常用漢字（※2）を理解し、文章の中で適切に使える。
四字熟語	典拠のある四字熟語を理解している。 （例）鶏口牛後　呉越同舟　など	
部首	部首を識別し、漢字の構成と意味を理解している。	

※2　常用漢字とは、平成22年11月30日内閣告示による「常用漢字表」に示された2136字をいう

許容字体について

2級配当漢字には、常用漢字表（内閣告示）に記された字体の他に、**許容字体**として正答と認められる字体をもつ漢字が**25字**あります。自分の覚えやすい方の字体を覚えるとよいでしょう。

◯が形の異なる部分、「配当漢字表」欄は本書で掲載しているページです。

漢字	淫	牙	葛	嗅	僅	惧	稽
許容字体	淫	牙	葛	嗅	僅	惧	稽
配当漢字表	❶（P9）	❶（P9）	❷（P13）	❷（P13）	❷（P13）	❷（P13）	❷（P13）

漢字	餌	煎	詮	箋	遡	遜	嘲
許容字体	餌	煎	詮	箋	遡	遜	嘲
配当漢字表	❸（P17）	❹（P21）	❹（P21）	❹（P21）	❹（P21）	❹（P21）	❺（P27）

漢字	捗	溺	塡	賭	謎	剝	箸	蔽	餅	頰	喩
許容字体	捗	溺	填	賭	謎	剥	箸	蔽	餅	頬	喻
配当漢字表	❺（P27）	❺（P27）	❺（P27）	❺（P27）	❺（P27）	❻（P31）	❻（P31）	❻（P31）	❻（P31）	❻（P31）	❼（P35）

2級の採点基準

2～10級は常用漢字で答える

【書き】　2～10級の解答については、**常用漢字表**（内閣告示）の漢字で答えなければなりません。その他の漢字や旧字体で解答すると、まちがいになります。たとえば、「真」を「眞」と書いたり、「門」「歴」を「门」「厂」と書くと誤りになります。

【読み】　音読みも訓読みも常用漢字表が採点の基準です。常用漢字表にない読みを書くと正答とはみなされません。

【部首】　漢字検定での部首の解答は、2級以下の漢字がすべて掲載されている**『漢検要覧2～10級対応　改訂版』**（公益財団法人日本漢字能力検定協会発行）収録の**「部首一覧表と部首別の常用漢字」**によります。部首は辞書によって多少異なる場合もありますので、よく注意してください（第1章学習ドリルそれぞれの冒頭にある**「2級、準2級配当漢字表」**を参照）。

【かなづかい】　**現代仮名遣い**（内閣告示）によります。

【送りがな】　**送りがなの付け方**（内閣告示）によります。

【字体】　字体は、**教科書体**（小学校の教科書で使用されている字の形）が基本です。本書の問題・解答・資料も教科書体を使用しています。

正しい字の形に

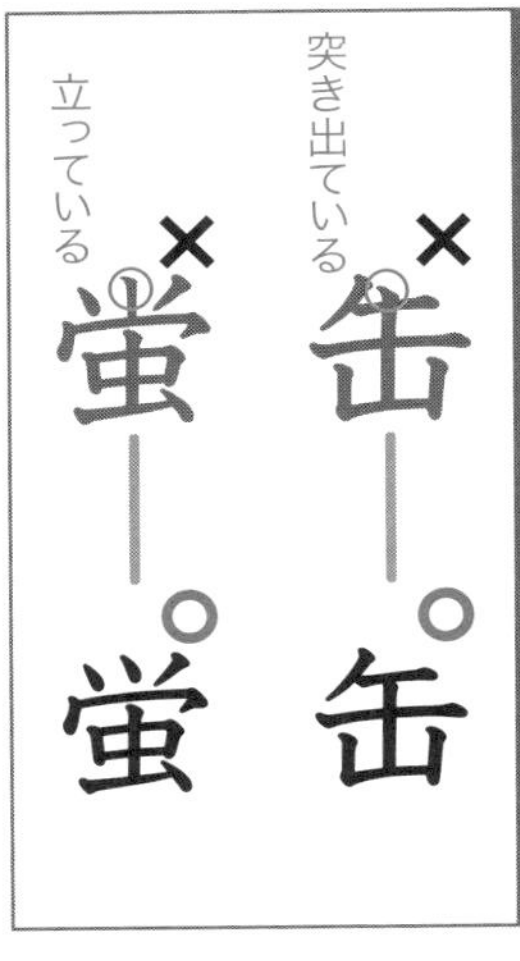

文字は正しくていねいに

筆順（点や画）を正しく書くことが大切です。くずした字を書いたり乱雑な書き方をしたりすると、採点の対象外となります。楷書で、ていねいに書くようにしてください。「はねる」「とめる」「長・短」「続ける・はなす」など、一画一画、細かいところまで気を配りましょう。

記号で答える問題は、本書では記号を書き込みますが、本番の試験ではマークシートをぬりつぶして答えます。はみ出したり、あいまいなぬりかたをしたりすると採点の対象にならないことがあるので注意してください。

筆画を正しく書く

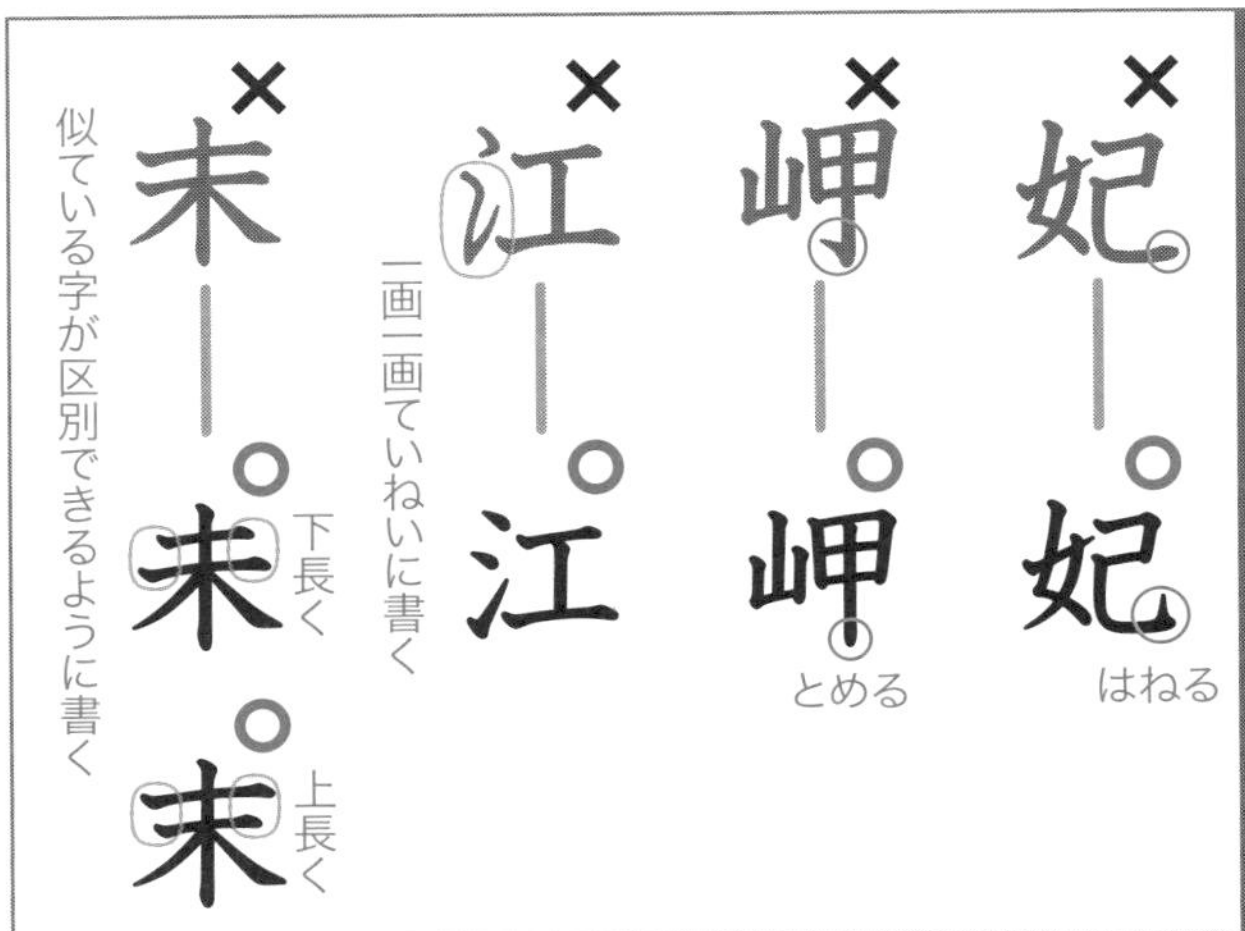

合格基準は正解率80％

合格基準は、1級～2級は80％程度、準2級～7級は70％程度、8～10級は80％程度です。「2級」合格を目指す人は、160点程度が合格の目安になります。

２級の実施要項

受検資格

年齢や学歴、国籍にかかわらず、希望すれば、だれでも、どの級からでも受検することができます。

主な申し込み方法

受検のしかたには、「個人受検」と「団体受検」があります。また、通常の（紙の）検定のほかに、コンピュータを使って受検するシステム（漢検ＣＢＴ）も実施されています。ここでは「個人受検」の申し込み方法について説明します。

【申し込み方法】　受検の申し込みには、さまざまな方法があります。

●**インターネットで申し込む**

日本漢字能力検定協会のホームページ（https://www.kanken.or.jp/）から申し込みます。

●**コンビニエンスストアで申し込む**

コンビニエンスストアの各店舗に設置された端末機で申し込みます。

【申し込み期間】　検定日のおよそ3か月前から1か月前までとなっています。

問い合わせ先

公益財団法人　日本漢字能力検定協会
【本部】
〒605-0074
京都市東山区祇園町南側551番地
TEL　075-757-8600
FAX　075-532-1110
ホームページにある「よくある質問」を読んで該当する質問がみつからなければメールフォームでお問合せください。電話でのお問合せ窓口は**0120-509-315（無料）**です。

検定日・合否の通知など

【検定実施日】　毎年、おおむね6月、10月、2月の年3回行われています（漢検CBTは、検定日にかぎらず実施されています）。スケジュールなどについては、協会に直接問い合わせるか、協会のホームページで確認してください。

【検定会場】　全国の主要都市で行われています。願書に記載されている検定会場から、自分の希望する会場を選びます。

【検定時間】　2級は60分間。開始時間の異なる級を選べば、2つ以上の級を受検することができます。

【合否の通知】　検定実施後、約5日後に漢検ホームページで標準解答がWEB公開されます。約30日後に漢検ホームページでWEB合否結果が公開され、受検者自身で合否結果を確認できるようになります。約40日後には、検定結果資料と標準解答が郵送されます。

検定当日の注意点

【持ち物】	受検票、HB・B・2Bの鉛筆（シャープペンシルも可）、消しゴムを忘れずに持っていってください。ボールペンや万年筆、こすって消せるペンの使用は認められていません。ルーペ持ち込み可。
【交通】	自動車やバイクでの来場は、原則として認められていません。公共の交通機関を使用してください。
【時間】	事前に説明などがあるため、検定開始の15分前には検定会場に入ってください。

本書は、原則として2023年６月現在の情報に基づいています。試験制度は変更されることがありますので、必ずご自身で、試験実施団体が発表する最新の情報をご確認ください。

本書の見方と使い方

STEP 1　第1章　学習ドリルで配当漢字を覚える！

配当漢字表

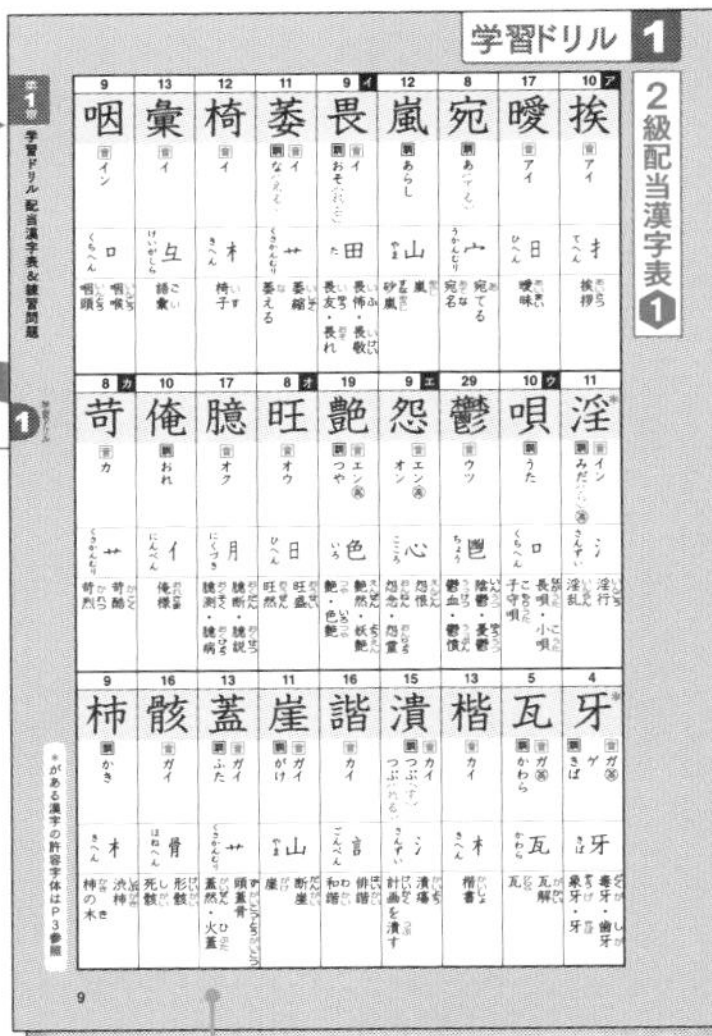

2級配当漢字の試験に出る要素を収録！

練習問題

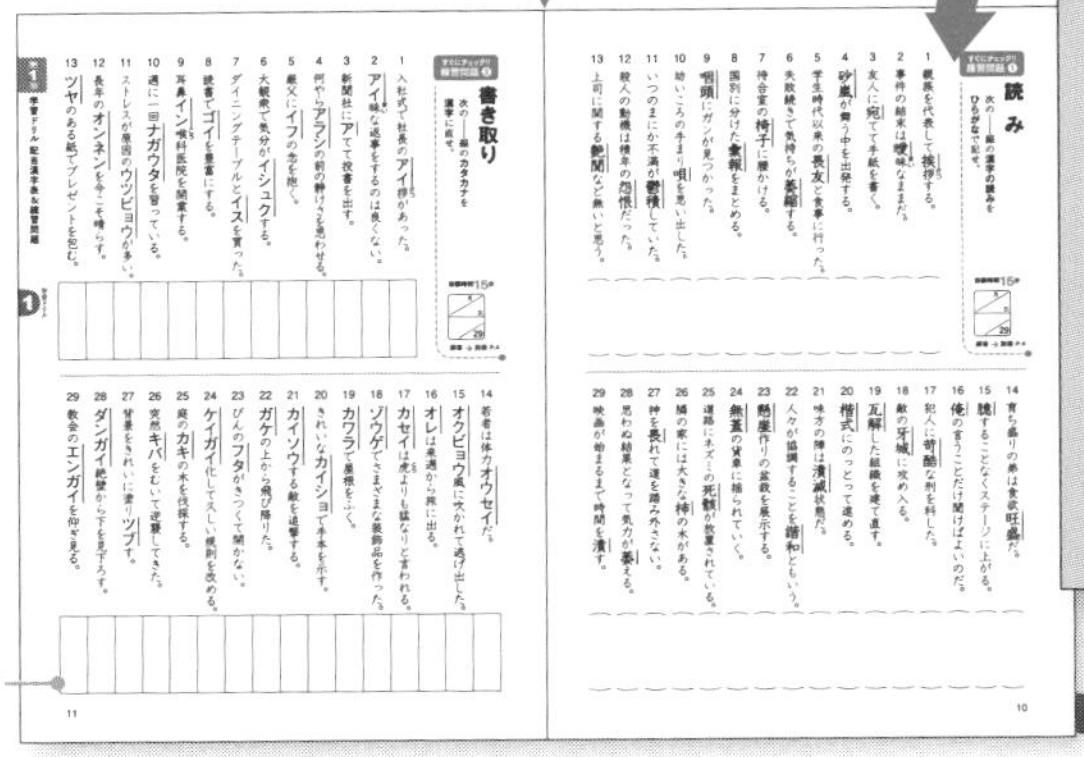

第1章では2級配当漢字185字を7、準2級配当漢字328字を12に分け、それぞれ練習問題を解いていくことで覚えられるように構成しています。

解答時間をめやすにドンドン書き込んで答えていこう！

STEP 2　第2章　本試験型テストにチャレンジ！

本試験型テスト

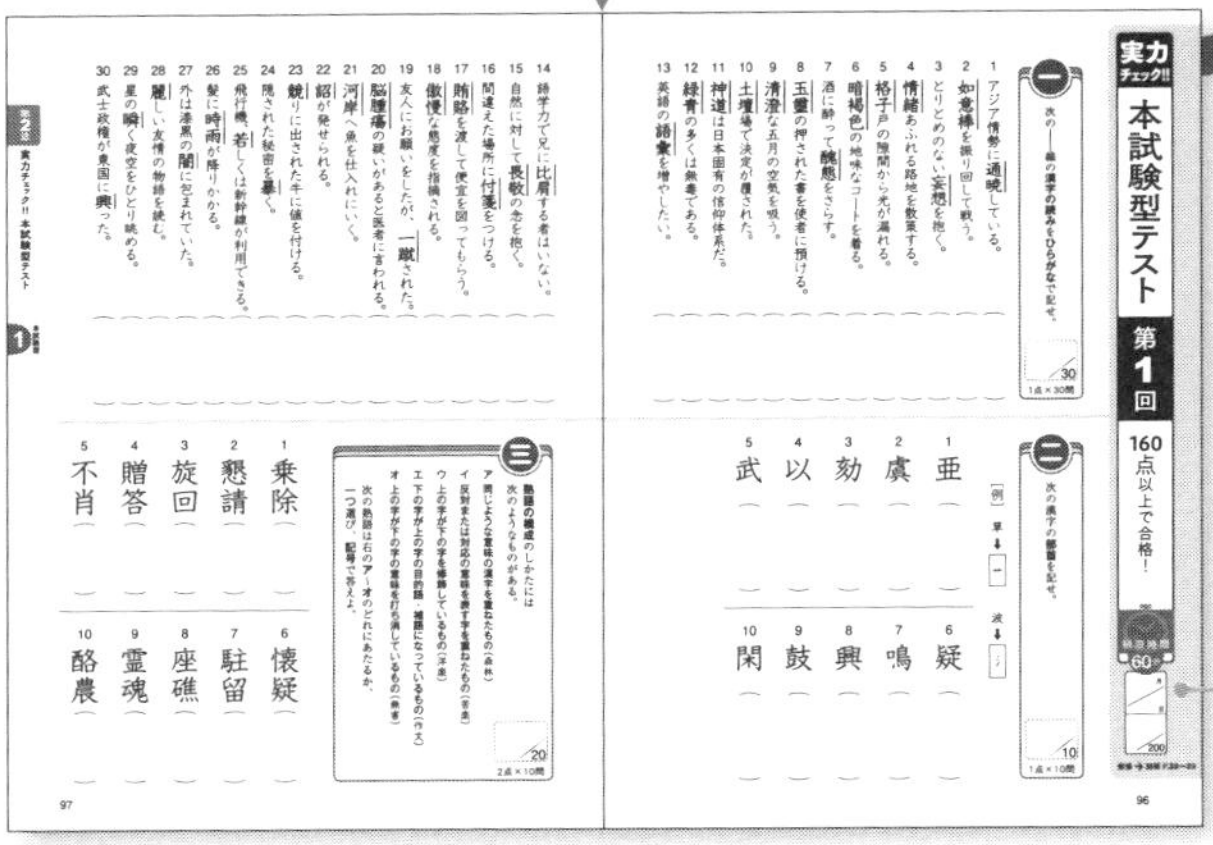

第2章は本試験同様の出題形式のテストを12回分掲載。まずは、時間通りに解いて合格点をめざしましょう。まちがえたら別冊の解説で納得するまでしっかり復習しましょう。

実際の本試験の出題形式で出題！　解いていけば本番に強くなる！

別冊 解答・解説

学習ドリルの練習問題も本試験型テストも別冊の解答で答え合わせ。

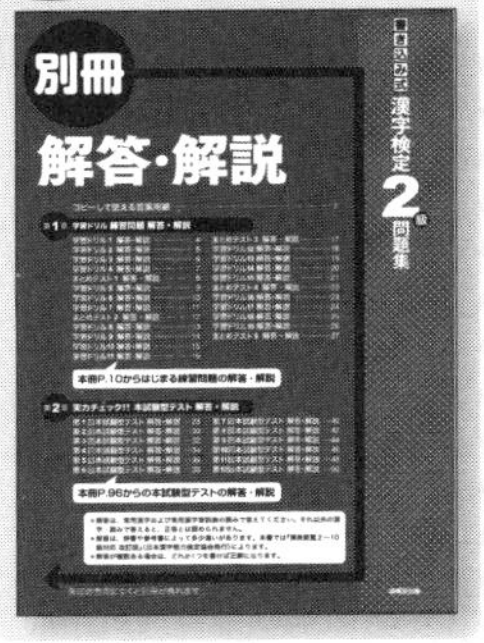

STEP 3　巻末資料　頻出語句満載！　理解が深まる資料集でレベルアップ！

同音・同訓異字

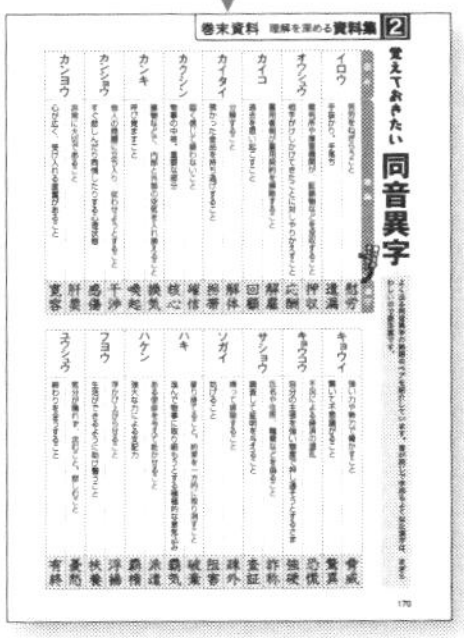

部首

四字熟語

巻末には、過去に多く出題された漢字や熟語を分野別に解説。本書のテストの復習はもちろん、本番前の予習に活用してください。

過去の本試験の出題傾向を分析！　頻出度が高いものをまとめて掲載！

第1章

学習ドリル
配当漢字表
&
練習問題

出題範囲を集中学習!
まちがえたら
冒頭の配当漢字表に
戻って徹底的に覚えよう!

学習ドリルの進め方

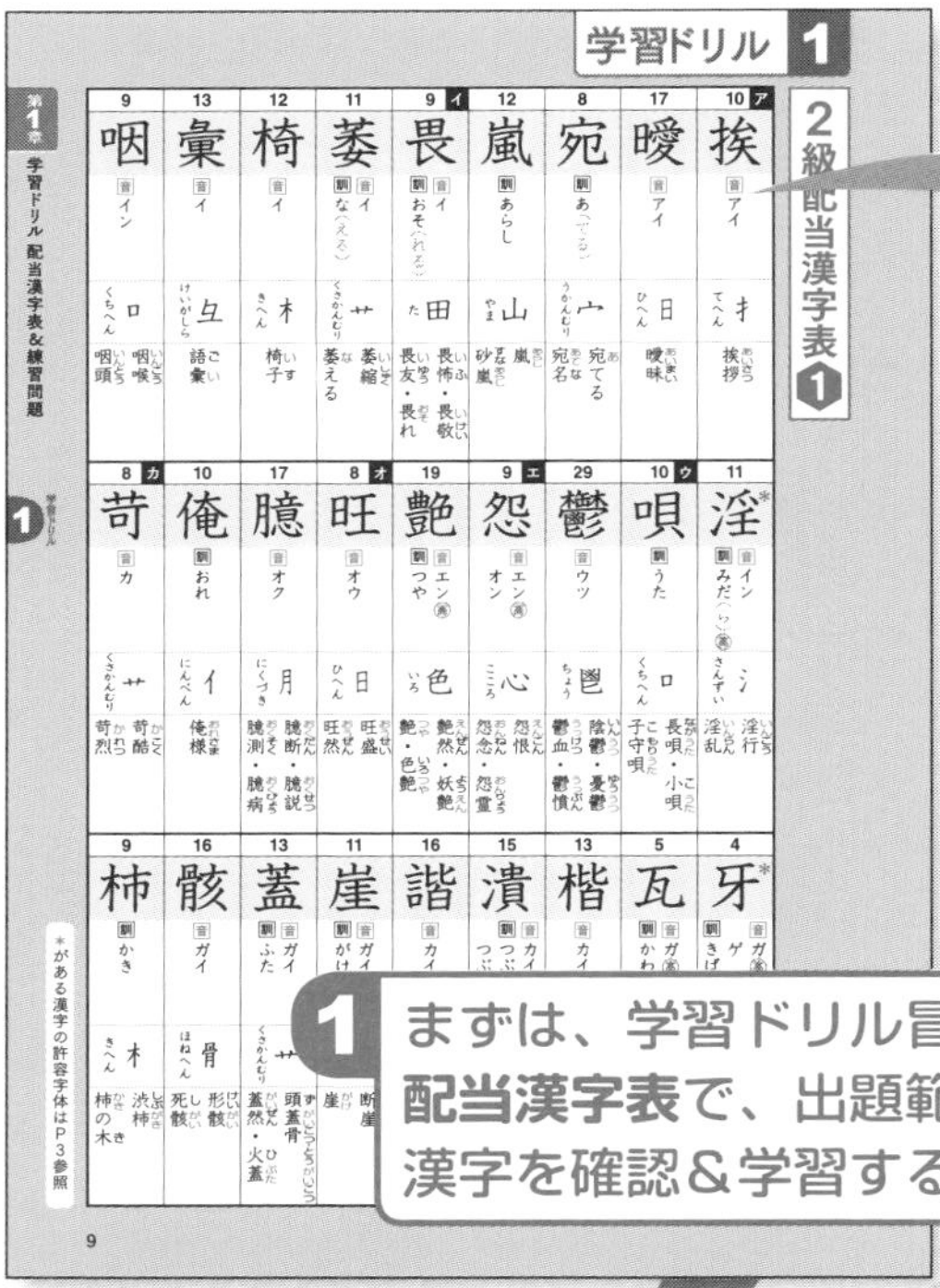

1 まずは、学習ドリル冒頭の**配当漢字表**で、出題範囲の漢字を確認＆学習する！

２級配当漢字表７つと
準２級配当漢字表12掲載

配当漢字表の見方

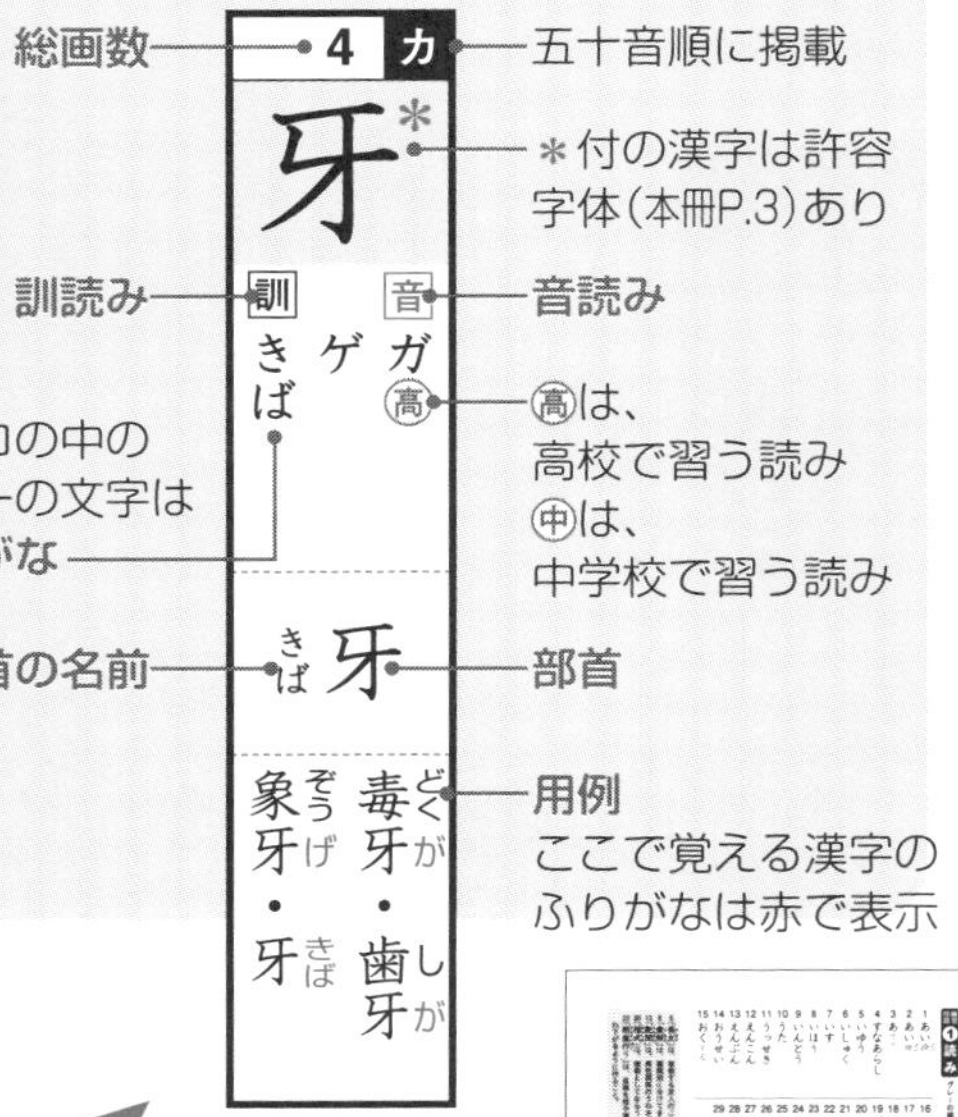
カッコの中のグレーの文字は送りがな
部首の名前

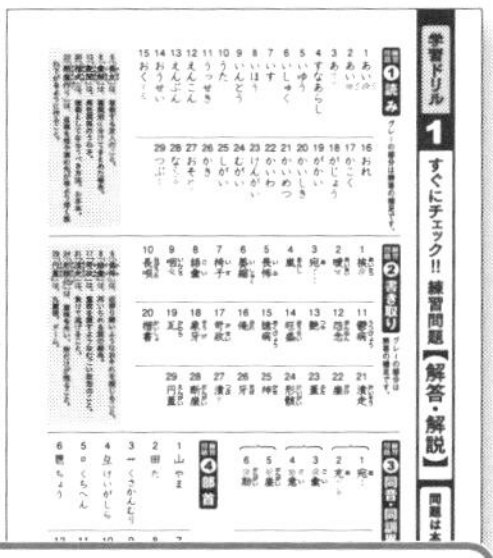

別冊 解答・解説

3 別冊で答え合わせ。まちがえたら**配当漢字表**で再確認！

2 **練習問題**では配当漢字表の漢字を出題形式別に出題。どの出題方法でも対応できるようになる！

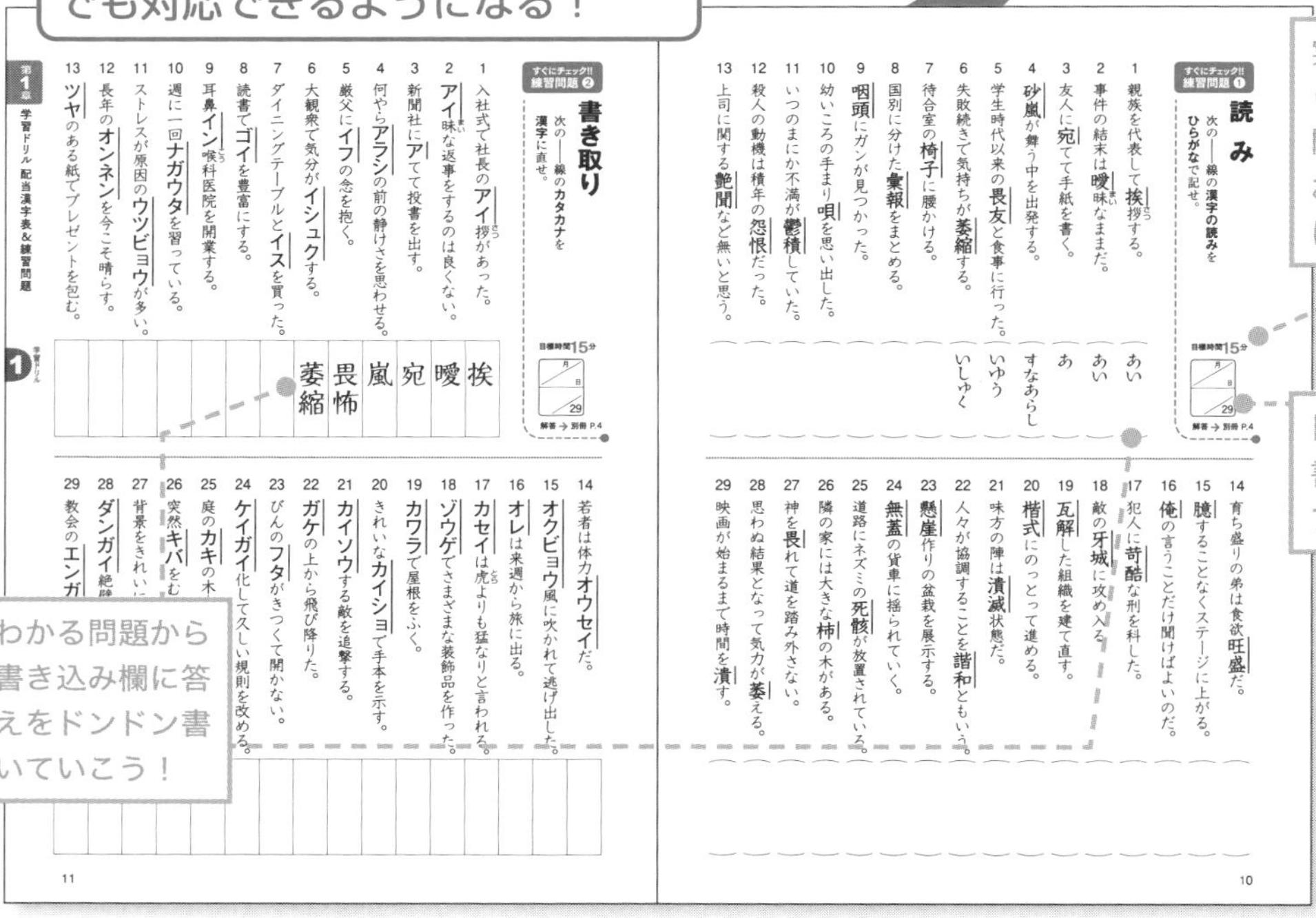

実際の試験の時間（60分）から目標時間を換算。時間どおりに解けば本番に強くなる！

日付と採点結果を書いて、実力アップを実感しよう！

わかる問題から書き込み欄に答えをドンドン書いていこう！

「まとめテスト」１～４には誤字訂正や四字熟語の問題も収録！

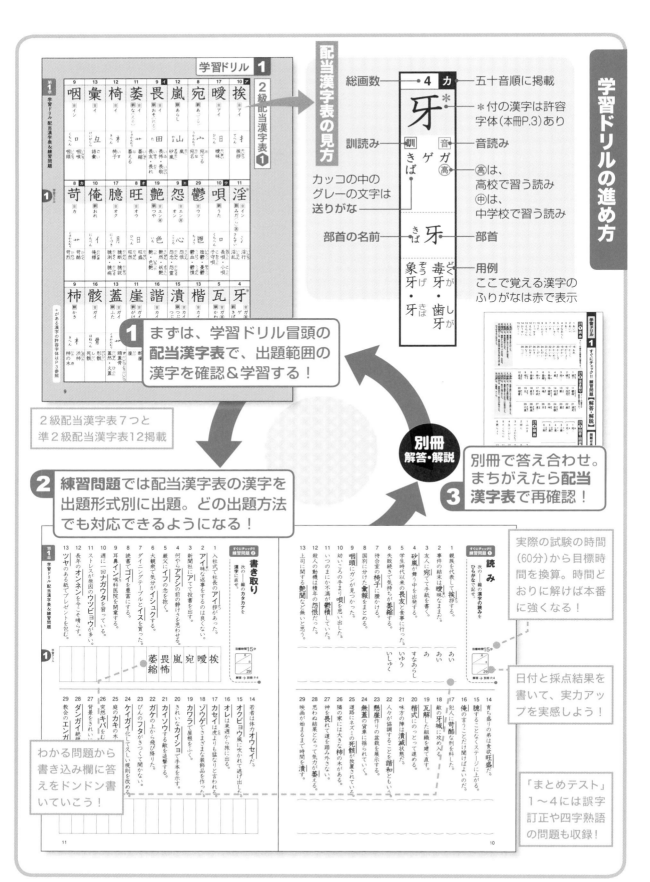

2級配当漢字表 1

	漢字	画数	音・訓	部首	用例
ア	挨	10	音 アイ	扌 てへん	挨拶《あいさつ》
	曖	17	音 アイ	日 ひへん	曖昧《あいまい》
	宛	8	訓 あ（てる）	宀 うかんむり	宛《あ》てる 宛名《あてな》
	嵐	12	訓 あらし	山 やま	嵐《あらし》 砂嵐《すなあらし》
イ	畏	9	音 イ 訓 おそ（れる）	田 た	畏怖《いふ》・畏敬《いけい》 畏友《いゆう》・畏《おそ》れ
	萎	11	音 イ 訓 な（える）	艹 くさかんむり	萎縮《いしゅく》 萎《な》える
	椅	12	音 イ	木 きへん	椅子《いす》
	彙	13	音 イ	彑 けいがしら	語彙《ごい》
	咽	9	音 イン	口 くちへん	咽喉《いんこう》 咽頭《いんとう》
ウ	淫*	11	音 イン 訓 みだ（ら）高	氵 さんずい	淫行《いんこう》 淫乱《いんらん》
	唄	10	訓 うた	口 くちへん	長唄《ながうた》・小唄《こうた》 子守唄《こもりうた》
	鬱	29	音 ウツ	鬯 ちょう	陰鬱《いんうつ》・憂鬱《ゆううつ》 鬱血《うっけつ》・鬱憤《うっぷん》
エ	怨	9	音 エン高 オン	心 こころ	怨恨《えんこん》 怨念《おんねん》・怨霊《おんりょう》
	艶	19	音 エン高 訓 つや	色 いろ	艶然《えんぜん》・妖艶《ようえん》 艶《つや》・色艶《いろつや》
オ	旺	8	音 オウ	日 ひへん	旺盛《おうせい》 旺然《おうぜん》
	臆	17	音 オク	月 にくづき	臆断《おくだん》・臆説《おくせつ》 臆測《おくそく》・臆病《おくびょう》
	俺	10	訓 おれ	亻 にんべん	俺様《おれさま》
カ	苛	8	音 カ	艹 くさかんむり	苛酷《かこく》 苛烈《かれつ》
	牙*	4	音 ガ高 ゲ 訓 きば	牙 きば	毒牙《どくが》・歯牙《しが》 象牙《ぞうげ》・牙《きば》
	瓦	5	音 ガ高 訓 かわら	瓦 かわら	瓦解《がかい》 瓦《かわら》
	楷	13	音 カイ	木 きへん	楷書《かいしょ》
	潰	15	音 カイ 訓 つぶ（す） つぶ（れる）	氵 さんずい	潰瘍《かいよう》 計画《けいかく》を潰《つぶ》す
	諧	16	音 カイ	言 ごんべん	俳諧《はいかい》 和諧《わかい》
	崖	11	音 ガイ 訓 がけ	山 やま	断崖《だんがい》 崖《がけ》
	蓋	13	音 ガイ 訓 ふた	艹 くさかんむり	頭蓋骨《ずがいこつ・とうがいこつ》 蓋然《がいぜん》・火蓋《ひぶた》
	骸	16	音 ガイ	骨 ほねへん	形骸《けいがい》 死骸《しがい》
	柿	9	訓 かき	木 きへん	渋柿《しぶがき》 柿《かき》の木

＊がある漢字の許容字体はＰ３参照

すぐにチェック!!
練習問題 1

読み

次の——線の**漢字の読み**を**ひらがな**で記せ。

目標時間15分

月 日 /29

解答 → 別冊 P.4

1 親族を代表して**挨**拶《さつ》する。

2 事件の結末は**曖**《まい》昧なままだ。

3 友人に**宛**てて手紙を書く。

4 **砂嵐**が舞う中を出発する。

5 学生時代以来の**畏友**と食事に行った。

6 失敗続きで気持ちが**萎縮**する。

7 待合室の**椅子**に腰かける。

8 国別に分けた**彙報**をまとめる。

9 **咽頭**にガンが見つかった。

10 幼いころの手まり**唄**を思い出した。

11 いつのまにか不満が**鬱積**していた。

12 殺人の動機は積年の**怨恨**だった。

13 上司に関する**艶聞**など無いと思う。

14 育ち盛りの弟は食欲**旺盛**だ。

15 **臆**することなくステージに上がる。

16 **俺**の言うことだけ聞けばよいのだ。

17 犯人に**苛酷**な刑を科した。

18 敵の**牙城**に攻め入る。

19 **瓦解**した組織を建て直す。

20 **楷式**にのっとって進める。

21 味方の陣は**潰滅**状態だ。

22 人々が協調することを**諧和**ともいう。

23 **懸崖**作りの盆栽を展示する。

24 **無蓋**の貨車に揺られていく。

25 道路にネズミの**死骸**が放置されている。

26 隣の家には大きな**柿**の木がある。

27 神を**畏**れて道を踏み外さない。

28 思わぬ結果となって気力が**萎**える。

29 映画が始まるまで時間を**潰**す。

すぐにチェック!! 練習問題 ②

書き取り

次の――線のカタカナを漢字に直せ。

目標時間15分

月 日 /29

解答 → 別冊 P.4

1 入社式で社長のアイ拶《さつ》があった。
2 アイ味《まい》な返事をするのは良くない。
3 新聞社にアてて投書を出す。
4 何やらアラシの前の静けさを思わせる。
5 厳父にイフの念を抱く。
6 大観衆で気分がイシュクする。
7 ダイニングテーブルとイスを買った。
8 読書でゴイを豊富にする。
9 耳鼻イン喉《こう》科医院を開業する。
10 週に一回ナガウタを習っている。
11 ストレスが原因のウツビョウが多い。
12 長年のオンネンを今こそ晴らす。
13 ツヤのある紙でプレゼントを包む。
14 若者は体力オウセイだ。
15 オクビョウ風に吹かれて逃げ出した。
16 オレは来週から旅に出る。
17 カセイは虎《とら》よりも猛なりと言われる。
18 ゾウゲでさまざまな装飾品を作った。
19 カワラで屋根をふく。
20 きれいなカイショで手本を示す。
21 カイソウする敵を追撃する。
22 ガケの上から飛び降りた。
23 びんのフタがきつくて開かない。
24 ケイガイ化して久しい規則を改める。
25 庭のカキの木を伐採する。
26 突然キバをむいて逆襲してきた。
27 背景をきれいに塗りツブす。
28 ダンガイ絶壁から下を見下ろす。
29 教会のエンガイを仰ぎ見る。

すぐにチェック!! 練習問題 ❸

同音・同訓異字

次の——線のカタカナを**漢字**に直せ。

目標時間 5 分

月 日 /10

解答 → 別冊 P.4

1 自分**ア**てに手紙を開封する。
2 新しい機械を予備に**ア**てる。

3 豊富な語**イ**で物語を作る。
4 辞書で正しい語**イ**を調べる。

5 断**ガイ**の上に立つ。
6 弾**ガイ**裁判にかける。

7 **オウ**盛な探求心を持つ。
8 **オウ**政復古の大号令を下す。

9 二人の間を**カキ**で隔てる。
10 庭に**カキ**の木を植える。

すぐにチェック!! 練習問題 ❹

部首

次の漢字の**部首**と**部首名**を記せ。

目標時間 6 分

月 日 /12

解答 → 別冊 P.4

	1	2	3	4	5	6	7	8	9	10	11	12
	嵐	畏	萎	彙	咽	鬱	怨	艶	牙	瓦	崖	蓋
部首												
部首名												

2級配当漢字表②

行	漢字	画数	音	訓	部首	部首名	用例
カ	顎	18	ガク	あご	頁	おおがい	顎関節《がくかんせつ》 顎《あご》
	葛*	12	カツ	くず(高)	艹	くさかんむり	葛藤《かっとう》・葛飾区《かつしかく》 葛《くず》
	釜	10		かま	金	かね	釜《かま》 釜飯《かまめし》
	鎌	18		かま	金	かねへん	鎌倉時代《かまくらじだい》
	韓	18	カン		韋	なめしがわ	韓国《かんこく》
	玩	8	ガン		王	おうへん たまへん	玩具《がんぐ》 玩味《がんみ》
キ	伎	6	キ		亻	にんべん	歌舞伎《かぶき》
	亀	11	キ	かめ	亀	かめ	亀裂《きれつ》 亀《かめ》・亀井算《かめいざん》
	毀	13	キ		殳	るまた ほこづくり	毀損《きそん》 毀誉《きよ》
	畿	15	キ		田	た	畿内《きない・きだい》 近畿《きんき》
	臼	6	キュウ	うす	臼	うす	臼歯《きゅうし》・脱臼《だっきゅう》 石臼《いしうす》
	嗅*	13	キュウ	か(ぐ)	口	くちへん	嗅覚《きゅうかく》 匂《にお》いを嗅《か》ぐ
	巾	3	キン		巾	はば	頭巾《ずきん》・雑巾《ぞうきん》 布巾《ふきん》
	僅*	13	キン	わず(か)	亻	にんべん	僅差《きんさ》・僅少《きんしょう》 僅《わず》かな差《さ》
	錦	16	キン	にしき	金	かねへん	錦秋《きんしゅう》 錦絵《にしきえ》
ク	惧*	11	グ		忄	りっしんべん	危惧《きぐ》
	串	7		くし	丨	ぼう たてぼう	串打《くしう》ち 串焼《くしや》き
	窟	13	クツ		穴	あなかんむり	巣窟《そうくつ》 洞窟《どうくつ》
ケ	詣	13	ケイ(高)	もう(でる)	言	ごんべん	参詣《さんけい》・造詣《ぞうけい》 初詣《はつもうで》
	憬	15	ケイ		忄	りっしんべん	憧憬《しょうけい・どうけい》
	稽*	15	ケイ		禾	のぎへん	稽古《けいこ》 滑稽《こっけい》
	隙	13	ゲキ(高)	すき	阝	こざとへん	間隙《かんげき》 隙間《すきま》
	桁	10		けた	木	きへん	桁外《けたはず》れ・橋桁《はしげた》 桁違《けたちが》い
	拳	10	ケン	こぶし	手	て	拳銃《けんじゅう》・鉄拳《てっけん》 握《にぎ》り拳《こぶし》
	鍵	17	ケン	かぎ	金	かねへん	鍵盤《けんばん》 鍵《かぎ》・鍵穴《かぎあな》
	舷	11	ゲン		舟	ふねへん	左舷《さげん》 舷側《げんそく》
コ	股	8	コ	また	月	にくづき	股間《こかん》 内股《うちまた》・大股《おおまた》

*がある漢字の許容字体はP3参照

すぐにチェック!!
練習問題 ❶

読み

次の――線の**漢字の読み**を**ひらがな**で記せ。

目標時間15分

月　日　/29

解答→別冊 P.5

1 上顎部に舌を当てて発音する。
2 葛根湯は風邪の初期症状に効く。
3 カニの釜飯を注文した。
4 草刈り用の鎌をとぐ。
5 古代の日韓関係を研究する。
6 かわいい子犬を愛玩する。
7 歌舞伎役者に憧《あこが》れる。
8 会社の経営陣に亀裂が生じた。
9 毀誉さまざまあるのが世の中だ。
10 畿内は皇居に近い地のことを指す。
11 口の奥にある上下の歯を臼歯という。
12 温室でバラの香を嗅ぐ。
13 台所の布巾を漂白する。

14 チケットは残り僅少だそうだ。
15 錦秋の古都を旅する。
16 大規模災害発生を危惧する。
17 串焼きの店で仲間と集う。
18 石窟寺院の中に美しい壁画がある。
19 元日は一家そろって神社に詣でる。
20 その人は皆の憧《しょう》憬の的だった。
21 荒唐無稽な意見は出すべきではない。
22 戸の隙間から冷たい風が入ってくる。
23 競技場の桁外れの広さに驚く。
24 少林寺拳法を習い始めた。
25 自宅の鍵を机の上に置き忘れた。
26 夜間航海用の灯火を舷灯という。
27 力士が四股を踏んでいる。
28 当地の年間降雨量はほんの僅かだ。
29 ひき臼でそばをひいて粉にする。

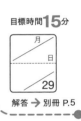

すぐにチェック!! 練習問題❷

書き取り

次の――線のカタカナを漢字に直せ。

目標時間15分

月 日 /29

解答→別冊 P.5

1 部長が部下を**アゴ**で使っている。
2 **クズ**は秋の七草のひとつだ。
3 同じ**カマ**の飯を食った仲間じゃないか。
4 蛇が**カマクビ**をもたげた。
5 この春から**カンコク**語の勉強を始めた。
6 **ガング**メーカーに就職したい。
7 母と**カブキ**見物に行く。
8 公園の池に**カメ**の親子がいる。
9 出版社を名誉**キソン**で訴える。
10 **キンキ**から東海は梅雨が明けた。
11 転んで肩を**ダッキュウ**した。
12 **キュウカク**は五感のひとつである。
13 廊下の**ゾウキン**掛けをする。
14 ほんの**キンサ**で負けてしまった。
15 故郷に**ニシキ**を飾る。
16 将来の地球環境に**キグ**の念を抱く。
17 **クシ**団子を五本買った。
18 山中の**ドウクツ**に宝物を隠した。
19 京都のお寺に**サンケイ**する。
20 高校時代の憧《しょう》**ケイ**の人と結婚した。
21 剣道の**ケイコ**のため道場に通う。
22 相手の構えには少しも**スキ**が無かった。
23 計算をひと**ケタ**間違った。
24 赤ちゃんが小さな**コブシ**を握っている。
25 ピアノの**ケンバン**を強くたたく。
26 **サゲン**前方に外国の汽船が見えた。
27 急いでいたので**オオマタ**で歩いた。
28 刑事がこの辺りを**カ**ぎ回っている。
29 **ワズ**か五歳で英語をマスターした。

すぐにチェック!! 練習問題 ③

同音・同訓異字

次の――線の**カタカナ**を**漢字**に直せ。

目標時間 5 分

月　日　/10

解答 → 別冊 P.5

1 **カン**国語を学ぶ。

2 退職を**カン**告する。

3 政治家が**キ**鑑とする人物だ。

4 組合の**キ**関誌を発行する。

5 **キュウ**歯は食物を砕くのに適する。

6 プリンターに**キュウ**紙する。

7 官軍は**キン**旗を掲げて進んだ。

8 社会の**キン**忌を破る。

9 間**ゲキ**を突いて前進する。

10 大会に優勝して感**ゲキ**に浸る。

すぐにチェック!! 練習問題 ④

部首

次の漢字の**部首**と**部首名**を記せ。

目標時間 6 分

月　日　/12

解答 → 別冊 P.5

	1	2	3	4	5	6	7	8	9	10	11	12
	顎	釜	韓	玩	亀	毀	畿	臼	巾	窟	隙	拳
部首												
部首名												

2級配当漢字表③

区分	漢字	画数	読み	部首	用例
コ	虎	8	音 コ 訓 とら	虍（とらがしら・とらかんむり）	虎穴《こけつ》・虎口《ここう》 虎《とら》・虎《とら》の巻《まき》
	錮	16	音 コ	金（かねへん）	禁錮《きんこ》
	勾	4	音 コウ	勹（つつみがまえ）	勾配《こうばい》・勾留《こうりゅう》 勾当《こうとう》
	梗	11	音 コウ	木（きへん）	梗概《こうがい》 脳梗塞《のうこうそく》
	喉	12	音 コウ 訓 のど	口（くちへん）	喉頭《こうとう》・咽喉《いんこう》 喉元《のどもと》・喉仏《のどぼとけ》
	乞	3	訓 こ(う)	乙（おつ）	助《たす》けを乞《こ》う 命乞《いのちご》い
	傲	13	音 ゴウ	亻（にんべん）	傲然《ごうぜん》・傲慢《ごうまん》
	駒	15	訓 こま	馬（うまへん）	駒《こま》 若駒《わかごま》
	頃	11	訓 ころ	頁（おおがい）	頃合《ころあ》い 日頃《ひごろ》
	痕	11	音 コン 訓 あと	疒（やまいだれ）	痕跡《こんせき》・弾痕《だんこん》 痕《あと》・傷痕《きずあと》
サ	沙	7	音 サ	氵（さんずい）	表沙汰《おもてざた》 沙汰《さた》
	挫	10	音 ザ	扌（てへん）	挫折《ざせつ》・頓挫《とんざ》 捻挫《ねんざ》・挫傷《ざしょう》
	采	8	音 サイ	釆（のごめ）	采配《さいはい》・喝采《かっさい》 風采《ふうさい》
	塞	13	音 サイ ソク 訓 ふさ(ぐ) ふさ(がる)	土（つち）	要塞《ようさい》・閉塞《へいそく》 耳《みみ》を塞《ふさ》ぐ
	柵	9	音 サク	木（きへん）	柵《さく》・鉄柵《てっさく》 防護柵《ぼうごさく》
	刹	8	音 サツ セツ(高)	刂（りっとう）	古刹《こさつ》・名刹《めいさつ》 仏刹《ぶっさつ・ぶっせつ》・刹那《せつな》
	拶	9	音 サツ	扌（てへん）	挨拶《あいさつ》
	斬	11	音 ザン 訓 き(る)	斤（おのづくり）	斬殺《ざんさつ》・斬首《ざんしゅ》 斬新《ざんしん》・斬《き》る
シ	恣	10	音 シ	心（こころ）	恣意《しい》
	摯	15	音 シ	手（て）	真摯《しんし》
	餌*	15	音 ジ(高) 訓 えさ え	食（しょくへん）	好餌《こうじ》・練《ね》り餌《えさ》 餌食《えじき》・餌付《えづ》け
	叱	5	音 シツ 訓 しか(る)	口（くちへん）	叱責《しっせき》 子《こ》を叱《しか》る
	嫉	13	音 シツ	女（おんなへん）	嫉妬《しっと》
	腫	13	音 シュ 訓 は(れる) は(らす)	月（にくづき）	腫瘍《しゅよう》 目《め》が腫《は》れる
	呪	8	音 ジュ 訓 のろ(う)	口（くちへん）	呪縛《じゅばく》・呪文《じゅもん》 運命《うんめい》を呪《のろ》う
	袖	10	音 シュウ(高) 訓 そで	衤（ころもへん）	領袖《りょうしゅう》・袖手《しゅうしゅ》 半袖《はんそで》
	羞	11	音 シュウ	羊（ひつじ）	羞恥心《しゅうちしん》・含羞《がんしゅう》 羞悪《しゅうお》

＊がある漢字の許容字体はP3参照

すぐにチェック!!
練習問題 1

読み

次の——線の**漢字の読み**を**ひらがな**で記せ。

目標時間15分

月　日

/29

解答 → 別冊 P.6

1 チームの強さは**猛虎**にたとえられる。
2 裁判の結果は**禁錮**一〇年だった。
3 容疑者を**勾留**する。
4 作品の**梗概**を編集者に示す。
5 **喉頭**炎でしばらくの間通院した。
6 必死に**命乞**いをする。
7 敵の大将は**傲然**と構えている。
8 **駒鳥**は夏に飛来する鳥だ。
9 子どもの**頃**は泣き虫だった。
10 東西貿易で栄えた**痕跡**をとどめる。
11 告発により事件が**表沙**汰《た》になった。
12 つまずいて足首を捻《ねん》**挫**した。
13 社長は堂々たる**風采**の人だ。
14 道路を**塞**ぐようにして木が倒れた。
15 屋敷は**木柵**で隔てられている。
16 古都の**名刹**を訪ねる。
17 江戸時代は**斬罪**という処罰があった。
18 **放恣**な生活態度を改める。
19 **真摯**に人生と向き合う。
20 **食餌**療法も治療の一環だ。
21 体育館にコーチの**叱声**が響いた。
22 一人だけ出世して仲間の**嫉視**を浴びた。
23 足の**浮腫**は疲労によるものだった。
24 不運を**呪**いながら世を去った。
25 各団体の**領袖**が舌戦を繰り広げる。
26 **羞恥**心があればあんな悪事はしない。
27 **喉元**過ぎれば熱さを忘れる。
28 腹部に盲腸手術の**痕**がある。
29 時代の**閉塞**感を打破する。

すぐにチェック!! 練習問題❷

書き取り

次の——線のカタカナを漢字に直せ。

目標時間15分

月 日 /29

解答 → 別冊 P.6

1 加藤《とう》清正はトラ退治の伝説がある。

2 急コウバイの坂を駆け上がった。

3 祖母が心筋コウソクで倒れた。

4 ノドから手が出るほど欲しかった。

5 次回にコうご期待というところだ。

6 ゴウマン無礼な態度に腹が立つ。

7 チェスのコマを並べる。

8 いちごは今が食べゴロだ。

9 犯人のものらしいケッコンが残っていた。

10 とても正気のサ汰《た》とは思えない。

11 青年時代に人生のザセツを味わった。

12 指揮官がサイハイを振る。

13 敵軍のヨウサイを攻略する。

14 牧場の周りをサクで囲む。

15 ほんの一セツ那《な》の出来事だった。

16 起立して朝のアイサツをする。

17 真剣でキり合う演技を褒められる。

18 独裁者がシイ的に政治を行う。

19 エサをやるのも飼育係の大事な仕事だ。

20 いたずらをした弟がシカられている。

21 自分より成績のよい者をシッ妬《と》する。

22 ハれ物に触るように接している。

23 魔女が恐ろしいジュモンを唱えた。

24 ハンソデのTシャツに着替える。

25 やっとの思いでココウを脱した。

26 テープを貼《は》ってキズアトを隠す。

27 四方は壁でフサがっている。

28 ザンシンな企画が採用された。

29 父に生活態度についてシッセキされた。

すぐにチェック!!
練習問題 ❸

同音・同訓異字

次の——線の**カタカナ**を**漢字**に直せ。

目標時間 5 分

月 日 /10

解答 → 別冊 P.6

1 ようやく**コ**ロを脱した。
2 **コ**高を貫いて生きる。

3 急**コウ**配のゲレンデを滑降する。
4 市民の**コウ**買力を高める。

5 味方の要**サイ**を死守する。
6 編み物や洋**サイ**を習う。

7 父の**シッ**声を浴びた。
8 共和政ローマの**シッ**政官を調べる。

9 **シュウ**恥心を捨て去る。
10 **シュウ**知を結集する。

すぐにチェック!!
練習問題 ❹

部首

次の漢字の**部首**と**部首名**を記せ。

目標時間 6 分

月 日 /12

解答 → 別冊 P.6

	1	2	3	4	5	6	7	8	9	10	11	12
	虎	勾	乞	頃	痕	采	塞	刹	斬	恣	餌	羞
部首												
部首名												

2級配当漢字表 4

漢字	画数	音	訓	部首	用例
蹴	19 シ	シュウ	け(る)	⻊ あしへん	一蹴《いっしゅう》・蹴球《しゅうきゅう》 球《たま》を蹴《け》る
憧	15	ショウ	あこが(れる)	忄 りっしんべん	憧憬《しょうけい・どうけい》 憧《あこが》れる
拭	9	ショク(高)	ふ(く) ぬぐ(う)	扌 てへん	払拭《ふっしょく》・拭浄《しょくじょう》 汗《あせ》を拭《ぬぐ》う
尻	5		しり	尸 かばね しかばね	尻込《しりご》み 尻目《しりめ》・尻尾《しっぽ》
芯	7	シン		艹 くさかんむり	芯《しん》 摘芯《てきしん》
腎	13	ジン		肉 にく	腎臓《じんぞう》・腎炎《じんえん》 肝腎《かんじん》
須	12 ス	ス		頁 おおがい	必須《ひっす》 急須《きゅうす》
裾	13		すそ	衤 ころもへん	山裾《やますそ》・裾野《すその》 裾《すそ》・裾上《すそあ》げ
凄	10 セ	セイ		冫 にすい	凄惨《せいさん》 凄絶《せいぜつ》

漢字	画数	音	訓	部首	用例
醒	16	セイ		酉 とりへん	覚醒《かくせい》 警醒《けいせい》
脊	10	セキ		肉 にく	脊椎《せきつい》・脊髄《せきずい》 脊柱《せきちゅう》
戚	11	セキ		戈 ほこづくり ほこがまえ	親戚《しんせき》 縁戚《えんせき》
煎*	13	セン	い(る)	灬 れんが れっか	湯煎《ゆせん》・煎餅《せんべい》 煎茶《せんちゃ》・煎《い》る
羨	13	セン(高)	うらや(む) うらや(ましい)	羊 ひつじ	羨望《せんぼう》・羨慕《せんぼ》 他人《たにん》を羨《うらや》む
腺	13	セン		月 にくづき	汗腺《かんせん》・前立腺《ぜんりつせん》 涙腺《るいせん》
詮*	13	セン		言 ごんべん	詮索《せんさく》・詮議《せんぎ》 所詮《しょせん》
箋*	14	セン		⺮ たけかんむり	付箋《ふせん》・処方箋《しょほうせん》 便箋《びんせん》
膳	16	ゼン		月 にくづき	膳《ぜん》・配膳《はいぜん》 本膳《ほんぜん》

漢字	画数	音	訓	部首	用例
狙	8 ソ	ソ	ねら(う)	犭 けものへん	狙撃《そげき》 獲物《えもの》を狙《ねら》う
遡*	14	ソ(高)	さかのぼ(る)	辶 しんにょう しんにゅう	遡及《そきゅう》・遡上《そじょう》 遡行《そこう》・遡《さかのぼ》る
曽	11	ソウ ゾ		曰 ひらび いわく	曽祖父《そうそふ》・曽孫《そうそん》 未曽有《みぞう》
爽	11	ソウ	さわ(やか)	大 だい	爽快《そうかい》・爽秋《そうしゅう》 爽《さわ》やかな季節《きせつ》
痩	12	ソウ(高)	や(せる)	疒 やまいだれ	痩身《そうしん》・痩骨《そうこつ》 痩《や》せる
踪	15	ソウ		⻊ あしへん	失踪《しっそう》 踪跡《そうせき》
捉	10	ソク	とら(える)	扌 てへん	捕捉《ほそく》・把捉《はそく》 意味《いみ》を捉《とら》える
遜*	14	ソン		辶 しんにょう しんにゅう	謙遜《けんそん》・不遜《ふそん》 遜色《そんしょく》
汰	7 タ	タ		氵 さんずい	表沙汰《おもてざた》 沙汰《さた》

*がある漢字の許容字体はP3参照

すぐにチェック!!
練習問題 1

読み

次の——線の**漢字の読み**を**ひらがな**で記せ。

目標時間15分

月 日 /29

解答→別冊 P.7

1 サッカーのことを蹴球ともいう。（　　）
2 アイドル歌手に憧れて上京した。（　　）
3 不安な気持ちを払拭する。（　　）
4 人の尻馬に乗って騒ぐ。（　　）
5 鉛筆の芯が折れてばかりいる。（　　）
6 肝腎な点の説明が抜けている。（　　）
7 人間には九種類の必須アミノ酸がある。（　　）
8 着物の裾をさばく。（　　）
9 凄絶な死闘の末勝利した。（　　）
10 社会の人々を覚醒させる。（　　）
11 脊柱は身体の中心をなす。（　　）
12 帝の外戚となって権勢を振るう。（　　）
13 来客に煎茶を出した。（　　）

14 友人の美しさは羨望の的だ。（　　）
15 新入生姿の我が子に涙腺が緩む。（　　）
16 所詮は敗者の負け惜しみだ。（　　）
17 注意する箇所に付箋をはる。（　　）
18 レストランの配膳係になった。（　　）
19 建物の陰から敵を狙撃する。（　　）
20 サケが産まれた川を遡上する。（　　）
21 未曽有の大事件が起こった。（　　）
22 頂上まで登って気分爽快だ。（　　）
23 兄は肥満体だが弟は痩身だ。（　　）
24 犯人は複数の場所に踪跡をとどめる。（　　）
25 レーダーが領空侵犯機を捕捉した。（　　）
26 不遜な態度で人を見下す。（　　）
27 地獄の沙汰も金次第という言葉がある。（　　）
28 額の汗を拭う。（　　）
29 風薫る爽やかな季節が訪れる。（　　）

すぐにチェック!! 練習問題 ❷

書き取り

次の――線の**カタカナ**を**漢字**に直せ。

目標時間15分

月 日 29

解答 → 別冊 P.7

1 ボールを**ケ**って遊ぶ。
2 海外生活に**アコガ**れる。
3 窓**フ**きをしたら部屋が明るくなった。
4 **メジリ**に涙をためる。
5 キャベツの**シン**も捨てずに使う。
6 **ジンゾウ**は背骨の両側に一対ある。
7 新しい**キュウス**で新茶を飲む。
8 富士山の**スソノ**は広い。
9 **セイサン**な現場に目をおおう。
10 長い迷いからやっと**カクセイ**した。
11 **セキズイ**は中枢神経系の器官だ。
12 旅先で**シンセキ**の家に泊めてもらった。
13 母が台所で豆を**イ**っている。

14 友の立身出世を**ウラヤ**む。
15 **コウジョウセン**はホルモンを分泌する。
16 余計な**センサク**はしないようにした。
17 **ビンセン**と封筒を買ってくる。
18 **ショクゼン**の前に家族の顔がそろった。
19 **ネラ**い通りの結果が得られた。
20 過去に**サカノボ**って原因を調べてみた。
21 **ソウソフ**の代から酒屋を営んでいる。
22 **サワ**やかな朝の目覚めから一日が始まる。
23 心配事続きで**ヤ**せてしまった。
24 事件関係者は**シッソウ**したままだ。
25 よく特徴を**トラ**えた似顔絵だ。
26 後輩の力量は他と較べて**ソンショク**ない。
27 どうもご**ブサタ**しました。
28 **セン**餅《べい》の詰め合わせを手みやげにした。
29 データを**ソキュウ**する範囲を決める。

すぐにチェック!!
練習問題③

同音・同訓異字

次の――線のカタカナを漢字に直せ。

目標時間 5分

月　日　/10

解答→別冊 P.7

1 柳が芽をフいた。
2 洗った食器をフいた。

3 覚セイ剤を取り締まる。
4 今から思えば隔セイの感がある。

5 正月に親セキ一同が集まる。
6 皇族から臣セキ降下する。

7 ギンナンをイる。
8 記念銀貨をイる。

9 試合に勝ってソウ快な気分だ。
10 ソウ海艇が機雷を除去する。

すぐにチェック!!
練習問題④

部首

次の漢字の部首と部首名を記せ。

目標時間 6分

月　日　/12

解答→別冊 P.7

1 尻
2 芯
3 腎
4 須
5 裾
6 凄
7 戚
8 煎
9 羨
10 曽
11 爽
12 遜

部首

部首名

まとめテスト 1

すぐにチェック!! 練習問題❶

漢字と送りがな

次の——線のカタカナを漢字一字と送りがな（ひらがな）に直せ。

1 休日の予定がツブレテしまった。
2 ワズカ一点の不足で落第だ。
3 行く手に壁が立ちフサガル。
4 父にシカラレテ泣き出す。
5 素敵な制服にアコガレル。
6 窓の水滴をヌグウ。
7 成績のよい人がウラヤマシイ。
8 五代前の先祖までサカノボル。
9 山頂のサワヤカな空気を吸う。
10 レーダーが魚群をトラエル。

1	2	3	4	5	6	7	8	9	10

目標時間 5 分

月 日 /10

解答 → 別冊 P.8

すぐにチェック!! 練習問題❷

対義語・類義語

次の□のひらがなに従って、対義語（↕）、類義語（＝）になるよう漢字一字を記せ。

1 明白 ↕ □《あい》昧
2 小心 ＝ □《おく》病
3 善政 ↕ □《か》政
4 大差 ↕ □《きん》差
5 懸念 ＝ 危□《ぐ》
6 練習 ＝ □《けい》古
7 開放 ↕ 閉□《そく》
8 永遠 ↕ □《せつ》那《な》
9 陳腐 ↕ □《ざん》新
10 一掃 ＝ 払□《しょく》
11 親類 ＝ 親□《せき》
12 結局 ＝ 所□《せん》
13 乱射 ↕ □《そ》撃
14 不快 ↕ □《そう》快

目標時間 7 分

月 日 /14

解答 → 別冊 P.8

すぐにチェック!!
練習問題 ❸

誤字訂正

次の各文に間違って使われている**同じ読みの漢字が一字**ある。**上に誤字を、下に正しい漢字**を記せ。

目標時間 3 分

月　日　/6

解答 → 別冊 P.8

1 山中には探索されていない広大な洞屈があり、河川が流れ地底湖に注いでいる。 □ □

2 行書、草書と並ぶ漢字の書体の一つである階書は点画を崩さない標準的書体である。 □ □

3 週刊誌に掲載した記事が虚報だと指摘され名誉危損で訴えられるに至った。 □ □

4 現在は一般市民が小銃や兼銃等の武器を所持することは法律で禁止されている。 □ □

5 古い衣服を着て傷んだ靴を履いた風彩の上がらぬ男だが目は美しく澄んでいる。 □ □

6 卒業を目前に控えた今も就職先が決まらず、最初の内定を一酬したことを悔やんだ。 □ □

すぐにチェック!!
練習問題 ❹

四字熟語

次の□の**ひらがな**に従って**漢字一字**を記せ。11〜13の**意味**にあてはまる四字熟語を1〜10から選び、算用数字で記せ。

目標時間 7 分

月　日　/13

解答 → 別冊 P.8

1 後生可□《い》

2 □《おん》親平等

3 断□《がい》絶壁

4 □《が》鶏陶犬

5 熟読□《がん》味

6 □《ごう》岸不遜

7 □《せつ》那《な》主義

8 □《ざん》新奇抜

9 羊質□《こ》皮

10 抜山□《がい》世

11 若い人は後に大人物になるかもしれないので敬うべきということ。（　　）

12 思い上がって人を見下すさま。（　　）

13 山を引き抜くほど大きな力と世を覆い尽くすほどの意気のこと。（　　）

2級配当漢字表 5

見出し	漢字	画数	音	訓	部首	部首名	用例
タ	唾	11	ダ	つば	口	くちへん	唾棄《だき》・唾液《だえき》 唾《つば》・眉唾《まゆつば》
	堆	11	タイ		土	つちへん	堆積《たいせき》 堆肥《たいひ》
	戴	17	タイ		戈	ほこづくり ほこがまえ	戴冠《たいかん》 頂戴《ちょうだい》
	誰	15		だれ	言	ごんべん	誰《だれ》 誰彼《だれかれ》
	旦	5	タン ダン		日	ひ	一旦《いったん》・元旦《がんたん》 旦日《たんじつ》・旦那《だんな》
	綻	14	タン	ほころ(びる)	糸	いとへん	破綻《はたん》 服《ふく》が綻《ほころ》びる
チ	緻	16	チ		糸	いとへん	緻密《ちみつ》・精緻《せいち》 巧緻《こうち》
	酎	10	チュウ		酉	とりへん	焼酎《しょうちゅう》
	貼	12	チョウ	は(る)	貝	かいへん	貼付《ちょうふ・てんぷ》 紙《かみ》を貼《は》る
	嘲*	15	チョウ	あざけ(る)	口	くちへん	嘲笑《ちょうしょう》・自嘲《じちょう》 失敗《しっぱい》を嘲《あざけ》る
	捗*	10	チョク		扌	てへん	進捗《しんちょく》
ツ	椎	12	ツイ		木	きへん	椎間板《ついかんばん》 脊椎《せきつい》
	爪	4		つめ つま	爪	つめ	生爪《なまづめ》・爪先《つまさき》 爪弾《つまび》く
	鶴	21		つる	鳥	とり	鶴《つる》・鶴亀《つるかめ》 千羽鶴《せんばづる》
テ	諦	16	テイ	あきら(める)	言	ごんべん	諦観《ていかん》・諦念《ていねん》 夢《ゆめ》を諦《あきら》める
	溺*	13	デキ	おぼ(れる)	氵	さんずい	溺愛《できあい》・惑溺《わくでき》 海《うみ》で溺《おぼ》れる
	塡*	13	テン		土	つちへん	装塡《そうてん》 補塡《ほてん》
ト	妬	8	ト	ねた(む)	女	おんなへん	嫉妬《しっと》 妬《ねた》む
	賭*	16	ト	か(ける)	貝	かいへん	賭博《とばく》・賭場《とば》 賭《か》ける・賭《か》け
	藤	18	トウ	ふじ	艹	くさかんむり	葛藤《かっとう》・藤花《とうか》 藤色《ふじいろ》
	瞳	17	ドウ	ひとみ	目	めへん	瞳孔《どうこう》・瞳子《どうし》 瞳《ひとみ》を凝《こ》らす
	頓	13	トン		頁	おおがい	整頓《せいとん》・頓知《とんち》 頓服《とんぷく》・頓挫《とんざ》
	貪	11	ドン	むさぼ(る)	貝	こがい かい	貪欲《どんよく》 惰眠《だみん》を貪《むさぼ》る
	丼	5		どんぶり どん	丶	てん	丼飯《どんぶりめし》 牛丼《ぎゅうどん》
ナ	那	7	ナ		阝	おおざと	刹那《せつな》 旦那《だんな》
	謎*	17		なぞ	言	ごんべん	謎《なぞ》 謎に包《つつ》まれる
	鍋	17		なべ	金	かねへん	鍋《なべ》・牛鍋《ぎゅうなべ》 鍋料理《なべりょうり》

賭の音「ト」は高校で習う読み（高）。

＊がある漢字の許容字体はP3参照

すぐにチェック!!
練習問題 1

読み

次の——線の**漢字の読み**を**ひらがな**で記せ。

目標時間15分

月 日 /29

解答→別冊 P.9

1 人に取られる前に**唾**をつけておく。
2 落ち葉やわらで**堆肥**を作る。
3 国王の**戴冠**式に招待された。
4 事件の真相は**誰**も知らない。
5 **元旦**に家族で初詣に行く。
6 経営**破綻**の責任を取る。
7 専門調査は**精緻**をきわめた。
8 各地の**焼酎**を飲み比べる。
9 封筒に切手を**貼付**する。
10 人を小ばかにして**嘲**る。
11 工事の**進捗**状況をチェックする。
12 転倒して**胸椎**の一部を痛めた。
13 **爪**に火をともすような暮らしぶりだ。
14 **鶴**の仲間はくちばしや首が長い。
15 晩年になって自然に**諦念**が生じた。
16 酒とギャンブルに**惑溺**する。
17 銃に弾丸を**装塡**する。
18 美しい顔立ちの妹を**妬**む。
19 **賭博**場に警察が踏み込んだ。
20 今後の人生について**葛藤**する。
21 検査のため**瞳孔**を開く薬を目にさした。
22 医師に**頓服**薬を処方してもらった。
23 学校が休みなので惰眠を**貪**っている。
24 **丼**勘定なので信用はできない。
25 **若旦那**は事業拡充を検討する。
26 刑事ドラマの**謎**解きが得意だ。
27 **自嘲**気味に笑ってみせた。
28 増水した川で**溺**れそうになった。
29 金貸しの老人は**貪欲**な人だった。

すぐにチェック!! 練習問題❷

書き取り

次の――線のカタカナを漢字に直せ。

目標時間15分

月 日 /29

解答→別冊 P.9

1 ダエキにも消化作用がある。
2 火山灰が厚くタイセキしている。
3 素敵な贈り物をチョウダイした。
4 ダレか助けてと悲鳴をあげる。
5 ダンナ様が番頭さんを連れて出かけた。
6 着物のすそがホコロびている。
7 チミツな作業を積み重ねる。
8 旅先で飲むショウチュウが楽しみだ。
9 壁に大好きな俳優のポスターをハる。
10 満座のチョウショウを浴びて引き下がった。
11 計画は思うようにシンチョクしていない。
12 ツイカンバンヘルニアの治療を受ける。
13 ツマサキ立ちして見物する。

14 社長のツルの一声で決定した。
15 回復をアキラめないで闘病する。
16 オボれる者はわらをもつかむ。
17 賞与で家計の赤字をホテンする。
18 ネタみ深い継母に憎まれる。
19 この論文に将来をカけている。
20 母校の校庭の隅にフジダナがある。
21 澄んだヒトミでじっと見つめた。
22 本棚の本をセイトンする。
23 妥協せずにドンヨクに取り組む。
24 昼食にオヤコドンを注文した。
25 弟とナゾナゾ遊びをする。
26 ナベとフライパンをきれいに磨く。
27 ガンタンのおせちが楽しみだ。
28 末の子をデキアイする。
29 長い間自己とのカットウに苦しんだ。

すぐにチェック!!
練習問題③

同音・同訓異字

次の――線のカタカナを漢字に直せ。

目標時間 5 分

月 日 /10

解答 → 別冊 P.9

1 タイ冠式を執り行う。
2 タイ寒性にすぐれた製品だ。
3 巧チな細工に驚く。
4 容疑者を拘チしておく。
5 矢はツルを離れた。
6 北方からツルが飛来した。
7 テイ観の境地にたどり着いた。
8 会社のテイ款を作成する。
9 勝負に金品をカける。
10 馬が野をカける。

すぐにチェック!!
練習問題④

部首

次の漢字の部首と部首名を記せ。

目標時間 6 分

月 日 /12

解答 → 別冊 P.9

1 戴
2 旦
3 酎
4 貼
5 嘲
6 爪
7 鶴
8 藤
9 頓
10 貪
11 丼
12 那

部首

部首名

2級配当漢字表 6

見出し	漢字	画数	音	訓	部首	用例
ニ	匂	4		にお(う)	勹 つつみがまえ	ガスが匂《にお》う　匂《にお》い
	虹	9		にじ	虫 むしへん	虹《にじ》　虹色《にじいろ》
ネ	捻	11	ネン		扌 てへん	捻挫《ねんざ》・捻転《ねんてん》　捻出《ねんしゅつ》
ハ	罵	15	バ	ののし(る)	罒 あみがしら・あみめ・よこめ	罵声《ばせい》・罵倒《ばとう》　罵《ののし》る
	剝*	10	ハク	は(がす)　は(ぐ)　は(がれる)　は(げる)	刂 りっとう	剝製《はくせい》・剝奪《はくだつ》　布団《ふとん》を剝《は》ぐ
	箸*	15		はし	⺮ たけかんむり	箸《はし》　竹箸《たけばし》
	氾	5	ハン		氵 さんずい	氾濫《はんらん》
	汎	6	ハン		氵 さんずい	汎用《はんよう》　汎愛《はんあい》
	斑	12	ハン		文 ぶん	斑点《はんてん》
ヒ	眉	9	ビ(高)　ミ	まゆ	目 め	焦眉《しょうび》・白眉《はくび》　眉間《みけん》・眉毛《まゆげ》
	膝	15		ひざ	月 にくづき	膝《ひざ》・膝頭《ひざがしら》　膝小僧《ひざこぞう》
	肘	7		ひじ	月 にくづき	肩肘《かたひじ》・肘鉄《ひじてつ》　肘掛《ひじか》け
フ	訃	9	フ		言 ごんべん	訃報《ふほう》　訃音《ふいん》(おん)
ヘ	蔽*	15	ヘイ		艹 くさかんむり	隠蔽《いんぺい》　遮蔽《しゃへい》
	餅*	15	ヘイ	もち	飠 しょくへん	煎餅《せんべい》・草餅《くさもち》　餅屋《もちや》・尻餅《しりもち》
	璧	18	ヘキ		玉 たま	完璧《かんぺき》　双璧《そうへき》
	蔑	14	ベツ	さげす(む)	艹 くさかんむり	蔑視《べっし》・軽蔑《けいべつ》　侮蔑《ぶべつ》・蔑《さげす》む
ホ	哺	10	ホ		口 くちへん	哺乳類《ほにゅうるい》
	蜂	13	ホウ	はち	虫 むしへん	蜂起《ほうき》・養蜂《ようほう》　蜜蜂《みつばち》
	貌	14	ボウ		豸 むじなへん	全貌《ぜんぼう》・変貌《へんぼう》　美貌《びぼう》・容貌《ようぼう》
	頰*	16		ほお	頁 おおがい	頰骨《ほおぼね》　頰張《ほおば》る
	睦	13	ボク		目 めへん	親睦《しんぼく》　和睦《わぼく》
	勃	9	ボツ		力 ちから	勃興《ぼっこう》・勃発《ぼっぱつ》　勃然《ぼつぜん》
マ	昧	9	マイ		日 ひへん	愚昧《ぐまい》・曖昧《あいまい》　昧死《まいし》・三昧《ざんまい》《さんまい》
	枕	8		まくら	木 きへん	枕《まくら》・枕元《まくらもと》　膝枕《ひざまくら》
ミ	蜜	14	ミツ		虫 むし	蜜《みつ》・蜜月《みつげつ》　蜜蜂《みつばち》

＊がある漢字の許容字体はP3参照

すぐにチェック!!
練習問題 ①

読み

次の――線の**漢字の読み**を**ひらがな**で記せ。

目標時間15分

月　日

29

解答 → 別冊 P.10

1 五月の庭にばらの花が**匂**う。
2 大きな**虹**マスを釣り上げた。
3 海外旅行費を**捻出**する。
4 裏切り者に**罵**りの言葉を浴びせる。
5 絵の具が**剥落**した絵画を修復する。
6 妹は**箸**が転んでもおかしい年頃だ。
7 好ましくない風潮が**氾濫**する。
8 **汎愛**主義で人と接してゆく。
9 チョウの**斑紋**を観察する。
10 長男は**眉目**秀麗な青年に成長した。
11 転んで**膝頭**をすりむいた。
12 **肘**を枕にして昼寝する。
13 突然の**訃音**に接し驚く。

14 報道陣に見えないよう**遮蔽**する。
15 努力したものの結局は**画餅**に帰した。
16 二人の画家は美術界の**双璧**だ。
17 身分の低い者を**蔑視**する。
18 鯨は魚類ではなく**哺乳類**だ。
19 重税にあえぐ人々が一斉に**蜂起**した。
20 一寒村が大都会に**変貌**した。
21 赤ちゃんに**頰**ずりしてかわいがる。
22 同好の士と共に**親睦**会を作った。
23 暗殺事件を機に世界大戦が**勃発**した。
24 **昧爽**に起きてジョギングをする。
25 亡くなった母が**夢枕**に立った。
26 両国の**蜜月**状態は終わったようだ。
27 化けの皮が**剝**がれる。
28 **眉**の形を美しく整える。
29 自分の言動に無責任な者を**蔑**む。

すぐにチェック!!
練習問題❷

書き取り

次の――線のカタカナを漢字に直せ。

目標時間15分

月 日 /29

解答 → 別冊 P.10

1 満開の桜が咲きニオう。
2 雨上がりの空にニジがかかった。
3 ネンザした足首を湿布する。
4 議場にバセイが飛び交った。
5 おおっている布をハぎ取る。
6 菜バシで煮物を取り分ける。
7 ハンヨウコンピューターを導入した。
8 皮膚に紫色のハンテンが現れた。
9 あの男の話は全くマユツバ物だ。
10 江戸は将軍家のおヒザ元だ。
11 肩ヒジ張らずに話を聞いてほしい。
12 親族や知人にフホウを出す。
13 文書の存在をインペイする。

14 大福モチを十個平らげた。
15 難しい演技をカンペキにこなす。
16 道義心の無い人をサゲスんだ。
17 ホニュウびんを煮沸消毒する。
18 山歩きをしていてハチに刺された。
19 生来のビボウに磨きをかける。
20 人の話をホオづえをついて聞く。
21 戦争をやめてワボクを結んだ。
22 新しい独立国がボッコウする。
23 グマイな弟を持って恥ずかしい。
24 病人のマクラモトに薬を置いておく。
25 甘味屋であんミツを食べた。
26 うるさくほえる犬をノノシった。
27 自由な権利をハクダツされた。
28 父はミケンにしわを寄せた。
29 あんな男はケイベツするしかない。

すぐにチェック!! 練習問題③

同音・同訓異字

次の――線のカタカナを漢字に直せ。

1 夫婦おそろいのハシを買う。
2 道のハシを一列になって歩く。

3 台風で川がハン濫した。
4 ハン乱軍を鎮圧した。

5 非行にマユをひそめる。
6 マユから生糸をとる。

7 病床にあった恩師のフ報が届いた。
8 銃をフ法所持する。

9 圧政に対し武装ホウ起する。
10 花嫁はホウ紀十八歳だ。

目標時間 5 分

月　日　/10

解答→別冊 P.10

すぐにチェック!! 練習問題④

部 首

次の漢字の部首と部首名を記せ。

	1	2	3	4	5	6	7	8	9	10	11	12
	匂	虹	罵	斑	眉	膝	訃	璧	蔑	貌	勃	昧
部首												
部首名												

目標時間 6 分

月　日　/12

解答→別冊 P.10

2級配当漢字表 7

五十音	画数	漢字	音	訓	部首	用例
メ	10	冥	メイ、ミョウ(高)		冖《わかんむり》	冥福《めいふく》・冥土《めいど》、冥加《みょうが》・冥利《みょうり》
	16	麺	メン		麦《ばくにょう》	麺類《めんるい》
ヤ	7	冶	ヤ		冫《にすい》	冶金《やきん》、陶冶《とうや》
	8	弥		や	弓《ゆみへん》	弥次馬《やじうま》
	17	闇		やみ	門《もんがまえ》	闇《やみ》・闇夜《やみよ》、闇市《やみいち》・暗闇《くらやみ》
ユ	12	喩*	ユ		口《くちへん》	比喩《ひゆ》、隠喩《いんゆ》
	12	湧	ユウ	わ(く)	氵《さんずい》	湧水《ゆうすい》・湧出《ゆうしゅつ》、湧泉《ゆうせん》・湧《わ》く
ヨ	7	妖	ヨウ	あや(しい)	女《おんなへん》	妖怪《ようかい》・妖艶《ようえん》、妖《あや》しい影《かげ》

五十音	画数	漢字	音	訓	部首	用例
	14	瘍	ヨウ		疒《やまいだれ》	潰瘍《かいよう》、腫瘍《しゅよう》
	7	沃	ヨク		氵《さんずい》	豊沃《ほうよく》・肥沃《ひよく》、沃土《よくど》
ラ	8	拉	ラ		扌《てへん》	拉致《らち》
	14	辣	ラツ		辛《からい》	辣腕《らつわん》、辛辣《しんらつ》
	18	藍	ラン(高)	あい	艹《くさかんむり》	出藍《しゅつらん》、藍《あい》・藍染《あいぞ》め
リ	14	璃	リ		王《おうへん たまへん》	浄瑠璃《じょうるり》、瑠璃色《るりいろ》
	13	慄	リツ		忄《りっしんべん》	戦慄《せんりつ》、慄然《りつぜん》
	9	侶	リョ		亻《にんべん》	僧侶《そうりょ》、伴侶《はんりょ》

五十音	画数	漢字	音	訓	部首	用例
	17	瞭	リョウ		目《めへん》	明瞭《めいりょう》、瞭然《りょうぜん》
ル	14	瑠	ル		王《おうへん たまへん》	浄瑠璃《じょうるり》、瑠璃色《るりいろ》
ロ	7	呂	ロ		口《くち》	風呂《ふろ》、語呂《ごろ》
	13	賂	ロ		貝《かいへん》	賄賂《わいろ》
	7	弄	ロウ	もてあそ(ぶ)	廾《こまぬき にじゅうあし》	翻弄《ほんろう》・愚弄《ぐろう》、弄《ろう》する・弄《もてあそ》ぶ
	22	籠	ロウ(高)	かご、こ(もる)	⺮《たけかんむり》	籠城《ろうじょう》・籠絡《ろうらく》、籠《かご》・籠《こ》もる
	19	麓	ロク	ふもと	木《き》	山麓《さんろく》、麓《ふもと》
ワ	10	脇		わき	月《にくづき》	脇見《わきみ》・脇目《わきめ》、両脇《りょうわき》・脇役《わきやく》

＊がある漢字の許容字体はP3参照

7 学習ドリル

すぐにチェック!!
練習問題 ①

読み

次の——線の**漢字の読み**を**ひらがな**で記せ。

目標時間15分

月　日　/29

解答 → 別冊 P.11

1 作家冥利に尽きる評価を得た。
2 麺棒でそばを平らにのばす。
3 選抜された若者の人格を陶冶する。
4 事故現場に弥次馬が集まってきた。
5 勉強は闇雲にやってもうまくいかない。
6 隠喩とはたとえを用いた表現法だ。
7 温泉が絶え間なく湧出している。
8 妖しい目付きで人を惑わす。
9 胃潰瘍を患ってやせてしまった。
10 緑豊かな沃野が広がる。
11 拉致されて今も消息不明な人がいる。
12 部長は着任したその日から辣腕を振るった。
13 甘藍とはキャベツのことだ。
14 浄瑠璃の公演に出かける。
15 恐ろしい事態に戦慄した。
16 お互いによき伴侶を得た。
17 横綱の強さは一目瞭然だ。
18 巧みな語呂合わせで笑わせる。
19 業者からの賄賂の有無を追及された。
20 手の中でハンカチを弄ぶ。
21 石の灯籠に火をともす。
22 山麓にある店で休息をとる。
23 脇の甘さを指摘されてしまった。
24 故人の冥福を祈る。
25 日本には妖怪が出てくる民話がある。
26 鮮やかな藍色の花が咲いている。
27 運命の波に翻弄される。
28 寺に籠もって修行をする。
29 山の麓でロッジを営む。

すぐにチェック!! 練習問題 ❷

書き取り

次の——線のカタカナを漢字に直せ。

目標時間15分

月 日 /29

解答 → 別冊 P.11

1 メイオウ星は準惑星に分類される。
2 電話している間にメンがのびてしまった。
3 学校でヤキンの技術を学ぶ。
4 とんだヤジ喜多道中を繰り広げる。
5 ヤミ夜にカラスで見分けがつかない。
6 ヒユ的に表現する。
7 励まされて勇気がワいた。
8 ティンカー・ベルは物語の中のヨウセイだ。
9 脳シュヨウのため若くして亡くなった。
10 ここは実り豊かなヒヨクの土地だ。
11 不審なラチ事件が相次ぐ。
12 シンラツな批評を加える。
13 アイ染めの技術を教わる。
14 ルリ色のドレスでパーティに出る。
15 災害現場を目前にしてリツゼンとする。
16 一人のソウリョが経を唱えていた。
17 答えは簡単メイリョウだ。
18 ひとフロ浴びてさっぱりした。
19 業者がワイロを要求される。
20 弱小な相手をグロウする。
21 トリカゴを日向に出す。
22 フモトの山小屋で一泊する。
23 ワキから余計な口をはさむ。
24 教師ミョウリに尽きる思いだ。
25 アヤしい美しさをもつ女性に出会う。
26 シュツランの誉れの意味を考える。
27 運命にモテアソばれる。
28 攻めこまれてロウジョウ策をとる。
29 サンロクの登山口まで車で行った。

すぐにチェック!!
練習問題 ❸

同音・同訓異字

次の――線のカタカナを漢字に直せ。

目標時間 5 分

月 日 /10

解答 → 別冊 P.11

1 昼食はメン類で済ませよう。
2 この素材はメン百パーセントだ。

3 試掘してみたら温泉がワいた。
4 やかんの湯がワいた。

5 ヨウ怪変化が現れた。
6 物質が液体中でヨウ解する。

7 余りのむごさに戦リツを覚える。
8 美しい旋リツが聞こえる。

9 敵に囲まれてロウ城する。
10 ロウ上から景色を眺める。

すぐにチェック!!
練習問題 ❹

部首

次の漢字の部首と部首名を記せ。

目標時間 6 分

月 日 /12

解答 → 別冊 P.11

	1	2	3	4	5	6	7	8	9	10	11	12
	冥	麺	弥	闇	瘍	沃	辣	藍	呂	弄	麓	脇
部首												
部首名												

すぐにチェック!! 練習問題1

漢字と送りがな

次の―線のカタカナを漢字一字と送りがな(ひらがな)に直せ。

目標時間 5分

月 日 /10

解答→別冊 P.12

1 桃の花がホコロビル。
2 ひきょう者にアザケリの声を浴びせる。
3 所詮はかなわぬ夢とアキラメル。
4 ギャンブルにオボレル。
5 ムサボルように本を読んだ。
6 ニオウような美しさがある。
7 強行採決した議長をノノシル。
8 貼った切手がハガレテしまった。
9 相手をサゲスム目付きをした。
10 風が木の葉をモテアソブ。

1	2	3	4	5	6	7	8	9	10

すぐにチェック!! 練習問題2

対義語・類義語

次の□のひらがなに従って、対義語(↕)、類義語(＝)になるよう漢字一字を記せ。

目標時間 7分

月 日 /14

解答→別冊 P.12

1 精密＝精□《ち》
2 冷笑＝□《ちょう》笑
3 停滞↕進□《ちょく》
4 反乱＝□《ほう》起
5 称賛↕□《ば》倒
6 博愛＝□《はん》愛
7 暴露↕隠□《ぺい》
8 完全＝完□《ぺき》
9 尊敬↕軽□《べつ》
10 全容＝全□《ぼう》
11 敵対↕親□《ぼく》
12 敏腕＝□《らつ》腕
13 配偶＝伴□《りょ》
14 山頂↕山□《ろく》

すぐにチェック!! 練習問題③

誤字訂正

次の各文に間違って使われている**同じ読みの漢字が一字**ある。**上に誤字を、下に正しい漢字**を記せ。

目標時間 3 分

月　日　/6

解答 → 別冊 P.12

1 非常時には即行動に移れるよう常日頃から身の回りの整理整屯は怠らない。　□　□

2 豪華寝台列車を利用する旅行を計画中だが費用の粘出には頭を痛めている。　□　□

3 乳幼児の尻などに見られる青い班紋は黄色人種の特徴で成長すれば消えることが多い。　□　□

4 取引先企業から会長の普報が届いたので香典を用意して上司と告別式に参列した。　□　□

5 遺体安置所にあてた体育館の窓には暗幕を引き回し報道陣の目から遮塀した。　□　□

6 内容の理解促進のため難解な表現や曖枚な言葉は極力避けて話すようにした。　□　□

すぐにチェック!! 練習問題④

四字熟語

次の□の**ひらがな**に従って**漢字一字**を記せ。11〜13の**意味**にあてはまる四字熟語を1〜10から選び、算用数字で記せ。

目標時間 7 分

月　日　/13

解答 → 別冊 P.12

1 精衛□《てん》海

2 □《はん》愛兼利

3 含□《ぽ》鼓腹

4 体□《ぼう》閑雅

5 天造草□《まい》

6 甘言□《みつ》語

7 舞文□《ろう》法

8 池魚□《ろう》鳥

9 □《よう》怪変化

10 一目□《りょう》然

11 不可能なことのために努力し徒労に終わること。（　）

12 天地創造のはじめ。（　）

13 法を都合のよいように曲解濫用すること。（　）

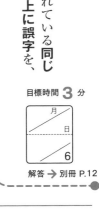

準2級配当漢字表 1

見出し	画数	漢字	読み	部首	用例
ア	7	亜	音 ア	二《に》	亜流《ありゅう》・亜麻《あま》 亜熱帯《あねったい》
イ	11	尉	音 イ	寸《すん》	尉官《いかん》・一尉《いちい》 大尉《たいい》
	11	逸	音 イツ	辶《しんにょう・しんにゅう》	秀逸《しゅういつ》・安逸《あんいつ》 逸《いっ》する
	9	姻	音 イン	女《おんなへん》	姻族《いんぞく》 婚姻《こんいん》
	19	韻	音 イン	音《おと》	韻律《いんりつ》・余韻《よいん》 音韻《おんいん》・韻文《いんぶん》
ウ	10	畝	訓 うね	田《た》	畝《うね》 畝織《うねおり》
	10	浦	訓 うら	氵《さんずい》	浦《うら》・浦風《うらかぜ》 浦波《うらなみ》
エ	9	疫	音 エキ ヤク(高)	疒《やまいだれ》	検疫《けんえき》・悪疫《あくえき》 免疫《めんえき》・防疫《ぼうえき》
	15	謁	音 エツ	言《ごんべん》	謁見《えっけん》・拝謁《はいえつ》 謁《えっ》する
	13	猿	音 エン 訓 さる	犭《けものへん》	犬猿《けんえん》・類人猿《るいじんえん》 猿知恵《さるぢえ》
オ	5	凹	音 オウ	凵《うけばこ》	凹凸《おうとつ》 凹面鏡《おうめんきょう》
	10	翁	音 オウ	羽《はね》	老翁《ろうおう》
	13	虞	訓 おそれ	虍《とらがしら・とらかんむり》	大雨《おおあめ》の虞《おそれ》
カ	12	渦	音 カ(高) 訓 うず	氵《さんずい》	渦中《かちゅう》 渦潮《うずしお》・渦巻《うずま》く
	13	禍	音 カ	礻《しめすへん》	禍福《かふく》・惨禍《さんか》 災禍《さいか》・禍根《かこん》
	13	靴	音 カ(高) 訓 くつ	革《かわへん》	靴擦《くつず》れ 上靴《うわぐつ》・革靴《かわぐつ》
	14	寡	音 カ	宀《うかんむり》	寡黙《かもく》・寡聞《かぶん》 多寡《たか》・寡少《かしょう》
	15	稼	音 カ(高) 訓 かせ(ぐ)	禾《のぎへん》	稼業《かぎょう》・稼働《かどう》 稼《かせ》ぐ
	10	蚊	訓 か	虫《むしへん》	蚊柱《かばしら》・蚊《か》 蚊取《かと》り線香《せんこう》
	8	拐	音 カイ	扌《てへん》	拐帯《かいたい》 誘拐《ゆうかい》
	16	懐	音 カイ 訓 ふところ(高) なつ(かしい)(高) なつ(かしむ)(高) なつ(く)(高) なつ(ける)(高)	忄《りっしんべん》	懐中《かいちゅう》・述懐《じゅっかい》 懐古《かいこ》・懐石《かいせき》 本懐《ほんかい》・懐柔《かいじゅう》 懐《ふところ》手《で》・懐《なつ》かしい
	8	劾	音 ガイ	力《ちから》	弾劾《だんがい》
	11	涯	音 ガイ	氵《さんずい》	生涯《しょうがい》・天涯《てんがい》 境涯《きょうがい》
	9	垣	訓 かき	土《つちへん》	垣根《かきね》・石垣《いしがき》 人垣《ひとがき》
	10	核	音 カク	木《きへん》	核心《かくしん》・中核《ちゅうかく》 結核《けっかく》
	11	殻	音 カク 訓 から	殳《るまた・ほこづくり》	甲殻《こうかく》・地殻《ちかく》 殻《から》・貝殻《かいがら》
	17	嚇	音 カク	口《くちへん》	威嚇《いかく》

すぐにチェック!!
練習問題 1

読み

次の――線の**漢字の読み**を**ひらがな**で記せ。

目標時間15分

月　日

29

解答 → 別冊 P.13

1 **亜寒帯**地域の植物を調べる。

2 軍隊では**尉官**以上を将校という。

3 常軌を**逸**した行動を止める。

4 **婚姻**届を提出する。

5 **脚韻**を踏んだ詩を作る。

6 畑に**畝**を作り野菜の種をまく。

7 海辺の村を**浦里**ともいう。

8 体の**免疫**機能が衰える。

9 国王に**謁見**することとなった。

10 **猿芝居**を見破られた。

11 反射望遠鏡には**凹面鏡**を使う。

12 **老翁**から昔話を聞く。

13 堤防が決壊する**虞**がある。

14 感情の**渦**に巻き込まれる。

15 **禍福**はあざなえる縄のごとし。

16 保温効果のある**靴下**を買う。

17 金額の**多寡**は問わずに寄付を頼む。

18 エンジンの**稼働率**を高める。

19 **蚊**の鳴くような声で返事をした。

20 公金を**拐帯**して逃亡した。

21 老人たちが**懐旧**談にふける。

22 裁判官が**弾劾**裁判にかけられた。

23 つらい**境涯**にも耐えて生き抜く。

24 日曜日に**生垣**の手入れをする。

25 **核兵器**の使用はあってはならない。

26 **卵殻**を工芸の材料として使う。

27 激しく怒ることを**嚇怒**ともいう。

28 大金を**懐**にしまう。

29 セミの抜け**殻**が落ちていた。

すぐにチェック!! 練習問題❷

書き取り

次の——線のカタカナを漢字に直せ。

目標時間15分

月　日

29

解答→別冊 P.13

1 祖父はアリュウの画家に過ぎない。
2 祖父は旧陸軍のタイイだった。
3 焼き物のイッピンを集めて展示する。
4 結婚によりインゾクの人が増えた。
5 演奏のヨインに浸っていた。
6 畑を耕してウネを作る。
7 全国津津ウラウラを旅する。
8 港や空港にケンエキ所を設けた。
9 女王にハイエツできて感激した。
10 ゴリラは大型のルイジンエンだ。
11 オウトツのある道を慎重に進む。
12 奈オウとはナポレオンのことだ。
13 子どもに悪影響を与えるオソレがある。

14 船に乗ってウズシオを見に行く。
15 交通事故による災難をリンカという。
16 ナガグツをはいて雪かきをした。
17 兄はカモクな人と言われている。
18 アルバイトを掛け持ちしてカセぐ。
19 夕方になるとカ取り線香をたく。
20 幼い子どもをユウカイする。
21 使い捨てカイロを背中にはった。
22 ショウガイを福祉活動にささげた。
23 隣との境はヒイラギのカキネだ。
24 今は多くの家がカク家族だ。
25 ひなが卵のカラから顔を出した。
26 空に向けてイカク射撃をした。
27 皆にヤクビョウガミと呼ばれた。
28 サルも木から落ちる。
29 コウカク類の生物を図鑑で調べる。

すぐにチェック!!
練習問題 ③

同音・同訓異字

次の――線の**カタカナ**を**漢字**に直せ。

目標時間 5 分

月　日　/10

解答 → 別冊 P.13

1 自衛隊のイ官になった。
2 実力を出せずイ憾に思う。
3 弟とは犬エンの仲だ。
4 嫌エン権が社会的に認知される。
5 海外旅行で盗難という奇カにあう。
6 幾カ学は数学の一分野だ。
7 カに刺されたところがかゆい。
8 木のカの新しい家に住む。
9 ことば巧みにカイ柔する。
10 カイ獣映画の大ファンだ。

1	2	3	4	5	6	7	8	9	10

すぐにチェック!!
練習問題 ④

部首

次の漢字の**部首**と**部首名**を記せ。

目標時間 6 分

月　日　/12

解答 → 別冊 P.13

	1	2	3	4	5	6	7	8	9	10	11	12
	亜	尉	韻	畝	猿	凹	翁	靴	蚊	劾	殻	嚇
部首												
部首名												

準2級配当漢字表 ②

画数	漢字	音	訓	部首	用例
カ 9	括	カツ		扌 てへん	括弧《かっこ》・一括《いっかつ》 包括《ほうかつ》・統括《とうかつ》
11	喝	カツ		口 くちへん	喝破《かっぱ》・一喝《いっかつ》 恐喝《きょうかつ》
11	渇	カツ高	かわ（く）	氵 さんずい	渇望《かつぼう》・渇水《かっすい》 喉《のど》が渇《かわ》く
13	褐	カツ		衤 ころもへん	褐色《かっしょく》・茶褐色《ちゃかっしょく》 褐炭《かったん》
17	轄	カツ		車 くるまへん	管轄《かんかつ》・所轄《しょかつ》 直轄《ちょっかつ》・総轄《そうかつ》
5	且		か（つ）	一 いち	飲《の》み且《か》つ食《く》う
6	缶	カン		缶 ほとぎ	缶詰《かんづめ》 缶《かん》
10	陥	カン	おちい（る） おとしい（れる）高	阝 こざとへん	陥没《かんぼつ》・欠陥《けっかん》 陥落《かんらく》・陥《おちい》る
11	患	カン	わずら（う）高	心 こころ	患部《かんぶ》・疾患《しっかん》 大患《たいかん》・長患《ながわずら》い
12	堪	カン高	た（える）	土 つちへん	堪忍《かんにん》 任《にん》に堪《た》える
12	棺	カン		木 きへん	棺《かん》おけ 石棺《せっかん》・出棺《しゅっかん》
12	款	カン		欠 あくび かける	定款《ていかん》・借款《しゃっかん》 落款《らっかん》・約款《やっかん》
12	閑	カン		門 もんがまえ	閑静《かんせい》・森閑《しんかん》 安閑《あんかん》・閑散《かんさん》
13	寛	カン		宀 うかんむり	寛大《かんだい》・寛容《かんよう》 寛厳《かんげん》
16	憾	カン		忄 りっしんべん	遺憾《いかん》
16	還	カン		辶 しんにょう しんにゅう	帰還《きかん》・召還《しょうかん》 還元《かんげん》・償還《しょうかん》
21	艦	カン		舟 ふねへん	艦船《かんせん》・艦隊《かんたい》 艦艇《かんてい》・艦長《かんちょう》
13	頑	ガン		頁 おおがい	頑強《がんきょう》・頑是《がんぜ》ない 頑固《がんこ》・頑迷《がんめい》
キ 10	飢	キ	う（える）	食 しょくへん	飢餓《きが》 愛情《あいじょう》に飢《う》える
8	宜	ギ		宀 うかんむり	適宜《てきぎ》・便宜《べんぎ》 時宜《じぎ》
11	偽	ギ	いつわ（る） にせ高	亻 にんべん	虚偽《きょぎ》・真偽《しんぎ》 偽《いつわ》る・偽造《ぎぞう》
17	擬	ギ		扌 てへん	擬音《ぎおん》・模擬《もぎ》 擬似《ぎじ》・擬態《ぎたい》
9	糾	キュウ		糸 いとへん	糾弾《きゅうだん》・糾明《きゅうめい》 紛糾《ふんきゅう》
15	窮	キュウ	きわ（める）高 きわ（まる）高	穴 あなかんむり	窮地《きゅうち》・窮屈《きゅうくつ》 窮迫《きゅうはく》・困窮《こんきゅう》
8	拒	キョ	こば（む）	扌 てへん	拒絶《きょぜつ》・拒否《きょひ》 申《もう》し出《で》を拒《こば》む
8	享	キョウ		亠 なべぶた けいさんかんむり	享有《きょうゆう》・享受《きょうじゅ》 享楽《きょうらく》・享年《きょうねん》
9	挟	キョウ高	はさ（む） はさ（まる）	扌 てへん	挟撃《きょうげき》・挟殺《きょうさつ》 挟《はさ》む・挟《はさ》まる
10	恭	キョウ	うやうや（しい）高	㣺 したごころ	恭賀《きょうが》・恭順《きょうじゅん》 恭《うやうや》しい態度《たいど》
17	矯	キョウ	た（める）高	矢 やへん	矯正《きょうせい》・奇矯《ききょう》 矯《た》め直《なお》す

すぐにチェック!!
練習問題 1

読み

次の——線の**漢字の読み**を**ひらがな**で記せ。

目標時間15分

月　日

29

解答 → 別冊 P.14

1 事務を**統括**している部署がある。
2 本当の理由を**喝破**した。
3 争いの無い世界を**渇望**する。
4 屋根を**茶褐色**のペンキで塗る。
5 身柄は**所轄**署に護送された。
6 勉強ができ**且**つスポーツも得意だ。
7 ホテルに**缶詰**になって原稿を書いた。
8 思いこみによる錯覚に**陥**った。
9 **患部**を消毒してもらう。
10 私ではその任に**堪**えない。
11 **出棺**を大勢の人が見送る。
12 今回の会談で円**借款**を取り決めた。
13 **閑静**な住宅街に住んでいる。
14 **寛容**な態度で失敗を許した。
15 多くの犠牲者が出たことを**遺憾**に思う。
16 ベースキャンプに無事**帰還**した。
17 航空**母艦**から戦闘機が飛び立った。
18 地震に強い**頑丈**な家を建てる。
19 戦場では兵士たちが**飢渇**に苦しんだ。
20 ルールは**適宜**決めてよい。
21 スパイが**偽装**工作をする。
22 「ワンワン」などを**擬声語**という。
23 余罪があるかどうか**糾明**する。
24 **窮状**にある友人を救う。
25 手術後は**拒絶**反応が心配された。
26 若いときは**享楽**的な生活を送った。
27 前後から**挟**み撃ちにする。
28 降伏して**恭順**の意を表す。
29 すぐ甘える癖を**矯**め直す。

すぐにチェック!!
練習問題 ❷

書き取り

次の——線のカタカナを漢字に直せ。

目標時間15分

月 日 /29

解答 → 別冊 P.14

1 古い書類をイッカツして処分する。
2 たるんでいるぞとイッカツされた。
3 冷たい水でのどのカワきをいやす。
4 毎日泳いでカッショクに日焼けした。
5 その件はカンカツする部署がちがう。
6 必要カつ充分な説明をする。
7 空きカンとペットボトルを分別する。
8 道路のカンボツ箇所にタイヤがはまった。
9 ヘリコプターでカンジャを搬送する。
10 見るにタえないほど悲惨な光景だ。
11 セッカンから鉄剣や銅鏡が発見された。
12 カンワ休題、本題にもどろう。
13 カンダイな処置に感謝する。

14 実力をイカン無く発揮する。
15 父は今年カンレキを迎えた。
16 新しいグンカンが建造された。
17 ガンコな父がやっと許してくれた。
18 母の愛情にウえる。
19 後輩にベンギを図る。
20 身分をイツワって暮らす。
21 モギ試験を受ける。
22 事態は収拾できないほどフンキュウした。
23 去年の服が今年はキュウクツだ。
24 無理な要求をコバむ。
25 キョウネン八十八で亡くなった。
26 壁と壁の間にハサまってしまった。
27 師匠にキョウジュンの意を表す。
28 悪い歯並びをキョウセイする。
29 地震が起きてパニックにオチイる。

すぐにチェック!!
練習問題 ③

同音・同訓異字

次の――線の**カタカナ**を**漢字**に直せ。

目標時間 5 分

月 日 / 10

解答 → 別冊 P.14

1 質問に一**カツ**して答える。
2 大きな声で一**カツ**された。

3 ジョギングしてのどが**カワ**いた。
4 晴天で洗濯物がよく**カワ**いた。

5 駅前は**カン**散としている。
6 メートル法に**カン**算する。

7 宇宙飛行士が無事帰**カン**した。
8 旗**カン**に司令長官が乗っている。

9 左右から敵を**キョウ**撃した。
10 **キョウ**激な言動をたしなめる。

すぐにチェック!!
練習問題 ④

部首

次の漢字の**部首**と**部首名**を記せ。

目標時間 6 分

月 日 / 12

解答 → 別冊 P.14

1 轄
2 且
3 缶
4 款
5 閑
6 頑
7 飢
8 宜
9 窮
10 享
11 恭
12 矯

部首

部首名

準2級配当漢字表 3

漢字	画数	音	訓	部首	用例
キ 暁	12	ギョウ(高)	あかつき	日 ひへん	暁天《ぎょうてん》・今暁《こんぎょう》、成功《せいこう》の暁《あかつき》には
菌	11	キン		艹 くさかんむり	滅菌《めっきん》・殺菌《さっきん》、抗菌《こうきん》・無菌《むきん》
琴	12	キン	こと	王 おう	木琴《もっきん》・琴線《きんせん》、大正琴《たいしょうごと》
謹	17	キン	つつし(む)	言 ごんべん	謹慎《きんしん》・謹呈《きんてい》、謹《つつし》む・謹厳《きんげん》
襟	18	キン(高)	えり	衤 ころもへん	襟《えり》・襟足《えりあし》、襟元《えりもと》・襟章《えりしょう》
吟	7	ギン		口 くちへん	吟味《ぎんみ》・吟詠《ぎんえい》、吟醸《ぎんじょう》・独吟《どくぎん》
ク 隅	12	グウ	すみ	阝 こざとへん	隅隅《すみずみ》・一隅《いちぐう》、隅《すみ》・片隅《かたすみ》
勲	15	クン		力 ちから	勲功《くんこう》・勲章《くんしょう》、叙勲《じょくん》・殊勲《しゅくん》
薫	16	クン	かお(る)	艹 くさかんむり	薫風《くんぷう》・薫陶《くんとう》、風薫《かぜかお》る五月《ごがつ》

漢字	画数	音	訓	部首	用例
ケ 茎	8	ケイ	くき	艹 くさかんむり	球茎《きゅうけい》・地下茎《ちかけい》、歯茎《はぐき》・茎《くき》
渓	11	ケイ		氵 さんずい	渓谷《けいこく》・渓流《けいりゅう》、雪渓《せっけい》
蛍	11	ケイ	ほたる	虫 むし	蛍光灯《けいこうとう》・蛍光《けいこう》、蛍雪《けいせつ》・蛍《ほたる》
慶	15	ケイ		心 こころ	慶弔《けいちょう》・慶事《けいじ》、同慶《どうけい》・内弁慶《うちべんけい》
傑	13	ケツ		亻 にんべん	傑物《けつぶつ》・傑作《けっさく》、傑出《けっしゅつ》・豪傑《ごうけつ》
嫌	13	ケン、ゲン	きら(う)、いや	女 おんなへん	嫌疑《けんぎ》・機嫌《きげん》、嫌《きら》う
献	13	ケン、コン		犬 いぬ	献呈《けんてい》・献身《けんしん》、文献《ぶんけん》・献立《こんだて》
謙	17	ケン		言 ごんべん	謙虚《けんきょ》、謙譲《けんじょう》
繭	18	ケン(高)	まゆ	糸 いと	繭糸《けんし》、繭玉《まゆだま》
顕	18	ケン		頁 おおがい	顕著《けんちょ》・顕彰《けんしょう》、露顕《ろけん》・顕在《けんざい》

漢字	画数	音	訓	部首	用例
懸	20	ケン、ケ(高)	か(ける)、か(かる)	心 こころ	懸命《けんめい》・懸賞《けんしょう》、命懸《いのちが》け
弦	8	ゲン	つる(高)	弓 ゆみへん	上弦《じょうげん》・管弦《かんげん》、下弦《かげん》・弦《つる》
コ 呉	7	ゴ		口 くち	呉服《ごふく》・呉音《ごおん》、呉越同舟《ごえつどうしゅう》
碁	13	ゴ		石 いし	碁石《ごいし》・碁盤《ごばん》、囲碁《いご》
江	6	コウ	え	氵 さんずい	江湖《こうこ》、江戸《えど》・入《い》り江《え》
肯	8	コウ		肉 にく	肯定《こうてい》、首肯《しゅこう》
侯	9	コウ		亻 にんべん	諸侯《しょこう》・侯爵《こうしゃく》、王侯《おうこう》
洪	9	コウ		氵 さんずい	洪水《こうずい》、洪積層《こうせきそう》
貢	10	コウ、ク(高)	みつ(ぐ)(高)	貝 かい こがい	貢献《こうけん》・年貢《ねんぐ》、貢《みつ》ぎ物《もの》
溝	13	コウ	みぞ	氵 さんずい	下水溝《げすいこう》・海溝《かいこう》、敷居《しきい》の溝《みぞ》

すぐにチェック!!
練習問題 1

読み

次の——線の**漢字の読み**を**ひらがな**で記せ。

目標時間15分

月　日　/29

解答→別冊 P.15

1 **暁星**が見えなくなってゆく。
2 台所のふきんには**雑菌**が多い。
3 笛と**木琴**の合奏を聴いた。
4 **謹**んでおわび申し上げます。
5 **開襟**シャツを着る季節になった。
6 **吟遊**詩人が村々をまわっている。
7 都会の**一隅**でひっそり暮らす。
8 風**薫**る五月になった。
9 サトイモは**地下茎**が食用部分だ。
10 **渓流**のほとりの宿屋に泊まった。
11 室内を**蛍光灯**の明かりが照らした。
12 街は**慶祝**行事でわき立っている。
13 実力はクラスの中でも**傑出**している。
14 手を尽くして友人の**嫌疑**を晴らす。
15 街頭で**献血**に協力する。
16 **謙譲**の美徳を身につける。
17 正月に**繭玉**を飾る。
18 あの人は自己**顕示**欲が強い。
19 決勝トーナメント進出を**懸**けて戦う。
20 見上げると**上弦**の月がかかっていた。
21 **呉服**屋で正月の晴れ着を買った。
22 街を**碁盤**の目のように区画する。
23 **長江**とは中国の揚子江のことだ。
24 その意見は全く**首肯**できない。
25 封建時代は**諸侯**が並び立った。
26 **洪積世**に人類が初めて出現した。
27 皇帝に**貢**ぎ物をささげる。
28 **側溝**にコンクリートのふたをする。
29 **嫌**と言い出したらてこでも動かない。

すぐにチェック!! 練習問題②

書き取り

次の――線のカタカナを漢字に直せ。

目標時間15分

月 日 /29

解答→別冊 P.15

1 当選のアカツキには必ず公約を実行します。
2 サッキン力の強いハンドソープを使う。
3 正月にはコトの調べがよく似合う。
4 キンガ新年とはがきに印刷した。
5 寒さにエリをかき合わせた。
6 正しいかどうかよくギンミする。
7 校庭のスミにウサギ小屋がある。
8 今年の大会でシュクン賞をもらった。
9 花のクキが風に揺らいでいる。
10 山のケイコクは紅葉の名所だ。
11 ホタルはきれいな水辺が好きだ。
12 会社にはケイチョウ休暇の規定がある。
13 この映画は今年一番のケッサクだ。
14 幼い弟のキゲンが悪い。
15 一週間分のコンダテ表を作る。
16 いつもケンキョな態度で人と接する。
17 蚕がマユを作っている。
18 悪事は必ずロケンする。
19 ケンメイの努力が実った。
20 カンゲン楽の演奏会に行った。
21 漢字の字音のひとつにゴオンがある。
22 ゴイシを白と黒に分ける。
23 エドのかたきを長崎で討つ。
24 質問に対しコウテイも否定もしない。
25 オウコウ貴族が宮殿に集まった。
26 コウズイが村をのみこんだ。
27 将来は社会コウケンできる人になろう。
28 道の端に排水用のミゾを作る。
29 大人になるまでピーマンをキラった。

すぐにチェック!! 練習問題❸

同音・同訓異字

次の――線のカタカナを漢字に直せ。

目標時間 5分

月 日 /10

解答→別冊 P.15

1 部屋のスミでかしこまる。
2 筆にスミをたっぷり含ませた。

3 サトイモは球ケイだ。
4 一時間ごとに休ケイをとる。

5 ケン上する品を納める。
6 ケン譲の美徳を発揮する。

7 雑誌のケン賞に応募する。
8 ケン彰碑の除幕をする。

9 中国の長コウを下る。
10 属国から朝コウの使者が来た。

すぐにチェック!! 練習問題❹

部首

次の漢字の部首と部首名を記せ。

目標時間 6分

月 日 /12

解答→別冊 P.15

	1	2	3	4	5	6	7	8	9	10	11	12
	琴	襟	勲	薫	蛍	慶	献	繭	呉	碁	肯	貢
部首												
部首名												

準2級配当漢字表 4

画数	漢字	読み	部首	用例
	コ			
16	衡	音 コウ	行 ぎょうがまえ ゆきがまえ	均衡《きんこう》・平衡《へいこう》 度量衡《どりょうこう》
17	購	音 コウ	貝 かいへん	購入《こうにゅう》・購買《こうばい》 購読《こうどく》
9	拷	音 ゴウ	扌 てへん	拷問《ごうもん》
10	剛	音 ゴウ	刂 りっとう	剛直《ごうちょく》・剛健《ごうけん》 剛胆《ごうたん》・剛腕《ごうわん》
14	酷	音 コク	酉 とりへん	酷似《こくじ》・酷《こく》 酷評《こくひょう》・過酷《かこく》
8	昆	音 コン	日 ひ	昆虫《こんちゅう》 昆布《こんぶ・こぶ》
17	懇	音 コン 訓 ねんご(ろ)高	心 こころ	懇情《こんじょう》・懇親《こんしん》 懇意《こんい》・懇願《こんがん》
	サ			
10	唆	音 サ 訓 そそのか(す)高	口 くちへん	教唆《きょうさ》・示唆《し(じ)さ》 悪事《あくじ》を唆《そそのか》す
12	詐	音 サ	言 ごんべん	詐欺《さぎ》・詐取《さしゅ》 詐称《さしょう》
9	砕	音 サイ 訓 くだ(く) くだ(ける)	石 いしへん	砕石《さいせき》・粉砕《ふんさい》 心《こころ》を砕《くだ》く
10	宰	音 サイ	宀 うかんむり	宰領《さいりょう》・宰相《さいしょう》 主宰《しゅさい》
10	栽	音 サイ	木 き	栽培《さいばい》・盆栽《ぼんさい》 植栽《しょくさい》
11	斎	音 サイ	斉 せい	斎場《さいじょう》・潔斎《けっさい》 書斎《しょさい》
10	索	音 サク	糸 いと	索引《さくいん》・思索《しさく》 捜索《そうさく》・検索《けんさく》
12	酢	音 サク 訓 す	酉 とりへん	酢酸《さくさん》 甘酢《あまず》・酢豚《すぶた》
10	桟	音 サン	木 きへん	桟道《さんどう》 桟橋《さんばし》
12	傘	音 サン高 訓 かさ	人 ひとやね	傘下《さんか》・落下傘《らっかさん》 傘《かさ》・日傘《ひがさ》
	シ			
8	肢	音 シ	月 にくづき	肢体《したい》・下肢《かし》 四肢《しし》・選択肢《せんたくし》
13	嗣	音 シ	口 くち	嗣子《しし》 嫡嗣《ちゃくし》
15	賜	音 シ高 訓 たまわ(る)	貝 かいへん	賜暇《しか》・恩賜《おんし》 お言葉《ことば》を賜《たまわ》る
19	璽	音 ジ	玉 たま	御璽《ぎょじ》 国璽《こくじ》
14	漆	音 シツ 訓 うるし	氵 さんずい	漆器《しっき》・漆黒《しっこく》 漆塗《うるしぬ》り
14	遮	音 シャ 訓 さえぎ(る)	辶 しんにょう しんにゅう	遮断《しゃだん》・遮光《しゃこう》 話《はなし》を遮《さえぎ》る
11	蛇	音 ジャ ダ 訓 へび	虫 むしへん	蛇腹《じゃばら》・長蛇《ちょうだ》 蛇行《だこう》・蛇《へび》
10	酌	音 シャク 訓 く(む)高	酉 とりへん	晩酌《ばんしゃく》・酌量《しゃくりょう》 媒酌《ばいしゃく》・酌《く》む
17	爵	音 シャク	爫 つめかんむり つめがしら	爵位《しゃくい》・伯爵《はくしゃく》 侯爵《こうしゃく》

すぐにチェック!!
練習問題 1

読み

次の――線の**漢字の読み**を**ひらがな**で記せ。

目標時間15分

月　日　／29

解答→別冊 P.16

1 度量衡の単位を定める。

2 月刊誌を購読している。

3 拷問にかけて自白させる。

4 質実剛健をモットーとする。

5 新作はマスコミで酷評された。

6 かつお節と昆布でだしを取る。

7 宿の主人から懇ろにもてなされた。

8 犯行を唆した疑いがある。

9 老人から金を詐取する一味がいる。

10 敵の野望を粉砕する。

11 合唱サークルを主宰している。

12 盆栽の松の形を整える。

13 通夜の前に斎場の準備をする。

14 探索の輪は徐々にせばめられた。

15 酢酸は食品や薬品の原料となる。

16 桟道を踏みはずせば命はない。

17 大企業の傘下に入る。

18 義肢の陸上選手が活躍している。

19 将軍家の継嗣として生まれた。

20 優勝して賜杯を授与された。

21 玉璽は天皇だけが使う御印だ。

22 漆黒の長い髪を自慢する。

23 目の前で踏切の遮断機が下りた。

24 平原の中を川が蛇行している。

25 毎日の晩酌を楽しみにしている。

26 爵位を持つ者だけを宮殿に招く。

27 要求を受け入れてくれるように懇願する。

28 猛暑続きで日傘がよく売れる。

29 水道の蛇口が緩んでいるようだ。

すぐにチェック!! 練習問題❷

書き取り

次の――線のカタカナを漢字に直せ。

目標時間15分

月 日

29

解答→別冊 P.16

1 力のキンコウを保つ。
2 日用品を共同コウニュウする。
3 寺の門の両側にコンゴウ力士像がある。
4 八月になると毎日がコクショだった。
5 夏休みにコンチュウ採集をする。
6 保護者のコンシン会が開かれた。
7 シサに富む話を聞かせてもらった。
8 あの男は口のうまいサギ師だ。
9 夢はあっさりクダかれた。
10 総理大臣をサイショウともいう。
11 公園のショクサイをデザインする。
12 父のショサイは本で埋まっている。
13 部首サクインで漢字を探す。

14 飲むためのスは健康によい。
15 障子のサンのほこりを払う。
16 コンビニでビニールのカサを買った。
17 五つのセンタクシの中から選ぶ。
18 チャクシは一般的にその家を継ぐ人をいう。
19 皇后様から温かいお言葉をタマワった。
20 ウルシ塗りの器は来客用だ。
21 高飛車に発言をサエギった。
22 ヘビイチゴの実は食用にならない。
23 宴席の場でおシャクして回る。
24 ハクシャクは貴族の称号の一つである。
25 サイヒョウ船が力強く進む。
26 サクサンを使った実験を行う。
27 飛行機からラッカサンで降下した。
28 旅先で伝統工芸のシッキを買った。
29 寝室はシャコウカーテンにした。

すぐにチェック!! 練習問題 ③

同音・同訓異字

次の――線のカタカナを漢字に直せ。

目標時間 5 分

月　日　/10

解答 → 別冊 P.16

1 収支の均コウを保つ。
2 都市近コウに家を買った。
3 経歴をサ称する。
4 サ証を発給してもらう。
5 精進潔サイして祈りをささげる。
6 社長の決サイをもらう。
7 大企業のサン下に入った。
8 戦争のサン禍に心が痛む。
9 スの物をあえる。
10 ス浜に水鳥が集まる。

すぐにチェック!! 練習問題 ④

部首

次の漢字の部首と部首名を記せ。

目標時間 6 分

月　日　/12

解答 → 別冊 P.16

1 衡
2 剛
3 酷
4 昆
5 栽
6 斎
7 索
8 傘
9 嗣
10 璽
11 漆
12 爵

部首

部首名

まとめテスト 3

すぐにチェック!! 練習問題①

漢字と送りがな

次の―線のカタカナを漢字一字と送りがな（ひらがな）に直せ。

1 正業と副業両方でカセイデいる。
2 のどがカワイテたまらない。
3 パニック状態にオチイル。
4 本名をイツワッテ暮らす。
5 議会で発言をコバマレタ。
6 本にしおりがハサンデある。
7 ツツシンデ新年のお祝いを申し上げる。
8 白い波が岩にクダケル。
9 国王陛下にお言葉をタマワッタ。
10 厚い壁で音をサエギル。

目標時間 5 分

月　日　／10

解答 → 別冊 P.17

すぐにチェック!! 練習問題②

対義語・類義語

次の□のひらがなに従って、対義語（↕）、類義語（＝）になるよう漢字一字を記せ。

1 一流 ↕ □《あ》流
2 絶品 ＝ □《いつ》品
3 散文 ↕ □《いん》文
4 凸版 ↕ □《おう》版
5 災難 ＝ 災□《か》
6 多弁 ↕ □《か》黙
7 突出 ＝ □《けっ》出
8 終生 ＝ 生□《がい》
9 激職 ↕ □《かん》職
10 真実 ↕ 虚□《ぎ》
11 承諾 ↕ □《きょ》否
12 潜在 ↕ □《けん》在
13 否定 ↕ □《こう》定
14 寄与 ＝ 貢□《けん》

目標時間 7 分

月　日　／14

解答 → 別冊 P.17

すぐにチェック!! 練習問題 ❸

誤字訂正

次の各文に間違って使われている**同じ読みの漢字が一字**ある。**上に誤字**を、**下に正しい漢字**を記せ。

目標時間 3 分

月 日 6

解答 → 別冊 P.17

1 他国の報道関係者がこの国の王族に拝悦を許されるのは極めて異例のことだ。

2 懸命に戦ったがこの少人数では多勢に無勢、衆過敵せずついに敗れ去るに至った。

3 江戸幕府は天領と呼ばれる直括地に奉行や郡代を置いて支配し、経済的基盤となした。

4 公金を拐帯して逃走中の男の履歴書を調べると経歴を許称し名前も疑名だった。

5 私の家では全国紙など、地方紙のほか英字新聞と経済専門月刊誌を構読している。

6 消息を絶った民間機の行方を追って陸と空から大規模な捜策が行われた。

すぐにチェック!! 練習問題 ❹

四字熟語

次の□のひらがなに従って**漢字一字**を記せ。11～13の**意味**にあてはまる四字熟語を1～10から選び、算用数字で記せ。

目標時間 7 分

月 日 13

解答 → 別冊 P.17

1 意馬心□《えん》

2 吉凶□《か》福

3 □《かん》話休題

4 内憂外□《かん》

5 遺□《かん》千万

6 □《がん》固一徹

7 対牛弾□《きん》

8 □《ご》越同舟

9 質実□《ごう》健

10 粉骨□《さい》身

11 それはさておき。話を本筋に戻すときに言う語。（　）

12 何の効果もなく無駄なこと。（　）

13 敵味方や仲の悪い者同士が同じ場所や境遇にいること。（　）

準2級配当漢字表 5

シ

漢字	画数	音	訓	部首	用例
珠	10	シュ		王 おうへん たまへん	珠玉《しゅぎょく》・珠算《しゅざん》 真珠《しんじゅ》
儒	16	ジュ		亻 にんべん	儒学《じゅがく》・儒教《じゅきょう》 儒者《じゅしゃ》
囚	5	シュウ		囗 くにがまえ	囚人《しゅうじん》・幽囚《ゆうしゅう》 死刑囚《しけいしゅう》
臭	9	シュウ	くさ(い) にお(う)	自 みずから	異臭《いしゅう》・体臭《たいしゅう》 泥臭《どろくさ》い・臭《くさ》い
愁	13	シュウ	うれ(える)(高) うれ(い)(高)	心 こころ	愁傷《しゅうしょう》・哀愁《あいしゅう》 旅愁《りょしゅう》・憂愁《ゆうしゅう》
酬	13	シュウ		酉 とりへん	報酬《ほうしゅう》 応酬《おうしゅう》
醜	17	シュウ	みにく(い)	酉 とりへん	美醜《びしゅう》・醜態《しゅうたい》 醜聞《しゅうぶん》・醜《みにく》い
汁	5	ジュウ	しる	氵 さんずい	果汁《かじゅう》・苦汁《くじゅう》 胆汁《たんじゅう》・汁粉《しるこ》
充	6	ジュウ	あ(てる)(高)	儿 ひとあし にんにょう	充実《じゅうじつ》・充電《じゅうでん》 補充《ほじゅう》・充満《じゅうまん》
渋	11	ジュウ	しぶ しぶ(い) しぶ(る)	氵 さんずい	渋滞《じゅうたい》・苦渋《くじゅう》 渋皮《しぶかわ》・茶渋《ちゃしぶ》
銃	14	ジュウ		金 かねへん	銃口《じゅうこう》・銃創《じゅうそう》 銃声《じゅうせい》・小銃《しょうじゅう》
叔	8	シュク		又 また	叔父《おじ》・叔母《おば》 伯叔《はくしゅく》
淑	11	シュク		氵 さんずい	淑女《しゅくじょ》・貞淑《ていしゅく》 私淑《ししゅく》
粛	11	シュク		聿 ふでづくり	粛清《しゅくせい》・粛正《しゅくせい》 厳粛《げんしゅく》・自粛《じしゅく》
塾	14	ジュク		土 つち	私塾《しじゅく》・学習塾《がくしゅうじゅく》 塾生《じゅくせい》
俊	9	シュン		亻 にんべん	俊敏《しゅんびん》・俊足《しゅんそく》 俊傑《しゅんけつ》・俊才《しゅんさい》
准	10	ジュン		冫 にすい	准《じゅん》 批准《ひじゅん》
殉	10	ジュン		歹 かばねへん いちたへん がつへん	殉死《じゅんし》・殉職《じゅんしょく》 殉教《じゅんきょう》
循	12	ジュン		彳 ぎょうにんべん	循環《じゅんかん》・因循《いんじゅん》 循環器《じゅんかんき》
庶	11	ショ		广 まだれ	庶民《しょみん》 庶務《しょむ》
緒	14	ショ チョ	お	糸 いとへん	内緒《ないしょ》・一緒《いっしょ》 情緒《じょうちょ》《じょうしょ》・鼻緒《はなお》
叙	9	ジョ		又 また	叙景《じょけい》・叙勲《じょくん》 叙情《じょじょう》・自叙伝《じじょでん》
升	4	ショウ	ます	十 じゅう	一升《いっしょう》 升席《ますせき》・升目《ますめ》
抄	7	ショウ		扌 てへん	抄録《しょうろく》・抄本《しょうほん》 抄訳《しょうやく》
肖	7	ショウ		肉 にく	肖像《しょうぞう》 不肖《ふしょう》
尚	8	ショウ		⺌ しょう	尚早《しょうそう》 高尚《こうしょう》
宵	10	ショウ(高)	よい	宀 うかんむり	徹宵《てっしょう》 宵宮《よいみや》・宵《よい》の口《くち》
症	10	ショウ		疒 やまいだれ	症状《しょうじょう》・感染症《かんせんしょう》 炎症《えんしょう》・症候群《しょうこうぐん》
祥	10	ショウ		礻 しめすへん	発祥《はっしょう》・吉祥《きっしょう》 不祥事《ふしょうじ》

すぐにチェック!!
練習問題 1

読み

次の――線の**漢字の読み**を**ひらがな**で記せ。

目標時間15分

月 日 /29

解答→別冊 P.18

1 毎週珠算教室に通っている。
2 儒家の教えを守って生きる。
3 幽囚の身となったことを嘆く。
4 どことなくうさん臭い男だ。
5 独りになって悲愁にとざされた。
6 非難の応酬が果てしなく続く。
7 とんだ醜態を見せてしまった。
8 白い紙の上に墨汁をこぼす。
9 採用の目的は欠員補充だ。
10 ついに苦渋の決断をした。
11 子どもたちまで銃火にさらされる。
12 「伯叔」は両親の兄弟のことだ。
13 母は淑徳を備え持つ人だった。
14 今は歌舞音曲を自粛している。
15 大学受験のため塾に通う。
16 俊敏な頭の働きを見せた。
17 平和条約を批准する。
18 殉難者のために石碑を建てた。
19 父の因循な考え方に反対する。
20 会社の庶務係として勤務している。
21 あの画像が事件解決の端緒となった。
22 古代ローマの叙事詩は壮大だ。
23 升席ですもう見物をした。
24 これは原文からの抄録だ。
25 自分は父にとって全く不肖の子だ。
26 実行に移すのは時期尚早だ。
27 急がなくともまだ宵の口だ。
28 喉《のど》の粘膜に炎症を起こす。
29 今日は故人の祥月命日だ。

すぐにチェック!!
練習問題 ❷

書き取り

次の――線のカタカナを漢字に直せ。

目標時間15分

月　日　/29

解答→別冊 P.18

1 シンジュのネックレスをつける。
2 ジュキョウの教えを社会の根底にすえる。
3 シュウジン護送車が通過した。
4 室内にショウシュウ剤を置く。
5 このたびはごシュウショウさまです。
6 総理大臣のシュウブンをもみ消す。
7 母がおシルコを作ってくれた。
8 後任には副部長をアてる。
9 返事を出しシブる。
10 敵と激しいジュウゲキ戦になった。
11 オジは母より三歳年下だ。
12 会場に紳士シュクジョが集まった。
13 セイシュクにするよう注意された。

14 アルバイトでジュクの講師をする。
15 シュンソクのランナーの後を追う。
16 長兄は大学のジュン教授を務める。
17 父の死はジュンショクと認められた。
18 ジュンカンバスを利用して外出する。
19 一般ショミンにも意見を聞く。
20 げたのハナオが切れた。
21 被災した時の体験をジョジュツする。
22 イッショウびんを抱えこんで飲む。
23 戸籍ショウホンを提出する。
24 友人のショウゾウ画を描く。
25 コウショウな趣味で教養を深める。
26 ヨイ待草の花が咲いている。
27 昨晩から発熱のショウジョウが出る。
28 開校以来のフショウ事に頭を悩ます。
29 ミニクいアヒルの子は最後に白鳥になる。

すぐにチェック!! 練習問題❸

同音・同訓異字

次の——線のカタカナを**漢字**に直せ。

目標時間 5 分　月　日　/10

解答 → 別冊 P.18

1 敵の虜シュウを収容する。
2 旅シュウに身をまかせる。

3 賞与は生活費にアてた。
4 国防の任にアたる。

5 長い間苦ジュウをなめてきた。
6 苦ジュウに満ちた表情を浮かべる。

7 警察官がジュン職したそうだ。
8 あの記事はジュン色を加えている。

9 ジュン環バスは市民の足だ。
10 ジュン刊の雑誌を読む。

すぐにチェック!! 練習問題❹

部首

次の漢字の**部首**と**部首名**を記せ。

目標時間 6 分　月　日　/12

解答 → 別冊 P.18

	1	2	3	4	5	6	7	8	9	10	11	12
	囚	臭	愁	充	叔	粛	塾	殉	庶	升	肖	尚
部首												
部首名												

準2級配当漢字表 ⑥

画数	漢字	読み	部首	用例
11 シ	渉	音 ショウ	氵 さんずい	渉外《しょうがい》・干渉《かんしょう》 交渉《こうしょう》
11	訟	音 ショウ	言 ごんべん	訴訟《そしょう》
12	硝	音 ショウ	石 いしへん	硝煙《しょうえん》・硝石《しょうせき》 硝酸《しょうさん》
12	粧	音 ショウ	米 こめへん	化粧《けしょう》
12	詔	音 ショウ 訓 みことのり(高)	言 ごんべん	詔勅《しょうちょく》 詔書《しょうしょ》
13	奨	音 ショウ	大 だい	奨励《しょうれい》・推奨《すいしょう》 勧奨《かんしょう》
14	彰	音 ショウ	彡 さんづくり	表彰《ひょうしょう》 顕彰《けんしょう》
17	償	音 ショウ 訓 つぐな(う)	亻 にんべん	有償《ゆうしょう》・代償《だいしょう》 償還《しょうかん》・償《つぐな》う
17	礁	音 ショウ	石 いしへん	岩礁《がんしょう》・暗礁《あんしょう》 座礁《ざしょう》

画数	漢字	読み	部首	用例
9	浄	音 ジョウ	氵 さんずい	浄化《じょうか》・洗浄《せんじょう》 自浄《じじょう》・浄財《じょうざい》
11	剰	音 ジョウ	刂 りっとう	剰余《じょうよ》・過剰《かじょう》 余剰《よじょう》・剰員《じょういん》
16	壌	音 ジョウ	土 つちへん	土壌《どじょう》
20	醸	音 ジョウ 訓 かも(す)(高)	酉 とりへん	醸造《じょうぞう》・醸成《じょうせい》 吟醸《ぎんじょう》・醸《かも》す
9	津	音 シン(高) 訓 つ	氵 さんずい	興味津津《きょうみしんしん》 津波《つなみ》
10	唇	音 シン(高) 訓 くちびる	口 くち	口唇《こうしん》 唇《くちびる》をかむ
10	娠	音 シン	女 おんなへん	妊娠《にんしん》
11	紳	音 シン	糸 いとへん	紳士《しんし》
12	診	音 シン 訓 み(る)	言 ごんべん	診察《しんさつ》・診断《しんだん》 打診《だしん》・診《み》る
3	刃	音 ジン(高) 訓 は	刀 かたな	自刃《じじん》・刃物《はもの》 刃先《はさき》・刃渡《はわた》り

画数	漢字	読み	部首	用例
6	迅	音 ジン	辶 しんにょう しんにゅう	迅速《じんそく》 疾風迅雷《しっぷうじんらい》
9	甚	音 ジン(高) 訓 はなは(だ) はなは(だしい)	甘 かん あまい	甚大《じんだい》・甚《はなは》だ 甚《はなは》だしい
9 ス	帥	音 スイ	巾 はば	総帥《そうすい》・統帥《とうすい》 元帥《げんすい》
13	睡	音 スイ	目 めへん	睡眠《すいみん》・熟睡《じゅくすい》 睡魔《すいま》・一睡《いっすい》
8	枢	音 スウ	木 きへん	枢軸《すうじく》・枢要《すうよう》 中枢《ちゅうすう》
11	崇	音 スウ	山 やま	崇高《すうこう》・崇敬《すうけい》 崇拝《すうはい》
11	据	訓 す(える) す(わる)	扌 てへん	見据《みす》える 据《す》える・据《す》わる
7	杉	訓 すぎ	木 きへん	杉《すぎ》 杉並木《すぎなみき》
8 セ	斉	音 セイ	斉 せい	斉唱《せいしょう》 一斉《いっせい》
10	逝	音 セイ 訓 ゆ(く)(高) い(く)(高)	辶 しんにょう しんにゅう	逝去《せいきょ》・急逝《きゅうせい》 恩人《おんじん》が逝《ゆ・い》く

すぐにチェック!!
練習問題 1

読み

次の――線の**漢字の読み**を**ひらがな**で記せ。

目標時間15分

月 日

29

解答 → 別冊 P.19

1 他国の内政に**干渉**する。

2 証人が**訟廷**に姿を現した。

3 **硝石**は花火や火薬の原料だ。

4 **化粧品**が肌に合わないようだ。

5 **詔**とは天皇の言葉をいう。

6 安価で良質な商品が**推奨**されている。

7 功績を**顕彰**する碑を公園に建てた。

8 過去の過ちを**償**って余りある行為だ。

9 船が**暗礁**に乗り上げた。

10 寺の修復のため**浄財**を集める。

11 **余剰**物資は寄付に回す。

12 **天壌**は天地と同じ意味だ。

13 穏やかな空気を**醸**し出す。

14 何が飛び出すか興味**津津**だ。

15 寒さで**唇**が紫色になった。

16 **妊娠**初期は特に注意が必要だ。

17 **紳士**服専門店でスーツを選ぶ。

18 年一回健康**診断**が行われる。

19 **刃物**を研ぐのは難しい。

20 疾風**迅雷**の勢いで攻撃する。

21 理解してもらえず**甚**だ残念だ。

22 堂々たる**将帥**が行進を観閲した。

23 仕事中**睡魔**に襲われる。

24 **枢要**な地位にある人を紹介された。

25 理想は**崇高**だが手段が問題だ。

26 居間にこたつを**据**える。

27 **杉**の花粉が飛散する。

28 号砲を合図に**一斉**にスタートした。

29 父が**急逝**したとの知らせがあった。

すぐにチェック!! 練習問題❷

書き取り

次の――線のカタカナを漢字に直せ。

目標時間15分

月 日 /29

解答 → 別冊 P.19

1 社長を団体コウショウの場に引き出す。
2 特許侵害でソショウを起こされた。
3 ショウサン銀は銀めっきなどに使う。
4 ケショウの仕方を一から学ぶ。
5 ショウショは天皇の言葉を書いた公文書だ。
6 ショウガク金制度のおかげで卒業できた。
7 人命救助でヒョウショウされた。
8 壊した器物をベンショウする。
9 ザショウしている船を見た。
10 空気セイジョウ機のスイッチを入れる。
11 相手はカジョウに反応した。
12 ドジョウ汚染が問題になる。
13 この町はワインのジョウゾウ所が多い。

14 もしツナミが来たら高台に逃げる。
15 ニンシンと聞いて夫はとても喜んだ。
16 イギリスはシンシの国と言われている。
17 モンシン票を病院の受付に出す。
18 親にハムかう気かと怒られた。
19 事態をジンソクに収拾する。
20 台風による被害がジンダイだ。
21 軍の総大将をゲンスイと呼んだ。
22 このところスイミンが不十分だ。
23 チュウスウ神経がまひしている。
24 山をご神体としてスウハイする。
25 一度経験すれば度胸がスわる。
26 ゴッホの糸スギの絵を鑑賞する。
27 起立して国歌をセイショウする。
28 惜しまれつつセイキョされた。
29 それは誤解もハナハだしい。

すぐにチェック!!
練習問題 ❸

同音・同訓異字

次の――線のカタカナを漢字に直せ。

目標時間 5 分

月 日 /10

解答 → 別冊 P.19

1 息子の生活に干ショウする。
2 緩ショウ材を用いて荷造りする。
3 これは県の推ショウ品だ。
4 水ショウを印材に使う。
5 ジョウ余金を繰り越す。
6 不動産をジョウ与する。
7 腰をスえて問題に取り組む。
8 冷たい空気を胸にスい込む。
9 毎年健シンを受けている。
10 ガスメーターの検シンをする。

すぐにチェック!!
練習問題 ❹

部首

次の漢字の部首と部首名を記せ。

目標時間 6 分

月 日 /12

解答 → 別冊 P.19

1 粧
2 奨
3 彰
4 剰
5 醸
6 唇
7 刃
8 甚
9 帥
10 睡
11 崇
12 斉

部首

部首名

準2級配当漢字表 7

画数	漢字	音	訓	部首	用例
14 セ	誓	セイ	ちか(う)	言《げん》	誓約《せいやく》・宣誓《せんせい》 心《こころ》に誓《ちか》う
8	析	セキ		木《きへん》	解析《かいせき》・透析《とうせき》 分析《ぶんせき》
8	拙	セツ	つたな(い)	扌《てへん》	巧拙《こうせつ》・稚拙《ちせつ》 拙速《せっそく》・拙劣《せつれつ》
9	窃	セツ		穴《あなかんむり》	窃盗《せっとう》 窃取《せっしゅ》
5	仙	セン		亻《にんべん》	仙境《せんきょう》・仙薬《せんやく》 仙人《せんにん》・仙骨《せんこつ》
10	栓	セン		木《きへん》	栓《せん》・消火栓《しょうかせん》 耳栓《みみせん》
11	旋	セン		方《ほうへん かたへん》	旋回《せんかい》・旋律《せんりつ》 周旋《しゅうせん》・旋風《せんぷう》
13	践	セン		𧾷《あしへん》	実践《じっせん》
15	遷	セン		辶《しんにょう しんにゅう》	変遷《へんせん》・左遷《させん》 遷都《せんと》
16	薦	セン	すす(める)	艹《くさかんむり》	自薦《じせん》・推薦《すいせん》 他薦《たせん》・薦《すす》める
17	繊	セン		糸《いとへん》	繊細《せんさい》・繊維《せんい》 化繊《かせん》
13	禅	ゼン		礻《しめすへん》	座禅《ざぜん》・禅問答《ぜんもんどう》 禅宗《ぜんしゅう》・禅譲《ぜんじょう》
14	漸	ゼン		氵《さんずい》	漸進《ぜんしん》・漸次《ぜんじ》 漸増《ぜんぞう》
10 ソ	租	ソ		禾《のぎへん》	租借《そしゃく》・租税《そぜい》 公租公課《こうそこうか》
12	疎	ソ	うと(い)高 うと(む)高	𤴔《ひきへん》	疎外《そがい》・過疎《かそ》 空疎《くうそ》・疎《うと》む
13	塑	ソ		土《つち》	塑像《そぞう》・彫塑《ちょうそ》 可塑性《かそせい》
6	壮	ソウ		士《さむらい》	壮絶《そうぜつ》・壮観《そうかん》 豪壮《ごうそう》・壮麗《そうれい》
9	荘	ソウ		艹《くさかんむり》	山荘《さんそう》・別荘《べっそう》 荘重《そうちょう》・荘厳《そうごん》
10	捜	ソウ	さが(す)	扌《てへん》	捜索《そうさく》・捜査《そうさ》 人《ひと》を捜《さが》す
10	挿	ソウ	さ(す)	扌《てへん》	挿入《そうにゅう》・挿絵《さしえ》 挿話《そうわ》・挿《さ》す
11	曹	ソウ		曰《ひらび いわく》	重曹《じゅうそう》 法曹界《ほうそうかい》
12	喪	ソウ	も	口《くち》	喪失《そうしつ》・阻喪《そそう》 喪《も》・喪中《もちゅう》
15	槽	ソウ		木《きへん》	水槽《すいそう》 浴槽《よくそう》
17	霜	ソウ高	しも	雨《あめかんむり》	霜《しも》・霜焼《しもや》け 霜柱《しもばしら》・初霜《はつしも》
19	藻	ソウ	も	艹《くさかんむり》	藻類《そうるい》・海藻《かいそう》 藻《も》くず
7 タ	妥	ダ		女《おんな》	妥当《だとう》・妥結《だけつ》 妥協《だきょう》
12	堕	ダ		土《つち》	堕落《だらく》 堕《だ》する
12	惰	ダ		忄《りっしんべん》	遊惰《ゆうだ》・惰性《だせい》 惰眠《だみん》・惰弱《だじゃく》
14	駄	ダ		馬《うまへん》	駄弁《だべん》・駄作《ださく》 駄菓子《だがし》

すぐにチェック!!
練習問題 ❶

読み

次の——線の**漢字の読み**を**ひらがな**で記せ。

目標時間15分

月 日 /29

解答→別冊 P.20

1 **誓**って裏切り行為はしていない。
2 病院で人工**透析**を受けている。
3 手紙は**拙**い文字で書かれていた。
4 兄に財布を**窃取**された。
5 早春の庭に**水仙**が咲いた。
6 脳**血栓**で倒れ半身のマヒが残った。
7 美しい**旋律**の曲が流れてきた。
8 学校で学んだことを**実践**にうつす。
9 平安京への**遷都**は七九四年だった。
10 友人を議長候補として**薦**める。
11 レーヨンなどを化学**繊維**という。
12 **友禅**の着物を新調した。
13 コレステロール値が**漸増**している。
14 他国の領土を**租借**する。
15 親類とは**疎遠**になったままだ。
16 美術大学で**彫塑**を専攻する。
17 最年少登頂の**壮挙**をなし遂げた。
18 信州の**山荘**で夏休みを過ごした。
19 **捜査**本部で陣頭指揮をとる。
20 ちょっとした**挿話**を入れながら話す。
21 将来は**法曹**界で仕事をしたい。
22 一時的な記憶**喪失**とみられる。
23 この**浴槽**ならゆったり足を伸ばせる。
24 陰暦十一月のことを**霜月**という。
25 野菜と**海藻**類は欠かさず食べている。
26 話し合って**妥協**点を見つける。
27 やむを得ない事情で**堕胎**した。
28 **惰性**で続けているようなものだ。
29 昔ながらの**駄菓子**屋が人気だ。

すぐにチェック!! 練習問題❷

書き取り

次の――線の**カタカナ**を**漢字**に直せ。

目標時間15分

月 日 /29

解答 → 別冊 P.20

1 選手**センセイ**の役を引き受ける。
2 事故原因を**ブンセキ**する。
3 あの人のやり方は実に**セツレツ**だ。
4 **セットウ**犯は高級車だけをねらっていた。
5 **センニン**はかすみを食べているという。
6 ガスの**モトセン**を閉める。
7 ヘリコプターが**センカイ**している。
8 計画に基づいて**ジッセン**する。
9 地方の営業所に**サセン**された。
10 この学校には**スイセン**入学で入った。
11 妹は**センサイ**な感受性の持ち主だ。
12 **ゼンデラ**にこもって修行する。
13 芳香剤の香りは**ゼンジ**消えていった。

14 重い**ソゼイ**に民衆は苦しんだ。
15 クラスの中で**ソガイ**されている。
16 卒業制作の**ソゾウ**に取り組む。
17 **ヒソウ**な決意で出陣していった。
18 箱根に**ベッソウ**を持っている。
19 行方不明者を**ソウサク**する。
20 バラの**サシ**木をする。
21 葬儀では兄が**モシュ**を務めた。
22 **スイソウ**で熱帯魚を飼う。
23 庭木に**シモ**よけの覆いをかける。
24 池の中で**モ**が揺れている。
25 まずは**ダトウ**な意見ではないだろうか。
26 権力の味を知ってから**ダラク**した。
27 ベッドの中で**ダミン**を貪る。
28 自分の作品を**ダサク**と卑下する。
29 二人で**チカ**いの言葉を読み上げた。

すぐにチェック!! 練習問題 ❸

同音・同訓異字

次の――線のカタカナを漢字に直せ。

目標時間 5 分

月 日 /10

解答 → 別冊 P.20

1 人工透セキのため通院する。
2 党セキを離脱する。

3 弟に持ち物をセッ取された。
4 栄養のあるものをセッ取する。

5 庭の水センの芽が出た。
6 推センを受けて入学した。

7 胸元に花をサす。
8 念のためくぎをサす。

9 一年間父のモに服す。
10 ついに海のモくずとなった。

すぐにチェック!! 練習問題 ❹

部首

次の漢字の部首と部首名を記せ。

目標時間 6 分

月 日 /12

解答 → 別冊 P.20

1 誓
2 窃
3 旋
4 薦
5 疎
6 塑
7 壮
8 曹
9 喪
10 藻
11 妥
12 駄

部首

部首名

準2級配当漢字表 8

見出し	画数	漢字	読み	部首	用例
タ	10	泰	音 タイ	氺 したみず	泰然《たいぜん》・泰斗《たいと》 安泰《あんたい》
	17	濯	音 タク	氵 さんずい	洗濯《せんたく》
	7	但	訓 ただ(し)	亻 にんべん	但《ただ》し書《が》き
	12	棚	訓 たな	木 きへん	棚《たな》・棚上《たなあ》げ 棚田《たなだ》・網棚《あみだな》
チ	13	痴	音 チ	疒 やまいだれ	音痴《おんち》・痴態《ちたい》 愚痴《ぐち》・痴情《ちじょう》
	10	逐	音 チク	辶 しんにょう しんにゅう	駆逐《くちく》・逐次《ちくじ》 逐語訳《ちくごやく》・放逐《ほうちく》
	10	秩	音 チツ	禾 のぎへん	秩序《ちつじょ》
	14	嫡	音 チャク	女 おんなへん	嫡嗣《ちゃくし》・嫡子《ちゃくし》 嫡流《ちゃくりゅう》
	9	衷	音 チュウ	衣 ころも	衷心《ちゅうしん》・折衷《せっちゅう》 苦衷《くちゅう》
	4	弔	音 チョウ 訓 とむら(う)	弓 ゆみ	慶弔《けいちょう》・弔慰《ちょうい》 弔電《ちょうでん》・弔《とむら》う
	9	挑	音 チョウ 訓 いど(む)	扌 てへん	挑戦《ちょうせん》・挑発《ちょうはつ》 決戦《けっせん》を挑《いど》む
	11	眺	音 チョウ 訓 なが(める)	目 めへん	眺望《ちょうぼう》 空《そら》を眺《なが》める
	11	釣	音 チョウ(高) 訓 つ(る)	金 かねへん	釣果《ちょうか》・釣魚《ちょうぎょ》 釣《つ》る
	18	懲	音 チョウ 訓 こ(りる) こ(らす) こ(らしめる)	心 こころ	懲役《ちょうえき》・懲戒《ちょうかい》 懲罰《ちょうばつ》・懲《こ》らす
	9	勅	音 チョク	力 ちから	勅願《ちょくがん》・勅使《ちょくし》 詔勅《しょうちょく》
	10	朕	音 チン	月 つきへん	朕《ちん》は国家《こっか》なり
ツ	12	塚	訓 つか	土 つちへん	塚《つか》・一里塚《いちりづか》 貝塚《かいづか》
	14	漬	訓 つ(ける) つ(かる)	氵 さんずい	塩漬《しおづ》け・茶漬《ちゃづ》け 漬《つ》ける
	8	坪	訓 つぼ	土 つちへん	建坪《たてつぼ》・坪《つぼ》 坪庭《つぼにわ》
テ	7	呈	音 テイ	口 くち	進呈《しんてい》・贈呈《ぞうてい》 献呈《けんてい》・露呈《ろてい》
	7	廷	音 テイ	廴 えんにょう	宮廷《きゅうてい》・法廷《ほうてい》 出廷《しゅってい》
	8	邸	音 テイ	阝 おおざと	邸内《ていない》・邸宅《ていたく》 豪邸《ごうてい》・官邸《かんてい》
	9	亭	音 テイ	亠 なべぶた けいさんかんむり	亭主《ていしゅ》 料亭《りょうてい》
	9	貞	音 テイ	貝 かい こがい	貞淑《ていしゅく》・貞操《ていそう》 貞節《ていせつ》
	10	逓	音 テイ	辶 しんにょう しんにゅう	逓減《ていげん》・逓増《ていぞう》 逓信《ていしん》・逓送《ていそう》
テ	11	偵	音 テイ	亻 にんべん	偵察《ていさつ》・密偵《みってい》 内偵《ないてい》

すぐにチェック!!
練習問題 ❶

読み

次の――線の**漢字の読み**を**ひらがな**で記せ。

目標時間15分

月　日

/29

解答 → 別冊 P.21

1 泰西名画を鑑賞する。

2 夕方になったので洗濯物を取り込む。

3 書類に但し書きをつける。

4 電車の網棚に忘れ物をしてしまった。

5 えんえんと愚痴を聞かされる。

6 ていねいに逐語訳する。

7 社会の秩序を回復する。

8 名家の嫡男として教育された。

9 私の苦衷を察してほしかった。

10 弔いの行列を見送った。

11 わざと挑発的な発言をする。

12 展望台からの眺望を満喫する。

13 半日ねばって大物を釣り上げた。

14 職務怠慢で懲戒免職になった。

15 来年の歌会始の勅題が発表された。

16 朕とは元来「きざし」を意味する。

17 貝塚の中から石器が見つかった。

18 母は毎年大根や白菜を漬ける。

19 この家の建坪は相当あるだろう。

20 身分証明書を呈示して通過した。

21 宮廷の舞踏会に招かれた。

22 自宅は一等地にある豪邸だ。

23 料亭に招いて根回しをしておく。

24 夫の死後も固く貞節を守った。

25 わが国の逓信業務は信頼がおける。

26 強豪チームの練習を偵察する。

27 友人代表として弔辞を読んだ。

28 今大会では記録更新に挑む。

29 鬼が島の鬼を懲らしめる。

すぐにチェック!! 練習問題 ❷

書き取り

次の――線のカタカナを漢字に直せ。

目標時間15分

月 日 /29

解答 → 別冊 P.21

1 お家アンタイでまことにめでたい。
2 センタクの水を節約する。
3 領収書のタダし書きを指定する。
4 問題は一時タナアげにする。
5 オンチだと笑われるので歌えない。
6 事情をチクイチ説明した。
7 集団のチツジョを守って行動する。
8 源氏のチャクリュウが旗揚げした。
9 和洋セッチュウの家を建てる。
10 自宅をチョウモンして線香をあげた。
11 冬の北アルプスにイドむ。
12 高台から眼下の景色をナガめる。
13 二人の仲はよくツり合っている。

14 絶叫マシンは一回でコりた。
15 天皇陛下がチョクシを遣わされた。
16 チンは天皇や中国の皇帝の自称だ。
17 門松はめい土の旅の一里ヅカ。
18 このたくあんはよくツかっている。
19 この近辺はツボ単価が上昇している。
20 応募者に粗品をシンテイする。
21 原告側の証人がホウテイに呼ばれた。
22 テイタクの中を報道陣に公開する。
23 宿屋のテイシュに酒を注文する。
24 テイシュクな妻という役を演じ続ける。
25 不景気で収益がテイゲンしている。
26 タンテイを雇って調べさせる。
27 山頂からのチョウボウは格別だ。
28 船上で一日のチョウカを報告する。
29 勧善チョウアクの物語を読む。

すぐにチェック!!
練習問題❸

同音・同訓異字

次の――線の**カタカナ**を**漢字**に直せ。

目標時間 5 分

月　日　/10

解答 → 別冊 P.21

1 よく晴れて洗**タク**日和だ。
2 選**タク**をまちがえてしまった。

3 亡くなった恩師の**チョウ**問に行く。
4 関係者の**チョウ**聞会を開く。

5 **チョウ**発するような態度をとる。
6 戦地で食糧を**チョウ**発する。

7 大根をたるに**ツ**ける。
8 息子を役職に**ツ**ける。

9 **テイ**操を固く守る。
10 物資を順々に**テイ**送する。

すぐにチェック!!
練習問題❹

部首

次の漢字の**部首**と**部首名**を記せ。

目標時間 6 分

月　日　/12

解答 → 別冊 P.21

1 泰
2 痴
3 秩
4 衷
5 弔
6 懲
7 勅
8 朕
9 呈
10 邸
11 亭
12 貞

部首

部首名

まとめテスト 4

すぐにチェック!! 練習問題 1

漢字と送りがな

次の―線のカタカナを漢字一字と送りがな（ひらがな）に直せ。

目標時間 5 分

月　日　／10

解答 → 別冊 P.22

1 ミニクイ心根を恥じる。

2 同じ失敗はしないとチカウ。

3 事故の被害者にツグナウ。

4 心得違いもハナハダシイ。

5 ツタナイ文字でも真心は伝わる。

6 根気よく真犯人をサガス。

7 死亡した親族をトムラウ。

8 世界新記録にイドム。

9 夕焼けの空をナガメタ。

10 いたずらっ子をコラシメル。

10	9	8	7	6	5	4	3	2	1

すぐにチェック!! 練習問題 2

対義語・類義語

次の□のひらがなに従って、対義語（↕）、類義語（＝）になるよう漢字一字を記せ。

目標時間 7 分

月　日　／14

解答 → 別冊 P.22

1 芳香 ↕ 悪□《しゅう》

2 美麗 ↕ □《しゅう》悪

3 放電 ↕ □《じゅう》電

4 紳士 ↕ □《しゅく》女

5 雑務 ＝ □《しょ》務

6 序論 ＝ □《しょ》論

7 全訳 ↕ □《しょう》訳

8 清書 ＝ □《じょう》書

9 巧妙 ↕ □《せつ》劣

10 理論 ↕ 実□《せん》

11 栄転 ↕ 左□《せん》

12 密林 ↕ □《そ》林

13 適切 ＝ □《だ》当

14 祝辞 ↕ □《ちょう》辞

すぐにチェック!!
練習問題 ❸

誤字訂正

次の各文に間違って使われている**同じ読みの漢字が一字**ある。**上に誤字を、下に正しい漢字**を記せ。

目標時間 3 分

月　日　／6

解答 → 別冊 P.22

1 電卓使用が一般的な現代でも頭脳と指先の働きを高める殊算は根強い人気がある。［　］［　］

2 大学で落第し就職にも失敗した私は両親の期待に応えられない不昇の息子だ。［　］［　］

3 創立記念日の式場に校旗が掲げられて同窓生も在校生と共に校歌を整唱した。［　］［　］

4 勢いよく回転を始めたこまはしばらくの間駄性で回り続けた後倒れて停止した。［　］［　］

5 尾根を登って頂上に立つと視界を遮るもののない素晴らしい挑望が開けた。［　］［　］

6 事業に成功して巨万の富を築くと郊外に豪壮な低宅を構えてぜいたくに暮らした。［　］［　］

すぐにチェック!!
練習問題 ❹

四字熟語

次の□の**ひらがな**に従って**漢字一字**を記せ。11～13の**意味**にあてはまる四字熟語を1～10から選び、算用数字で記せ。

目標時間 7 分

月　日　／13

解答 → 別冊 P.22

1 一□《じゅう》一菜

2 汗牛□《じゅう》棟

3 時期□《しょう》早

4 鼓腹撃□《じょう》

5 和洋折□《ちゅう》

6 疾風□《じん》雷

7 気宇□《そう》大

8 巧遅□《せっ》速

9 □《たい》然自若

10 勧善□《ちょう》悪

11 書物がたいへん多いことの形容。（　）

12 太平の世を喜び楽しむさま。（　）

13 巧みであるが遅いより拙くとも速い方がよいこと。（　）

準2級配当漢字表 9

索引	漢字	画数	音	訓	部首	用例
テ	艇	13	テイ		舟 ふねへん	艦艇《かんてい》・舟艇《しゅうてい》 競艇《きょうてい》
	泥	8	デイ(高)	どろ	氵 さんずい	泥沼《どろぬま》・泥縄《どろなわ》 泥《どろ》・泥臭《どろくさ》い
	迭	8	テツ		辶 しんにょう しんにゅう	更迭《こうてつ》
	徹	15	テツ		彳 ぎょうにんべん	徹夜《てつや》・貫徹《かんてつ》 徹《てっ》する・冷徹《れいてつ》
	撤	15	テツ		扌 てへん	撤廃《てっぱい》・撤収《てっしゅう》 撤去《てっきょ》・撤回《てっかい》
ト	悼	11	トウ	いた(む)(高)	忄 りっしんべん	哀悼《あいとう》・追悼《ついとう》 悼辞《とうじ》・悼《いた》む
	搭	12	トウ		扌 てへん	搭載《とうさい》 搭乗《とうじょう》
	棟	12	トウ	むね むな(高)	木 きへん	病棟《びょうとう》・別棟《べつむね》 棟《むね》・棟上《むねあ》げ
	筒	12	トウ	つつ	⺮ たけかんむり	水筒《すいとう》・封筒《ふうとう》 筒先《つつさき》・筒抜《つつぬ》け
	謄	17	トウ		言 げん	謄写《とうしゃ》 謄本《とうほん》
	騰	20	トウ		馬 うま	騰貴《とうき》・急騰《きゅうとう》 高騰《こうとう》・暴騰《ぼうとう》
	洞	9	ドウ	ほら	氵 さんずい	洞察《どうさつ》・空洞《くうどう》 洞穴《どうけつ・ほらあな》
	督	13	トク		目 め	督促《とくそく》・督励《とくれい》 監督《かんとく》
	凸	5	トツ		凵 うけばこ	凸版《とっぱん》・凹凸《おうとつ》 凸《とつ》レンズ
	屯	4	トン		屮 てつ	駐屯《ちゅうとん》
ナ	軟	11	ナン	やわ(らか) やわ(らかい)	車 くるまへん	軟禁《なんきん》・柔軟《じゅうなん》 軟《やわ》らかい
ニ	尼	5	ニ(高)	あま	尸 かばね しかばね	尼僧《にそう》 尼寺《あまでら》
	妊	7	ニン		女 おんなへん	妊婦《にんぷ》・妊娠《にんしん》 懐妊《かいにん》・不妊《ふにん》
	忍	7	ニン	しの(ぶ) しの(ばせる)	心 こころ	残忍《ざんにん》・忍苦《にんく》 忍者《にんじゃ》・忍《しの》ぶ
ネ	寧	14	ネイ		宀 うかんむり	安寧《あんねい》 丁寧《ていねい》
ハ	把	7	ハ		扌 てへん	把握《はあく》・把持《はじ》 大雑把《おおざっぱ》
	覇	19	ハ		覀 おおいかんむり	争覇《そうは》・覇業《はぎょう》 制覇《せいは》・覇権《はけん》
	廃	12	ハイ	すた(れる) すた(る)	广 まだれ	撤廃《てっぱい》・廃棄《はいき》 廃坑《はいこう》・廃絶《はいぜつ》
	培	11	バイ	つちか(う)(高)	土 つちへん	培養《ばいよう》・栽培《さいばい》 愛国心《あいこくしん》を培《つちか》う
	媒	12	バイ		女 おんなへん	触媒《しょくばい》・媒介《ばいかい》 媒体《ばいたい》・媒酌《ばいしゃく》
	賠	15	バイ		貝 かいへん	賠償《ばいしょう》

すぐにチェック!!
練習問題 1

読み

次の――線の**漢字の読み**を**ひらがな**で記せ。

目標時間15分

月 日 /29

解答→別冊 P.23

1 競艇場に大歓声がわき起こった。

2 両者の間には雲泥の差がある。

3 南朝と北朝が迭立する時代があった。

4 わが家の教育方針を徹底させる。

5 海外に展開している部隊を撤収する。

6 悼辞を聞くうちに涙があふれた。

7 兵器を輸送機に搭載する。

8 友人は東側の病棟に入院している。

9 卒業証書を丸めて紙筒に入れた。

10 地価の騰貴を待って売りに出した。

11 心中秘めていることを洞察された。

12 期日を過ぎた税金の督促状が来た。

13 活版・木版などは凸版印刷に属す。

14 屯田兵が北海道の開拓に従事した。

15 ニンジンを軟らかくなるまでゆでる。

16 尼寺へ行けとハムレットは叫んだ。

17 妊娠中も適度に運動する。

18 忍耐のいる仕事を黙々と行った。

19 安寧な日々は遠く過ぎ去った。

20 操縦かんを把持したまま亡くなった。

21 領土をめぐる覇権争いが絶えない。

22 少子化で伝統行事が廃れていく。

23 植物を試験的に培養する。

24 広告媒体を最大限に利用する。

25 事故の加害者に賠償させる。

26 棟木に使う木を切り出す。

27 宇宙船が月面に軟着陸した。

28 悲しさに声を忍ばせて泣いた。

29 産業廃棄物を処理する。

すぐにチェック!! 練習問題 ②

書き取り

次の——線のカタカナを漢字に直せ。

目標時間15分

月 日 /29

解答 → 別冊 P.23

1 田植えの手伝いでドロだらけになった。
2 担当の大臣をコウテツする。
3 テツヤで受験勉強に励む。
4 公共の場のゴミ箱をテッキョする。
5 テロの犠牲になった人々をイタむ。
6 大きなマンションがイクムネも建っている。
7 タケヅツにいれた水を飲む。
8 本籍地から戸籍トウホンを取り寄せた。
9 地価の異常なコウトウが報道された。
10 山のホラアナに隠れ家をこしらえた。
11 カントクが敗戦の責任を負った。
12 表面のオウトツをきれいにならす。
13 チュウトン部隊がキャンプの設営を行う。

14 野菜をヤワらかく煮る。
15 寺で修行してニソウとなる。
16 飼いネコのフニン手術をする。
17 シノびの術をつかって姿を消した。
18 答案の字はテイネイに書こう。
19 事態がまだハアク出来てない。
20 ハキに乏しいと怒られた。
21 今日はPTAのハイヒン回収がある。
22 家庭菜園でトマトをサイバイしている。
23 伝染病をバイカイする害虫を防ぐ。
24 バイショウ金の金額でもめる。
25 亡くなった俳優のツイトウ公演があった。
26 手紙を書き上げてフウトウに入れた。
27 大木の幹がクウドウになっている。
28 ザンニンな所業にいきどおる。
29 このまま引っ込んでは男がスタる。

すぐにチェック!!
練習問題 ③

同音・同訓異字

次の——線のカタカナを**漢字**に直せ。

目標時間 5 分

月 日 /10

解答 → 別冊 P.23

1 首相官**テイ**に記者が集まった。
2 海軍の艦**テイ**が集結した。

3 友人の死を**イタ**む。
4 台風で屋根が**イタ**む。

5 物価の高**トウ**が止まらない。
6 高**トウ**的な生き方を選ぶ。

7 国の**ハ**権を確立する。
8 人材**ハ**遣会社に登録した。

9 戦争で街は荒**ハイ**した。
10 後**ハイ**たちに食事をおごる。

すぐにチェック!!
練習問題 ④

部　首

次の漢字の**部首**と**部首名**を記せ。

目標時間 6 分

月 日 /12

解答 → 別冊 P.23

1 泥
2 徹
3 悼
4 謄
5 騰
6 督
7 凸
8 屯
9 軟
10 尼
11 忍
12 覇

部首

部首名

準2級配当漢字表 10

見出し	漢字	画数	読み	部首	用例
ハ	伯	7	音 ハク	亻 にんべん	伯仲《はくちゅう》・伯爵《はくしゃく》 画伯《がはく》・伯父《おじ》
	舶	11	音 ハク	舟 ふねへん	舶来《はくらい》 船舶《せんぱく》
	漠	13	音 バク	氵 さんずい	広漠《こうばく》・空漠《くうばく》 漠然《ばくぜん》・砂漠《さばく》
	肌	6	訓 はだ	月 にくづき	鳥肌《とりはだ》・柔肌《やわはだ》 山肌《やまはだ》・肌合《はだあ》い
	鉢	13	音 ハチ ハツ(高)	金 かねへん	鉢《はち》・鉢巻《はちま》き 火鉢《ひばち》
	閥	14	音 バツ	門 もんがまえ	派閥《はばつ》・財閥《ざいばつ》 学閥《がくばつ》
	煩	13	音 ハン ボン(高) 訓 わずら(う) わずら(わす)	火 ひへん	煩雑《はんざつ》・煩忙《はんぼう》 煩《わずら》わす
	頒	13	音 ハン	頁 おおがい	頒布《はんぷ》 頒価《はんか》
ヒ	妃	6	音 ヒ	女 おんなへん	妃殿下《ひでんか》 王妃《おうひ》
	披	8	音 ヒ	扌 てへん	披見《ひけん》・披露《ひろう》 直披《じきひ》
	扉	12	音 ヒ(高) 訓 とびら	戸 とだれ とかんむり	開扉《かいひ》・門扉《もんぴ》 校門《こうもん》の扉《とびら》
	罷	15	音 ヒ	罒 あみがしら あみめ よこめ	罷業《ひぎょう》 罷免《ひめん》
	猫	11	音 ビョウ(高) 訓 ねこ	犭 けものへん	愛猫《あいびょう》 猫舌《ねこじた》・猫背《ねこぜ》
	賓	15	音 ヒン	貝 かい こがい	国賓《こくひん》・主賓《しゅひん》 来賓《らいひん》・貴賓《きひん》
	頻	17	音 ヒン	頁 おおがい	頻出《ひんしゅつ》・頻度《ひんど》 頻発《ひんぱつ》・頻繁《ひんぱん》
	瓶	11	音 ビン	瓦 かわら	花瓶《かびん》・鉄瓶《てつびん》 瓶詰《びんづめ》
フ	扶	7	音 フ	扌 てへん	扶助《ふじょ》・扶養《ふよう》 扶育《ふいく》
	附	8	音 フ	阝 こざとへん	附属《ふぞく》 寄附《きふ》
	譜	19	音 フ	言 ごんべん	譜面《ふめん》・年譜《ねんぷ》 棋譜《きふ》・系譜《けいふ》
	侮	8	音 ブ 訓 あなど(る)(高)	亻 にんべん	侮辱《ぶじょく》・軽侮《けいぶ》 実力《じつりょく》を侮《あなど》る
	沸	8	音 フツ 訓 わ(く) わ(かす)	氵 さんずい	沸沸《ふつふつ》・沸点《ふってん》 沸《わ》く・沸《わ》かす
	雰	12	音 フン	雨 あめかんむり	雰囲気《ふんいき》
	憤	15	音 フン 訓 いきどお(る)(高)	忄 りっしんべん	憤激《ふんげき》・発憤《はっぷん》 義憤《ぎふん》・憤慨《ふんがい》
ヘ	丙	5	音 ヘイ	一 いち	丙種《へいしゅ》 甲乙丙丁《こうおつへいてい》
	併	8	音 ヘイ 訓 あわ(せる)	亻 にんべん	併用《へいよう》・併発《へいはつ》 合併《がっぺい》・併《あわ》せる
	塀	12	音 ヘイ	土 つちへん	塀《へい》・板塀《いたべい》 土塀《どべい》

すぐにチェック!! 練習問題 1

読み

次の——線の**漢字の読み**を**ひらがな**で記せ。

目標時間15分

月 日

/29

解答 → 別冊 P.24

1 競走馬を育てて名**伯楽**と呼ばれた。
2 海上輸送の**船舶**が停泊している。
3 まだ**漠然**とした理解しかできない。
4 母の形見を**肌身**離さず持っている。
5 ベランダで**鉢**植えのハーブを育てる。
6 今は**門閥**を誇る時代ではない。
7 **煩**わしい規則でしばられる。
8 自費出版する本の**頒価**を決めた。
9 各宮家の**妃殿下**も出席された。
10 届いた手紙を**披見**する。
11 本の**扉**にも美しい模様を入れた。
12 賃上げを要求して同盟**罷業**を決行した。
13 人前では**猫**かぶりしている。
14 大切な**賓客**をもてなす。
15 操作ミスによる事故が**頻繁**に起こる。
16 手作りのジャムを**瓶**につめる。
17 相互**扶助**の気持ちを大切にする。
18 医学部の**附属**病院で手術を受けた。
19 地方に伝わるわらべ歌を**採譜**する。
20 格下の相手を**軽侮**する。
21 場内でわあっと歓声が**沸**いた。
22 いい**雰囲気**の結婚式だった。
23 失礼なことを言われて**憤慨**する。
24 十干の第三番目を**丙**という。
25 市町村**合併**が急速に進んだ。
26 隣との境界に**板塀**を作る。
27 **煩忙**な業務で心身ともに疲弊する。
28 **沸点**は気圧により異なる。
29 原書と邦訳を**併**せ読んでいる。

すぐにチェック!! 練習問題 ❷

書き取り

次の――線のカタカナを漢字に直せ。

目標時間15分

月 日 /29

解答 → 別冊 P.24

1 両国の勢力はハクチュウしている。
2 これはハクライの香水だ。
3 サバクの中を絹の道が通っている。
4 戦争の恐ろしさをハダで感じる。
5 金魚バチの水を取りかえる。
6 終戦後にザイバツは解体された。
7 ハンザツな手続きの末に許可された。
8 手作りアクセサリーのハンプ会を開く。
9 皇太子ヒにお目にかかった。
10 二人の婚約をヒロウする。
11 鉄のトビラが音を立てて開いた。
12 気に入らない部下をヒメンする。
13 ネコの手も借りたい忙しさだ。

14 大統領がコクヒンとして来日した。
15 小規模な地震がヒンパツしている。
16 カビンにさした花を絵に描く。
17 フヨウ家族の人数を届け出る。
18 ガクフを見ながら演奏する。
19 今日の対戦相手はアナドりがたい。
20 やかんの湯がフットウした。
21 転校した学校のフンイキになじめない。
22 野党のしつこい追及にフンゼンとする。
23 昔の成績の順番は甲乙ヘイだった。
24 かぜ薬と胃の薬をアワせて飲む。
25 ヘイの中に閉じ込められた。
26 お手をワズラわして恐縮です。
27 見下してブジョクを加える。
28 連続ドラマに出演して人気がワいた。
29 パソコンとタブレットをヘイヨウする。

すぐにチェック!! 練習問題③

同音・同訓異字

次の――線のカタカナを漢字に直せ。

目標時間 5分

月 日 /10

解答→別冊 P.24

1 外国の船パクが入港した。
2 浅パクな知識を振り回す。

3 将来を思いワズラう。
4 重い病気をワズラう。

5 会員向けのハン布会を開く。
6 丈夫なハン布でバッグを作る。

7 大切な手紙を開ヒする。
8 城門はひとりでに開ヒした。

9 両親と妻子をフ養している。
10 景気のフ揚策を講じる。

すぐにチェック!! 練習問題④

部首

次の漢字の部首と部首名を記せ。

目標時間 6分

月 日 /12

解答→別冊 P.24

1 舶
2 肌
3 閥
4 煩
5 頒
6 扉
7 罷
8 賓
9 瓶
10 附
11 雰
12 丙

部首

部首名

準2級配当漢字表 11

漢字	画数	読み	部首	用例
幣	15（ヘ）	音 ヘイ	巾 はば	紙幣《しへい》・造幣《ぞうへい》 貨幣《かへい》
弊	15	音 ヘイ	廾 こまぬき にじゅうあし	旧弊《きゅうへい》・悪弊《あくへい》 宿弊《しゅくへい》・弊社《へいしゃ》
偏	11	音 ヘン 訓 かたよ(る)	亻 にんべん	偏向《へんこう》・偏在《へんざい》 偏見《へんけん》・偏《かたよ》る
遍	12	音 ヘン	辶 しんにょう しんにゅう	遍歴《へんれき》・遍路《へんろ》 満遍《まんべん》ない
泡	8（ホ）	音 ホウ 訓 あわ	氵 さんずい	発泡《はっぽう》・気泡《きほう》 一泡《ひとあわ》・泡《あわ》
俸	10	音 ホウ	亻 にんべん	俸給《ほうきゅう》・年俸《ねんぽう》 本俸《ほんぽう》
褒	15	音 ホウ(高) 訓 ほ(める)	衣 ころも	褒賞《ほうしょう》・褒美《ほうび》 善行《ぜんこう》を褒《ほ》める
剖	10	音 ボウ	刂 りっとう	解剖《かいぼう》
紡	10	音 ボウ 訓 つむ(ぐ)(高)	糸 いとへん	混紡《こんぼう》・紡績《ぼうせき》 紡錘《ぼうすい》・紡《つむ》ぐ
朴	6	音 ボク	木 きへん	純朴《じゅんぼく》 素朴《そぼく》
僕	14	音 ボク	亻 にんべん	公僕《こうぼく》 下僕《げぼく》
撲	15	音 ボク	扌 てへん	打撲《だぼく》・撲滅《ぼくめつ》 撲殺《ぼくさつ》・相撲《すもう》
堀	11	訓 ほり	土 つちへん	堀《ほり》・堀端《ほりばた》 外堀《そとぼり》・釣《つ》り堀《ぼり》
奔	8	音 ホン	大 だい	奔放《ほんぽう》・奔走《ほんそう》 狂奔《きょうほん》・出奔《しゅっぽん》
麻	11（マ）	音 マ 訓 あさ	麻 あさ	麻《あさ》・麻酔《ますい》 麻薬《まやく》
摩	15	音 マ	手 て	摩滅《まめつ》・摩擦《まさつ》 摩天楼《まてんろう》・摩耗《まもう》
磨	16	音 マ 訓 みが(く)	石 いし	練磨《れんま》・磨耗《まもう》 研磨《けんま》・磨《みが》く
抹	8	音 マツ	扌 てへん	抹殺《まっさつ》・抹消《まっしょう》 抹茶《まっちゃ》・一抹《いちまつ》
岬	8（ミ）	訓 みさき	山 やまへん	宗谷《そうや》岬《みさき》
銘	14（メ）	音 メイ	金 かねへん	銘菓《めいか》・感銘《かんめい》 銘柄《めいがら》・銘《めい》打つ
妄	6（モ）	音 モウ ボウ(高)	女 おんな	迷妄《めいもう》・妄想《もうそう》 妄言《もうげん》
盲	8	音 モウ	目 め	盲点《もうてん》・盲従《もうじゅう》 盲導犬《もうどうけん》
耗	10	音 モウ コウ(高)	耒 すきへん らいすき	摩耗《まもう》・消耗《しょうもう》 心神耗弱《しんしんこうじゃく》
厄	4（ヤ）	音 ヤク	厂 がんだれ	厄介《やっかい》・厄年《やくどし》 厄日《やくび》
愉	12（ユ）	音 ユ	忄 りっしんべん	愉快《ゆかい》 愉悦《ゆえつ》
諭	16	音 ユ 訓 さと(す)	言 ごんべん	教諭《きょうゆ》・説諭《せつゆ》 諭旨《ゆし》・諭《さと》す

すぐにチェック!!
練習問題 1

読み

次の――線の**漢字の読み**を**ひらがな**で記せ。

目標時間15分

月　日

/29

解答→別冊 P.25

1 銀行で記念貨幣に交換してもらう。
2 戦乱続きで人々は疲弊した。
3 学力試験の偏差値を示す。
4 お遍路さんが四国を巡っている。
5 これは泡立ちのよいせっけんだ。
6 俸給は銀行振込で受け取る。
7 留守番のできた子どもを褒める。
8 大学で解剖実習があった。
9 この町はかつて紡織業で栄えた。
10 若いころはまだ質朴さが残っていた。
11 屋敷には下僕や下女が大勢いた。
12 飲酒運転を撲滅しよう。
13 内堀の桜がいま満開だ。
14 就職のために奔走する。
15 快刀乱麻を断つ。
16 摩天楼を仰ぎ見ると目がくらむ。
17 遺跡で磨製石器を発見した。
18 退会者名を名簿から抹消する。
19 知床岬は歌にも歌われている。
20 恩師の言葉を心に銘記する。
21 あやしげな宗教を妄信する。
22 頭領の言うことに盲従する。
23 工作機械が摩耗してきた。
24 今年は夫婦そろって厄年だ。
25 人生の愉楽はこれに尽きる。
26 たとえ話を用いて教え諭す。
27 栄養が偏らないよう注意する。
28 スーパーで発泡酒を買う。
29 望遠鏡用のレンズを磨く。

すぐにチェック!! 練習問題 2

書き取り

次の――線のカタカナを漢字に直せ。

目標時間15分

月 日 /29

解答→別冊 P.25

1 千円シヘイのデザインが変わった。
2 効果よりむしろヘイガイの方が大きい。
3 外国人に対する見方がカタヨっている。
4 人間にとってフヘン的な真理を説く。
5 清涼飲料水の中にキホウが出来ている。
6 会社の給与はネンポウ制だ。
7 優勝のごホウビはハワイ旅行だ。
8 父の始めたボウセキ工場を継いだ。
9 ソボクな民謡も良いものだ。
10 公務員は社会のコウボクと言われる。
11 幸いにもダボク傷だけですんだ。
12 城にはホリが二重にめぐらされていた。
13 自由ホンポウにふるまう。

14 夏は綿やアサの服が心地よい。
15 乾布マサツをして皮膚をきたえる。
16 食後には必ず歯ミガきをする。
17 マッチャは洋菓子にも使われる。
18 バスに乗ってミサキの先端まで行った。
19 メイガラを指定して注文する。
20 誇大モウソウが次々にわき起こる。
21 そこに意外なモウテンがあった。
22 ショウモウ品を補充する。
23 ヤッカイばかりかけて申し訳ない。
24 友人たちとユカイに過ごした。
25 姉は小学校キョウユをしている。
26 性別によるヘンケンは捨て去る。
27 望みはアワ雪が溶けるように消えた。
28 子どもはしかるよりホめて伸ばす。
29 部分マスイで手術を受けた。

すぐにチェック!!
練習問題 ❸

同音・同訓異字

次の——線のカタカナを**漢字**に直せ。

目標時間 5 分

月 日 /10

解答 → 別冊 P.25

1 御ヘイをかつぐ。
2 その言い方では語ヘイがある。

3 その姓はこの地方だけにヘン在する。
4 全国至るところにヘン在する。

5 本ポウのほかに諸手当がつく。
6 本ポウ初公開の映画をみる。

7 アサ糸で布を織る。
8 明日のアサは晴れるだろう。

9 軽挙モウ動をいましめる。
10 モウ導犬はよく訓練されている。

すぐにチェック!!
練習問題 ❹

部首

次の漢字の**部首**と**部首名**を記せ。

目標時間 6 分

月 日 /12

解答 → 別冊 P.25

1 幣
2 弊
3 褒
4 剖
5 奔
6 麻
7 摩
8 磨
9 妄
10 盲
11 耗
12 厄

部首

部首名

準2級配当漢字表 12

	画数	漢字	音	訓	部首	用例
ユ	18	癒	ユ	い(える) い(やす)	疒 やまいだれ	治癒《ちゆ》・癒着《ゆちゃく》 平癒《へいゆ》・快癒《かいゆ》
	11	唯	ユイ イ(高)		口 くちへん	唯美《ゆいび》・唯一《ゆいいつ》 唯唯諾諾《いいだくだく》
	11	悠	ユウ		心 こころ	悠悠《ゆうゆう》・悠然《ゆうぜん》 悠久《ゆうきゅう》・悠長《ゆうちょう》
	12	猶	ユウ		犭 けものへん	猶予《ゆうよ》
	12	裕	ユウ		衤 ころもへん	裕福《ゆうふく》・富裕《ふゆう》 余裕《よゆう》
	16	融	ユウ		虫 むし	融合《ゆうごう》・金融《きんゆう》 融解《ゆうかい》・融資《ゆうし》
ヨ	11	庸	ヨウ		广 まだれ	凡庸《ぼんよう》 中庸《ちゅうよう》
	15	窯	ヨウ(高)	かま	穴 あなかんむり	窯業《ようぎょう》・窯元《かまもと》 窯出《かまだ》し・石窯《いしがま》

	画数	漢字	音	訓	部首	用例
ラ	19	羅	ラ		罒 あみがしら あみめ よこめ	羅列《られつ》・網羅《もうら》 羅針盤《らしんばん》
	13	酪	ラク		酉 とりへん	酪農《らくのう》
リ	12	痢	リ		疒 やまいだれ	疫痢《えきり》・下痢《げり》 赤痢《せきり》
	15	履	リ	は(く)	尸 かばね しかばね	草履《ぞうり》・履歴《りれき》 履《は》く・履物《はきもの》
	9	柳	リュウ	やなぎ	木 きへん	川柳《せんりゅう》 柳腰《やなぎごし》
	10	竜	リュウ	たつ	竜 りゅう	竜宮《りゅうぐう》・竜神《りゅうじん》 竜巻《たつまき》
	12	硫	リュウ		石 いしへん	硫酸《りゅうさん》 硫黄《いおう》
	13	虜	リョ		虍 とらがしら とらかんむり	虜囚《りょしゅう》 捕虜《ほりょ》
	11	涼	リョウ	すず(しい) すず(む)	氵 さんずい	秋涼《しゅうりょう》・涼感《りょうかん》 涼《すず》しい・涼《すず》む

	画数	漢字	音	訓	部首	用例
	14	僚	リョウ		亻 にんべん	同僚《どうりょう》・官僚《かんりょう》 閣僚《かくりょう》・僚艦《りょうかん》
	15	寮	リョウ		宀 うかんむり	入寮《にゅうりょう》・寮《りょう》 寮母《りょうぼ》・寮生《りょうせい》
	10	倫	リン		亻 にんべん	倫理《りんり》・人倫《じんりん》 絶倫《ぜつりん》
ル	11	累	ルイ		糸 いと	係累《けいるい》・累積《るいせき》 累計《るいけい》・累《るい》
	12	塁	ルイ		土 つち	孤塁《こるい》・土塁《どるい》 塁審《るいしん》・盗塁《とうるい》
レ	7	戻	レイ(高)	もど(す) もど(る)	戸 とだれ とかんむり	返戻《へんれい》・戻《もど》る 後戻《あともど》り
	13	鈴	レイ リン	すず	金 かねへん	予鈴《よれい》・電鈴《でんれい》 風鈴《ふうりん》・鈴虫《すずむし》
ワ	13	賄	ワイ	まかな(う)	貝 かいへん	収賄《しゅうわい》・贈賄《ぞうわい》 一万円《いちまんえん》で賄《まかな》う
	8	枠		わく	木 きへん	木枠《きわく》・大枠《おおわく》 枠組《わくぐ》み・枠《わく》

すぐにチェック!!
練習問題 ❶

読み

次の――線の**漢字の読み**を**ひらがな**で記せ。

目標時間15分

月　日

29

解答 → 別冊 P.26

1 父の病気は**平癒**に向かっている。（　　）
2 **唯美**主義の立場で作品を作る。（　　）
3 兄は一人**悠然**と構えている。（　　）
4 今の父の**猶子**として育てられた。（　　）
5 いかにも**裕福**そうな家の構えだ。（　　）
6 銀行**融資**が決まって一息ついた。（　　）
7 **中庸**を守って生きる。（　　）
8 **窯**の火を眠らずに見守る。（　　）
9 **羅針盤**が行く手を示す。（　　）
10 知人は北海道で**酪農**を営んでいる。（　　）
11 **赤痢**にかかった人を隔離する。（　　）
12 今年度の**履修**科目を決める。（　　）
13 **川柳**を作って披露する。（　　）

14 日本には**竜宮城**が出てくるおとぎ話がある。（　　）
15 **硫化**水素は独特な臭いがする。（　　）
16 収容所の**捕虜**を鉄道建設に使う。（　　）
17 **清涼**飲料水がよく売れている。（　　）
18 新しい**閣僚**の名が発表された。（　　）
19 大学時代は学生**寮**で過ごした。（　　）
20 **人倫**にもとる行為はしない。（　　）
21 結婚によって**係累**が増える。（　　）
22 屋敷の周囲に**土塁**を築く。（　　）
23 借りていた本を**返戻**する。（　　）
24 十分前に**予鈴**が鳴った。（　　）
25 この金額でひと月の食費を**賄**う。（　　）
26 太い線の**枠**の中だけ記入する。（　　）
27 やっと心の傷も**癒**えたようだ。（　　）
28 新しいスニーカーを**履**く。（　　）
29 もうそろそろ**戻**ってくるだろう。（　　）

すぐにチェック!!
練習問題 ❷

書き取り

次の――線のカタカナを漢字に直せ。

目標時間15分

月 日 /29

解答 → 別冊 P.26

1 山のいで湯に心身共にイやされた。
2 陶芸がユイイツ無二の道楽だ。
3 ユウユウ自適の毎日を送る。
4 もはや一刻のユウヨも許されない。
5 まだ時間のヨユウがある。
6 将来はキンユウ関係の仕事につきたい。
7 兄は秀才だが弟はボンヨウだ。
8 カマモトで器を安く手に入れた。
9 高山植物をモウラした写真集を買った。
10 スイスでラクノウを学んできた。
11 ゲリ止めの薬をのんだ。
12 玄関でハき物を脱ぐ。
13 最近はセンリュウに凝っている。

14 大気不安定でタツマキが発生した。
15 リュウサンは強い酸性の液体だ。
16 冷房の効いた店内でスズんでいく。
17 父が会社のドウリョウを連れてきた。
18 寄宿舎ではリョウボさんにお世話になった。
19 リンリ学の講義は毎週楽しみだった。
20 ルイシン税率の見直しが行われている。
21 逆転のマンルイホームランを打った。
22 モドりの時間をホワイトボードに書く。
23 軒先にフウリンをつるす。
24 シュウワイ容疑で起訴された。
25 計画のオオワクを理解する。
26 病気がチユするまで半年はかかる。
27 リレキ書を書いて面接を受けに行く。
28 ヤナギに風とばかり受け流す。
29 小学生がキョウリュウの化石を見つけた。

すぐにチェック!!
練習問題❸

同音・同訓異字

次の——線の**カタカナ**を**漢字**に直せ。

目標時間 5 分

月　日　／10

解答 → 別冊 P.26

1 氷が**ユウ**解して水になる。
2 **ユウ**拐犯人が捕まった。
3 富**ユウ**層に対する課税が強化された。
4 海中を浮**ユウ**するクラゲを観察する。
5 ウォーキングシューズを**ハ**く。
6 犯行の一部始終を**ハ**く。
7 水まきをして**リョウ**感をさそう。
8 **リョウ**艦と共に作戦任務に当たる。
9 **ルイ**進課税を適用する。
10 **ルイ**審はセーフと判定した。

すぐにチェック!!
練習問題❹

部首

次の漢字の**部首**と**部首名**を記せ。

目標時間 6 分

月　日　／12

解答 → 別冊 P.26

	1	2	3	4	5	6	7	8	9	10	11	12
	悠	猶	融	庸	窯	羅	竜	虜	累	塁	戻	賄
部首												
部首名												

まとめテスト 5

すぐにチェック!! 練習問題①

漢字と送りがな

次の―線の**カタカナ**を**漢字一字**と**送りがな(ひらがな)**に直せ。

目標時間 5 分

月 日 /10

解答→別冊 P.27

1 大根を**ヤワラカク**なるまで煮た。

2 そでの中に手裏剣を**シノバセル**。

3 地方の伝統行事が**スタレテ**いく。

4 私事に人手を**ワズラワス**。

5 政治に対する見方が**カタヨッテ**いる。

6 幼い子に**サトシテ**聞かせる。

7 病気が**イエル**までもう少しかかる。

8 非難されても**スズシイ**顔をしている。

9 借りた本を元に**モドス**。

10 少ない収入で家族の食費を**マカナウ**。

すぐにチェック!! 練習問題②

対義語・類義語

次の□の**ひらがな**に従って、**対義語(↕)**、**類義語(=)**になるよう**漢字一字**を記せ。

目標時間 7 分

月 日 /14

解答→別冊 P.27

1 積載 = □《とう》載

2 下落 ↕ □《とう》貴

3 硬式 ↕ □《なん》式

4 掌握 = □《は》握

5 創刊 ↕ □《はい》刊

6 互角 = □《はく》仲

7 国産 ↕ □《はく》来

8 特殊 ↕ 普□《へん》

9 給料 = □《ほう》給

10 削除 = □《まつ》消

11 貧乏 ↕ 富□《ゆう》

12 凝固 ↕ □《ゆう》解

13 道徳 = □《りん》理

14 総計 = □《るい》計

すぐにチェック!! 練習問題③

誤字訂正

次の各文に間違って使われている**同じ読みの漢字が一字**ある。**上に誤字を、下に正しい漢字**を記せ。

目標時間 3 分

月　日　/6

解答 → 別冊 P.27

1 空港までの道路が渋滞していたので飛行機の塔乗に間に合うかどうか心配だった。

2 幽囚の身になって以後は味方によって解放されるまで隠任自重の日々が続いた。

3 賃金の値上げと待遇の改善を求めて同盟否業が行われ、上層部は対応に苦慮している。

4 真夏の炎天下を水分の補給も無く歩き続けたせいで大いに体力を消盲した。

5 来年の襲名披露公演の切符は席の余遊があるうちに早めに予約した方がよい。

6 三十年間勤続した職場を退職する日に同領たちから花束と記念品を贈られた。

すぐにチェック!! 練習問題④

四字熟語

次の□の**ひらがな**に従って**漢字一字**を記せ。11〜13の**意味**にあてはまる四字熟語を1〜10から選び、算用数字で記せ。

目標時間 7 分

月　日　/13

解答 → 別冊 P.27

1 初志貫□《てつ》

2 隠□《にん》自重

3 □《へい》衣破帽

4 東□《ほん》西走

5 快刀乱□《ま》

6 百戦錬□《ま》

7 □《ゆい》一無二

8 森□《ら》万象

9 冠□《り》倒易

10 満目荒□《りょう》

11 あちこち忙しく走り回ること。（　）

12 こじれた物事をあざやかに処理すること。（　）

13 物事の価値などが上下さかさまで無秩序なさま。（　）

第2章

実力チェック!! 本試験型テスト

合格は160点以上。
まちがえたところは
別冊の解答・解説で
しっかり復習しよう!

実力チェック!!

本試験型テスト 第1回

160点以上で合格!

制限時間 60分

月　日

/200

解答 → 別冊 P.28〜29

一

次の——線の**漢字の読み**を**ひらがな**で記せ。

/30

1点×30問

1 アジア情勢に**通暁**している。（　）
2 **如意棒**を振り回して戦う。（　）
3 とりとめのない**妄想**を抱く。（　）
4 **情緒**あふれる路地を散策する。（　）
5 **格子**戸の隙間から光が漏れる。（　）
6 **暗褐色**の地味なコートを着る。（　）
7 酒に酔って**醜態**をさらす。（　）
8 **玉璽**の押された書を使者に預ける。（　）
9 **清澄**な五月の空気を吸う。（　）
10 **土壇**場で決定が覆された。（　）
11 **神道**は日本固有の信仰体系だ。（　）
12 **緑青**の多くは無毒である。（　）
13 英語の**語彙**を増やしたい。（　）

二

次の漢字の**部首**を記せ。

/10

1点×10問

[例] 草 → 艹　波 → 氵

1 亜（　）
2 虞（　）
3 劾（　）
4 以（　）
5 武（　）
6 疑（　）
7 鳴（　）
8 興（　）
9 鼓（　）
10 閑（　）

14 語学力で兄に比肩する者はいない。（　　）
15 自然に対して畏敬の念を抱く。（　　）
16 間違えた場所に付箋をつける。（　　）
17 賄賂を渡して便宜を図ってもらう。（　　）
18 傲慢な態度を指摘される。（　　）
19 友人にお願いをしたが、一蹴された。（　　）
20 脳腫瘍の疑いがあると医者に言われる。（　　）
21 河岸へ魚を仕入れにいく。（　　）
22 詔が発せられる。（　　）
23 競りに出された牛に値を付ける。（　　）
24 隠された秘密を暴く。（　　）
25 飛行機、若しくは新幹線が利用できる。（　　）
26 髪に時雨が降りかかる。（　　）
27 外は漆黒の闇に包まれていた。（　　）
28 麗しい友情の物語を読む。（　　）
29 星の瞬く夜空をひとり眺める。（　　）
30 武士政権が東国に興った。（　　）

三

熟語の構成のしかたには次のようなものがある。

ア 同じような意味の漢字を重ねたもの（森林）
イ 反対または対応の意味を表す字を重ねたもの（苦楽）
ウ 上の字が下の字を修飾しているもの（洋楽）
エ 下の字が上の字の目的語・補語になっているもの（作文）
オ 上の字が下の字の意味を打ち消しているもの（無害）

次の熟語は右の**ア**～**オ**のどれにあたるか、**一つ**選び、**記号**で答えよ。

/20
2点×10問

1 乗除（　　）
2 懇請（　　）
3 旋回（　　）
4 贈答（　　）
5 不肖（　　）
6 懐疑（　　）
7 駐留（　　）
8 座礁（　　）
9 霊魂（　　）
10 酪農（　　）

四

次の**四字熟語**について、問1と問2に答えよ。

30

問1 次の**四字熟語**の1～10に入る適切な語を下の［　］の中から選び、**漢字二字**で記せ。

2点×10問

ア 綱紀 1［　］

イ 巧遅 2［　］

ウ 疾風 3［　］

エ 軽挙 4［　］

オ 初志 5［　］

カ 6［　］諾諾

キ 7［　］内剛

いい
がいじゅう
かんてつ
げいいん
しつじつ
しゅくせい
じんらい
すいせい
せっそく
もうどう

五

次の1～5の**対義語**、6～10の**類義語**を後の［　］の中から選び、**漢字**を記せ。［　］の中の語は一度だけ使うこと。

20

2点×10問

対義語

1 円滑－［　］

2 主役－［　］

3 直進－［　］

4 蓄積－［　］

5 静観－［　］

類義語

6 苦難－［　］

7 不意－［　］

8 暗示－［　］

9 扇動－［　］

10 黙認－［　］

かんか・かんしょう・しさ・しょうもう
しんさん・だこう・ちょうはつ・ていとん
とうとつ・わきやく

ク　8　馬食

ケ　9　剛健

コ　10　夢死

問2　次の11～15の**意味**にあてはまるものを**問1**の**ア～コ**の**四字熟語**から**1つ**選び、**記号**で答えよ。

2点×5問

11　事の是非をわきまえず、軽はずみに行動すること。（　　）

12　何をなすこともなく、ぼんやりと生涯を過ごすこと。（　　）

13　一度にたくさん飲み食いすること。（　　）

14　相手の言葉に逆らわず、おもねること。（　　）

15　乱れた規律を正すこと。（　　）

六

次の——線の**カタカナ**を**漢字**に直せ。

20

2点×10問

1　耳鼻インコウ科に通う。

2　インコウ条例違反により逮捕した。

3　両軍の勢力はハクチュウしていた。

4　強盗はハクチュウ堂々と押し入った。

5　カクシンに触れるのを避ける。

6　犯人の行動で疑念はカクシンに変わった。

7　優秀な人材をハケンする。

8　冷戦後、米国が唯一のハケン国となった。

9　緊張でのどがカワいている。

10　今日は空気がカワいている。

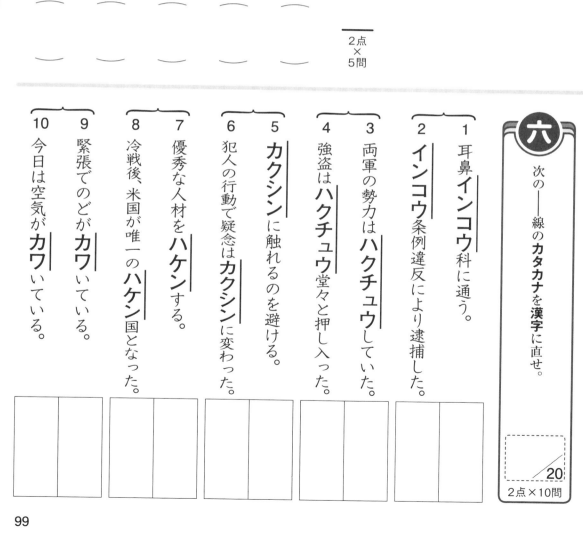

七

次の各文にまちがって使われている**同じ読みの漢字**が**一字**ある。**右に誤字**を、**左に正しい漢字**を記せ。

10

2点×5問

1 少数民族の人権が侵されている実態を懸念し、国を上げて援助態勢を築く姿勢を示した。

2 銀行借入や住宅低当証券の発行などによる資金調達が、バブル崩壊後の不良債権問題を招いた。

3 嫌疑不十分なのに起訴された事件は、公訴権限の濫用が指摘されていたものの、結局は恩謝によって免訴となった。

4 文化勲章は、文化功労者を対象に選考され、科学・芸術などの発展に顕著な功積を収めた者に授けられる。

5 放射能の広範囲な汚染や森林伐栽による洪水などで、住み家を失い路頭に迷う人々を環境難民という。

九

次の――線の**カタカナ**を**漢字**に直せ。

50

2点×25問

1 初夏の野山を**クンプウ**が吹き抜ける。

2 過去の記録は**マッショウ**された。

3 債務の支払**ユウヨ**が与えられた。

4 理不尽な校則の**テッパイ**を求める。

5 作家の**ツイトウ**式が行われた。

6 秋の**ケイコク**の美しさは格別だ。

7 地方の支局に**サセン**される。

8 都心に広がる**オンシ**公園を訪れる。

9 **キンキ**地方は二府五県からなる。

10 しかるべき**ホウシュウ**を与える。

11 余計な**センサク**はしない。

12 自船の**ウゲン**前方に護衛艦が見える。

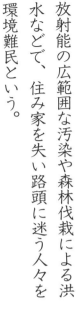

八

次の――線のカタカナを漢字一字と送りがな（ひらがな）に直せ。

2点×5問　/10

［例］ 年長者をウヤマウ➡敬う

1 イマワシイ事件のことが思い出された。

2 ワズラワシイ出来事から逃げ出す。

3 修行でツチカワレた能力を発揮する。

4 マギラワシイ伝言を残すな。

5 ツタナイが丁寧に書かれた字だ。

---

13 ハえある優勝旗を手にした。

14 味方をヨソオって情報を集めた。

15 あの秘書は大臣のフトコロガタナだ。

16 大事な書類をトダナにしまう。

17 先例にカンガみて決定する。

18 壁にポスターをハる。

19 郵便のアテナを確かめる。

20 夏バテして十キロヤせる。

21 庭からバラのいいニオいがする。

22 新しい学校にシリゴみしてしまう。

23 悪貨は良貨をクチクする。

24 快刀ランマを断つ。

25 砂上のロウカク。

実力チェック!!

本試験型テスト 第2回

160点以上で合格!

制限時間60分

月 日

/200

解答→別冊 P.30〜31

一

次の――線の**漢字の読み**を**ひらがな**で記せ。

/30

1点×30問

1 左右から**挟撃**する。
2 議長を**更迭**する。
3 大臣は**哀悼**の意を示した。
4 パンフレットを**頒布**する。
5 体に様々な**疾病**を抱える。
6 **煩悩**を断ち、平安な精神を得る。
7 全国の史跡を求めて**行脚**する。
8 事件の**渦中**にある人物を取材する。
9 実家の**庫裏**を掃除する。
10 **功徳**を積めば幸福がもたらされる。
11 カンガルーは**有袋**類だ。
12 消費者保護の**約款**規制を強化する。
13 友人の**苦衷**を察し、優しく接する。

二

次の漢字の**部首**を記せ。

/10

1点×10問

[例] 草→艹 波→氵

1 窯
2 傘
3 斉
4 徹
5 暁
6 耕
7 叙
8 慶
9 賓
10 琴

14 本の返却の督促を受ける。（　）
15 沖天の勢いで他国を従える。（　）
16 寺の住職に怨霊の話を聞く。（　）
17 恣意的な評価を非難する。（　）
18 人生で初めての挫折を味わう。（　）
19 私の弟は少し臆病なところがある。（　）
20 好奇心旺盛なのはよいことだ。（　）
21 亡くなった祖父を弔う。（　）
22 差し障りがなければ出席してほしい。（　）
23 子守唄を歌う。（　）
24 対戦相手を侮って痛い目にあう。（　）
25 天皇陛下からお言葉を賜る。（　）
26 弟は語学に秀でている。（　）
27 国を統べる者には品格が必要だ。（　）
28 寒さの中にも春の息吹が感じられる。（　）
29 秋祭りで子どもたちが山車を引く。（　）
30 父はいつも肌の艶がよい。（　）

三

熟語の構成のしかたには次のようなものがある。

ア 同じような意味の漢字を重ねたもの（森林）
イ 反対または対応の意味を表す字を重ねたもの（苦楽）
ウ 上の字が下の字を修飾しているもの（洋楽）
エ 下の字が上の字の目的語・補語になっているもの（作文）
オ 上の字が下の字の意味を打ち消しているもの（無害）

次の熟語は右の**ア**～**オ**のどれにあたるか、**一つ**選び、**記号**で答えよ。

／20
2点×10問

1 配膳（　）
2 傑作（　）
3 繁閑（　）
4 未来（　）
5 殉職（　）
6 保健（　）
7 衆寡（　）
8 謄写（　）
9 漸進（　）
10 罷免（　）

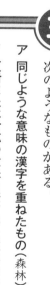

四

次の**四字熟語**について、問1と問2に答えよ。

/30

問1 次の**四字熟語**の1〜10に入る適切な語を下の［　］の中から選び、**漢字二字**で記せ。

2点×10問

ア 相互［1］

イ 文人［2］

ウ 悪口［3］

エ 雲散［4］

オ 頑固［5］

カ［6］［　］雨読

キ［7］［　］衝天

いってつ
うんでい
せいこう
ぞうごん
どはつ
ふじょ
へいい
ぼっかく
むしょう
れいこん

五

次の1〜5の**対義語**、6〜10の**類義語**を後の［　］の中から選び、**漢字**を記せ。［　］の中の語は一度だけ使うこと。

/20

2点×10問

対義語

1 挫折―［　］

2 極端―［　］

3 隆起―［　］

4 巧妙―［　］

5 記名―［　］

類義語

6 抜粋―［　］

7 脅迫―［　］

8 光陰―［　］

9 辛酸―［　］

10 察知―［　］

かんてつ・かんぼつ・きょうかつ・こんきゅう
しょうろく・せいそう・せつれつ
ちゅうよう・どうさつ・とくめい

ク 8 □ 9 □ 破帽

ケ 9 □ 10 □ 不滅

コ 10 □ □ 万里

問2 次の11～15の**意味**にあてはまるものを問1のア～コの**四字熟語**から**1つ**選び、**記号**で答えよ。

2点×5問

11 大いに怒るようす。（　）

12 自由な境遇を楽しんで生活すること。（　）

13 詩文や書画など、風雅の道に携わる人のこと。（　）

14 比較にならないほどの大きな違い。（　）

15 跡形もなく消え去ってしまうこと。（　）

六

次の——線の**カタカナ**を**漢字**に直せ。

／20

2点×10問

1 会長に退任を**カンコク**する。

2 年末に**カンコク**へ旅行をした。

3 **イギ**を正して面会に臨む。

4 歴史的**イギ**のある発見だ。

5 **イッシ**乱れず行動する。

6 敵に**イッシ**を報いる。

7 **キュウヨ**明細の見方を学ぶ。

8 **キュウヨ**の策として増税に踏み切る。

9 自由の意味を**ハ**き違えている。

10 床のゴミを**ハ**き集める。

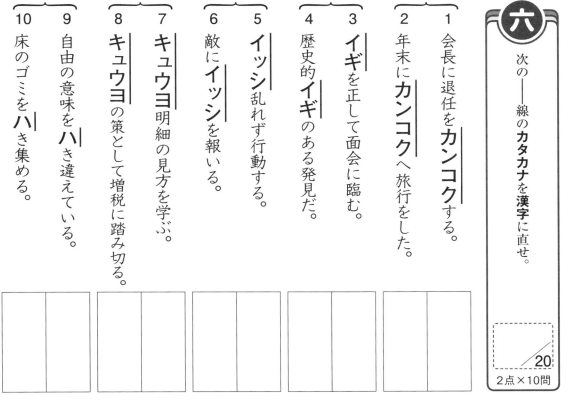

七

次の各文にまちがって使われている**同じ読みの漢字**が**一字**ある。**右に誤字**を、**左に正しい漢字**を記せ。

/10
2点×5問

1 大量破壊兵器の開発能力の誇示は、疲弊した国の印象を一掃し、周辺国を威核しようとする国家的な陰謀を垣間見せる。

2 刑事訴証法の手続きにおいて無罪判決となった者が未決の勾留や拘禁を受けた場合は、補償金を請求できる。

3 環境を維持し破壊を阻止する権利として提唱された環境権の中で、日照権は凡例により認められたものである。

4 マグロ資源が枯渇する中、漁業就業者の減少による後継者不足が漁穫高の低下に拍車をかけている。

5 法科大学院の授業で行われた模疑裁判では、傷害罪で罰金刑を科せられ控訴する被告人の役を演じた。

九

次の――線の**カタカナ**を**漢字**に直せ。

/50
2点×25問

1 **ハツエントウ**をたいて助けを求める。

2 キジの肉を**クンセイ**にして保存する。

3 爆弾を**トウサイ**している。

4 教授からの**スイセン**状が必要だ。

5 公金を**カイタイ**した罪に問われる。

6 行方不明者を**ソウサク**する。

7 多くの証拠品が**オウシュウ**された。

8 知的で個性的な**フンイキ**がある。

9 友人のアパートは**キュウクツ**だ。

10 侵攻作戦は反撃を受けて**トンザ**した。

11 犬の**キュウカク**は非常に優れている。

12 **ズガイコツ**にヒビが入る。

八

次の――線のカタカナを漢字一字と送りがな（ひらがな）に直せ。

2点×5問　/10

［例］年長者をウヤマウ → 敬う

1 決断力のあるイサギヨイ人が好きだ。

2 手の傷がイエル。

3 マタタク間に群衆が消えた。

4 計画の続行に障害をキタス。

5 年齢をイツワリ、酒場に入った。

13 一家のカセぎ頭が病に倒れる。

14 むごい領主にシイタげられた。

15 庭園にツキヤマを造る。

16 心からシタい、尊敬している。

17 かつての親友が商売ガタキになった。

18 マユが生糸になるまでの過程を調べる。

19 このコートのデザインはコっている。

20 居酒屋でクシ焼きを注文する。

21 古都カマクラを散策する。

22 友人とは同じカマの飯を食った仲だ。

23 老いのイッテツ。

24 成らぬカンニンするがカンニン。

25 忙中カン有り。

実力チェック!!

本試験型テスト 第3回

160点以上で合格!

制限時間 60分

月 日

/200

解答 → 別冊 P.32〜33

一

次の——線の**漢字の読み**を**ひらがな**で記せ。

/30

1点×30問

1 **読唇術**を身につける。（　　）

2 計画は**漸次**進展しつつある。（　　）

3 家族を養うため、**稼業**に打ち込む。（　　）

4 国の**中枢**機関を破壊される。（　　）

5 役所に戸籍**謄本**を取りに行く。（　　）

6 **従容**たる態度で来るべき死を迎える。（　　）

7 祭りの準備の**音頭**をとる。（　　）

8 親子の**葛藤**を描いた小説を読んだ。（　　）

9 その町はかつて**窯業**で繁栄していた。（　　）

10 将来に漠然と**危惧**の念を抱く。（　　）

11 朝夕の**勤行**を欠かさない。（　　）

12 **寸暇**を惜しんで読書に熱中する。（　　）

13 不法滞在で国外に**放逐**された。（　　）

二

次の漢字の**部首**を記せ。

/10

1点×10問

[例] 草 ➡ 艹　波 ➡ 氵

1 且（　　）

2 彰（　　）

3 頑（　　）

4 宵（　　）

5 喪（　　）

6 藺（　　）

7 循（　　）

8 愁（　　）

9 塑（　　）

10 崇（　　）

14 出穂期に向けて仕事に精を出す。
15 湖沼のそばに別荘を建てたい。
16 鬱病から回復し社会復帰する。
17 ラグビーの試合で肩を脱臼する。
18 祖父母と歌舞伎をみに行く。
19 体育で足首を捻挫してしまう。
20 年を取ると涙腺が緩む。
21 女王の前で恭しく頭を下げた。
22 古民家に立派な棟木が使われている。
23 二人は将来を契った仲だ。
24 夜行バスの長旅には懲りた。
25 悪習を矯める。
26 たんぽぽの花が春の山里を彩る。
27 収入の大半が家賃に充てられる。
28 端切れで人形の着物を作る。
29 審判は判例に倣って下された。
30 見事な築山のある庭園を訪れる。

三

熟語の構成のしかたには次のようなものがある。

ア 同じような意味の漢字を重ねたもの（森林）
イ 反対または対応の意味を表す字を重ねたもの（苦楽）
ウ 上の字が下の字を修飾しているもの（洋楽）
エ 下の字が上の字の目的語・補語になっているもの（作文）
オ 上の字が下の字の意味を打ち消しているもの（無害）

次の熟語は右の**ア～オ**のどれにあたるか、**一つ**選び、**記号**で答えよ。

/20
2点×10問

1 枢要
2 不遜
3 懸念
4 仮睡
5 直轄
6 遭難
7 奔流
8 起伏
9 勤務
10 経緯

四

次の**四字熟語**について、問1と問2に答えよ。

／30

問1 次の**四字熟語**の１～10に入る適切な語を下の［　］の中から選び、**漢字二字**で記せ。

2点×10問

ア 吉凶［１］

イ 懇切［２］

ウ 天壌［３］

エ 百家［４］

オ 道聴［５］

カ ［６］果断

キ ［７］連衡

えいしゅん　がっしょう　かふく　こっく　じじょう　じんそく　そうめい　ていねい　とせつ　むきゅう

五

次の１～５の**対義語**、６～10の**類義語**を後の［　］の中から選び、**漢字**を記せ。［　］の中の語は一度だけ使うこと。

／20

2点×10問

対義語

１ 尊敬―［　］

２ 多弁―［　］

３ 率先―［　］

４ 任命―［　］

５ 存続―［　］

類義語

６ 激励―［　］

７ 深謀―［　］

８ 気概―［　］

９ 公表―［　］

10 太平―［　］

あんたい・えんりょ・かもく・けいべつ・こぶ・ついずい・はいし・はき・ひめん・ひろう

ク 8 自縛

ケ 9 豪傑

コ 10 勉励

問2 次の11～15の**意味**にあてはまるものを**問1**の**ア～コ**の**四字熟語**から**1つ**選び、**記号**で答えよ。

2点×5問

11 各勢力が権力争いのために手を組んだり離反したりすること。（　）

12 天地とともに永遠に続くこと。（　）

13 路上で聞いたことをそのまま直ちに路上で話すこと。（　）

14 素早く判断し、大胆に物事を行うこと。（　）

15 多くの学者・作家などが自由に論争すること。（　）

六

次の——線の**カタカナ**を**漢字**に直せ。

／20

2点×10問

1 対応を誤った政府を**ダンガイ**する。

2 **ダンガイ**絶壁の山が連なる。

3 不毛な議論の**オウシュウ**に終始した。

4 証拠品を**オウシュウ**する。

5 会場は**イヨウ**な空気に包まれていた。

6 **イヨウ**を誇る塔が街の中心に建つ。

7 **ホウショク**店から時計が盗まれた。

8 地元の役所に**ホウショク**している。

9 逃げ出したい衝動に**カ**られる。

10 **カ**りとった稲穂を束にする。

七

次の各文にまちがって使われている**同じ読みの漢字**が**一字**ある。**右に誤字**を、**左に正しい漢字**を記せ。

/10

2点×5問

1 憲法では、国政を国民の厳粛な信託によるものとし、また戦争の惨渦を再び起こさないことを誓っている。

2 締約国では、化学兵器の開発や貯蔵の禁止、また管轄下に存在する化学兵器の排棄が約束されている。

3 ヘルシンキ宣言の安全保障問題で重視された概念である信頼醸成措置は、冷戦終結を難着陸させた。

4 不況による人々の困窮ぶりは大恐慌当時の移民労働者の生活と克似しており、迅速な対応が求められた。

5 憲法では、議員の表決の記載や会議録を、一般の人々に対し販布方法で公開することが義務付けられている。

九

次の——線の**カタカナ**を**漢字**に直せ。

/50

2点×25問

1 酒を飲みながら**グチ**をこぼす。

2 コノハムシの巧みな**ギタイ**に驚嘆する。

3 遊具の部品が**マモウ**してきた。

4 **コクジ**は国家の印として押す印章である。

5 備前焼の**カビン**に百合を生ける。

6 犠牲者の**クヨウ**に訪れる。

7 **キュウシ**は食物をかみ砕き、すりつぶす。

8 フランス文学に**ショウケイ**する。

9 **ドウクツ**の中にはコウモリが沢山いた。

10 書道で**カイショ**の基本を学ぶ。

11 改革者として**ラツワン**を振るう。

12 「**カンペキ**」は中国の故事成語が語源だ。

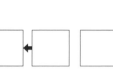

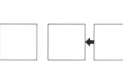

八

次の――線のカタカナを漢字一字と送りがな（ひらがな）に直せ。

［例］ 年長者をウヤマウ ➡ 敬う

／10
2点×5問

1 友人をソソノカシ、入会させた。

2 週末はいつもアワタダシイ。

3 切り傷がフサガル。

4 大きく成長した息子はタノモシイ。

5 会社は業績をノバシた。

13 聞くにタえない お粗末な漫才だ。

14 よくツかっている大根だ。

15 愛しているからこそウラめしい。

16 惜しみない愛が心のカワきをいやす。

17 砂浜でカイガラを拾った。

18 肝のスわった頼りがいのあるやつだ。

19 ホめられて成長するタイプだ。

20 家具と壁のスキマから昔の写真が出てきた。

21 最終ランナーに望みをタクす。

22 新緑の木々がスソノに広がる。

23 命タンセキに迫る。

24 人生字を知るはユウカンの始め。

25 リュウビを逆立てる。

実力チェック!!

本試験型テスト 第4回

160点以上で合格!

制限時間 60分

月　日

/200

解答→別冊 P.34～35

一

次の——線の**漢字の読み**を**ひらがな**で記せ。

/30　1点×30問

1 ハトには**帰巣**本能がある。（　　）
2 会社経営に**辣腕**を振るう。（　　）
3 ドラマの**挿入歌**としてヒットする。（　　）
4 社会の**安寧**を乱す。（　　）
5 **学閥**間での摩擦が生じる。（　　）
6 **元帥**の地位に就いた人物を調べる。（　　）
7 **好事家**の道楽で詩を書き始める。（　　）
8 師より**衣鉢**を継ぐ。（　　）
9 **律儀**にお礼の品を持っていく。（　　）
10 **奥羽**山脈を越える。（　　）
11 些《さ》細な失敗について**詰問**される。（　　）
12 あからさまに**嫌悪**感を示す。（　　）
13 **唯唯**として命令に従った。（　　）

二

次の漢字の**部首**を記せ。

［例］草→艹　波→氵

/10　1点×10問

1 壮（　　）
2 罷（　　）
3 凸（　　）
4 虞（　　）
5 奔（　　）
6 妥（　　）
7 弔（　　）
8 栽（　　）
9 麻（　　）
10 奨（　　）

14 作品を**巧拙**のみで評価しない。（　　）

15 南太平洋の戦場で**散華**した。（　　）

16 生徒の訴えは**閑却**されたままだ。（　　）

17 **禁錮**五年の判決だった。（　　）

18 **悠揚**たる態度で物事に対処する。（　　）

19 **股関節**に違和感がある。（　　）

20 隣の家から**罵声**が聞こえる。（　　）

21 年齢制限について**但**し書きを添える。（　　）

22 **愁**いを帯びた表情に魅了される。（　　）

23 授業をさぼるように**唆**す。（　　）

24 長年、**懇**ろに付き合ってきた仲だ。（　　）

25 **師走**は何かと慌ただしい。（　　）

26 失敗の可能性は**否**めない。（　　）

27 金属を磨いて**艶**を出す。（　　）

28 すっかりやる気が**萎**えてしまった。（　　）

29 **弥生**時代の遺跡が見つかった。（　　）

30 縫い目が**綻**びている。（　　）

三

熟語の構成のしかたには次のようなものがある。

ア 同じような意味の漢字を重ねたもの（森林）

イ 反対または対応の意味を表す字を重ねたもの（苦楽）

ウ 上の字が下の字を修飾しているもの（洋楽）

エ 下の字が上の字の目的語・補語になっているもの（作文）

オ 上の字が下の字の意味を打ち消しているもの（無害）

次の熟語は右の**ア**～**オ**のどれにあたるか、**一つ**選び、**記号**で答えよ。

／20　2点×10問

1 傘下（　　）

2 苦衷（　　）

3 模擬（　　）

4 隠顕（　　）

5 沖天（　　）

6 執務（　　）

7 不偏（　　）

8 宣誓（　　）

9 細心（　　）

10 租税（　　）

四

次の**四字熟語**について、問1と問2に答えよ。

/30

問1 次の**四字熟語**の1〜10に入る適切な語を下の□の中から選び、**漢字二字**で記せ。

2点×10問

ア 片言 1

イ 円転 2

ウ 気宇 3

エ 東奔 4

オ 情状 5

カ 6 一声

キ 7 外患

いっさい
かつだつ
きょうさ
しゃくりょう
せいそう
せきご
そうだい
だいかつ
ないゆう
ゆいが

五

次の1〜5の**対義語**、6〜10の**類義語**を後の□の中から選び、**漢字**を記せ。□の中の語は一度だけ使うこと。

/20

2点×10問

対義語

1 栄転—

2 大胆—

3 助長—

4 潤沢—

5 分割—

類義語

6 抵当—

7 謹賀—

8 是認—

9 削除—

10 続出—

おくびょう・きょうが・こうてい・こかつ
させん・そがい・たんぽ・ひんぱつ
へいごう・まっしょう

ク 8 独尊

ケ 9 衆生

コ 10 扇動

問2 次の11〜15の**意味**にあてはまるものを問1のア〜コの**四字熟語**から**1つ**選び、**記号**で答えよ。 2点×5問

11 仕事や用事であちこち忙しく走り回ること。（　）

12 ちょっとした短い言葉。（　）

13 他人をそそのかしてあおること。（　）

14 この世のすべての生あるもの。（　）

15 世界で自分がもっとも尊い存在であるということ。（　）

六

次の――線の**カタカナ**を**漢字**に直せ。

20

2点×10問

1 地価が激しく**コウトウ**する。

2 **コウトウ**無稽な話は信じない。

3 絵画コンテストで**カサク**に入選する。

4 **カサク**だが評価の高い作家である。

5 部長に早期退職を**カンショウ**される。

6 食用ではなく**カンショウ**用の魚だ。

7 **コウケン**人が財産管理を行う。

8 社会に**コウケン**できる仕事に就く。

9 **カマ**で雑草を刈り取る。

10 同じ**カマ**の飯を食う。

1	2	3	4	5	6	7	8	9	10

七

次の各文にまちがって使われている**同じ読みの漢字**が**一字**ある。**右に誤字**を、**左に正しい漢字**を記せ。

/10 2点×5問

1 冷戦後の国際秩序において、非西洋文明の台頭が驚威となり文明の衝突が起こることが懸念された。

2 人口が膨張する都市では公共事業も崩壊寸前で、掲げられた過密緩和索も功をなさない。

3 中国の著しい経済発展の陰で、耕地の減少、肥沃な土譲の喪失が食糧不足の問題を引き起こしている。

4 総帥は隊を率いて反政府軍を紛砕し、混迷を極める国内情勢を収束させたが、左翼青年の凶弾に倒れた。

5 多大な犠牲者を生み廃棄が急がれる対人地雷は、敵の戦意を喪失させる手頃な手段として安易に付設されたものだ。

九

次の――線の**カタカナ**を**漢字**に直せ。

/50 2点×25問

1 官と民との**ユチャク**が指摘されている。

2 文化功労者への**ジョクン**式が行われる。

3 胸に手を当て、国旗**ケイヨウ**を見守る。

4 **カイキン**シャツに上着を羽織る。

5 予定外の支出で利益が**ソウサイ**された。

6 長年の思いが**ジョウジュ**する。

7 優しく**ユウカン**な人になりなさい。

8 物語はいよいよ**カキョウ**に入ってきた。

9 小国の訴えなど**シガ**にもかけない。

10 常に**シンシ**な気持ちで授業を受ける。

11 政府に対して民衆が**ホウキ**する。

12 木製の**イス**を作る。

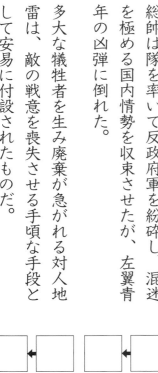

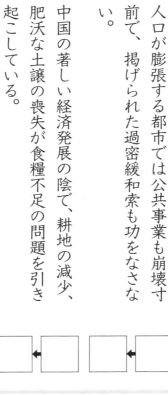

八

次の――線のカタカナを漢字一字と送りがな（ひらがな）に直せ。

［例］年長者をウヤマウ→敬う

/10
2点×5問

1 どんな親もわが子をイツクシムものだ。

2 犯人の死で真相は闇にホウムラレた。

3 死をマヌカレルことはできない。

4 ナツカシイ人に会うと心が和む。

5 プロ野球選手にアコガレル。

13 合格のアカツキには結婚しよう。

14 上司の申し出をコバむ理由はない。

15 自転車のカギが見つからない。

16 気にサワることを平気で言う。

17 山登りの参加希望者をツノる。

18 窓際のベンチがイコいの場所になる。

19 人込みをヌうように走る。

20 体よりも脳をキタえるべきだ。

21 友人の裏切りはマギれもない事実だ。

22 兄はトラえどころのない性格をしている。

23 外幽霊の内ベンケイ。

24 カニはコウラに似せて穴を掘る。

25 自家ヤクロウ中の物。

実力チェック!!

本試験型テスト 第5回

160点以上で合格!

制限時間60分

月　日　/200

解答→別冊P.36～37

一

次の――線の**漢字の読み**を**ひらがな**で記せ。

/30　1点×30問

1 冬の港に**砕氷**船が見える。
2 人生の目的は**崇高**でありたい。
3 横領の**嫌疑**がかかる。
4 施設が国の**管轄**に入る。
5 そろそろ**年貢**の納め時だ。
6 クラブを**主宰**する。
7 **市井**の声に耳を傾ける。
8 互いの**釣果**を見せ合う。
9 脳**梗塞**で病院に搬送された。
10 **読点**の打ち方で意味が変わる。
11 **種苗**産業に関心を持つ。
12 **製靴**業に従事している。
13 **虚空**をつかむような苦しみを味わう。

二

次の漢字の**部首**を記せ。

/10　1点×10問

[例] 草 → 艹　波 → 氵

1 耗
2 勲
3 款
4 充
5 磨
6 蛍
7 猶
8 騰
9 帥
10 寧

14 抵抗勢力への**懐柔**策を話し合う。（　　）

15 仏の前では**罪業**は隠せない。（　　）

16 主人公の意志の強さが**琴線**に触れた。（　　）

17 **拐帯**犯を連行する。（　　）

18 肘掛けのついた**椅子**を買う。（　　）

19 友人の突然の**訃報**に驚く。（　　）

20 この小説は**比喩**の使い方がうまい。（　　）

21 この小山は古い**陵**だそうだ。（　　）

22 最近の芸能ニュースに**疎**い。（　　）

23 郷土の名誉を**辱**める行為だ。（　　）

24 乾季には雨を**乞**う儀式が行われる。（　　）

25 夏の夜風に**蚊帳**が揺らぐ。（　　）

26 実業界の**猛者**と評される。（　　）

27 名声を**汚**す行いをする。（　　）

28 つい**戯**れに言った言葉だ。（　　）

29 他人を**羨**ましく思う。（　　）

30 親に**箸**の使い方を注意される。（　　）

三

熟語の構成のしかたには次のようなものがある。

ア 同じような意味の漢字を重ねたもの（森林）

イ 反対または対応の意味を表す字を重ねたもの（苦楽）

ウ 上の字が下の字を修飾しているもの（洋楽）

エ 下の字が上の字の目的語・補語になっているもの（作文）

オ 上の字が下の字の意味を打ち消しているもの（無害）

次の熟語は右の**ア**〜**オ**のどれにあたるか、**一つ**選び、**記号**で答えよ。

/20

2点×10問

1 網羅（　　）

2 応募（　　）

3 不朽（　　）

4 優遇（　　）

5 禍福（　　）

6 漆黒（　　）

7 苛烈（　　）

8 授受（　　）

9 依頼（　　）

10 均衡（　　）

四

次の**四字熟語**について、問1と問2に答えよ。

/30

問1 次の**四字熟語**の1～10に入る適切な語を下の□の中から選び、**漢字二字**で記せ。

2点×10問

ア 襲名 1□□

イ 低唱 2□□

ウ 付和 3□□

エ 流言 4□□

オ 意馬 5□□

カ 6□□ 一策

キ 7□□ 秋思

きゅうよ
しゅんしゅう
しんえん
ちんし
びぎん
ひご
ひろう
ふうそう
らいどう
りゅうりょく

五

次の1～5の**対義語**、6～10の**類義語**を後の□の中から選び、**漢字**を記せ。□の中の語は一度だけ使うこと。

/20

2点×10問

対義語

1 賞賛―□

2 独創―□

3 拒絶―□

4 蓄積―□

5 低俗―□

類義語

6 成就―□

7 受胎―□

8 傾倒―□

9 虚構―□

10 根絶―□

おうだく・かくう・かんすい・こうしょう
しっせき・しょうもう・しんすい・にんしん
ぼくめつ・もほう

ク 8 黙考

ケ 9 高潔

コ 10 花紅

問2 次の11～15の**意味**にあてはまるものを問1の**ア～コ**の**四字熟語**から**1つ**選び、**記号**で答えよ。

2点×5問

11 自分の考えをもたず、むやみに他人の意見に同調すること。（　）

12 苦し紛れに思いついた手段や方法。（　）

13 自然のままで美しい風景のたとえ。（　）

14 清らかに澄み渡った秋の景色のこと。（　）

15 煩悩などが心を惑わせ、抑えがたいようす。（　）

六

次の――線の**カタカナ**を**漢字**に直せ。

2点×10問　／20

1 王のタイカン式が行われた。

2 タイカン性に優れたコートを着る。

3 キカンした宇宙飛行士を歓迎する。

4 国のキカン産業がダメージを受ける。

5 雑誌にキコウ文を連載する。

6 文芸誌にキコウする。

7 銀行のユウシを受ける。

8 ユウシ以前の出来事を推測する。

9 父と息子が初めて酒をクみ交わす。

10 しっかり腕をクんで歩く老夫婦を見守る。

七

次の各文にまちがって使われている**同じ読みの漢字**が**一字**ある。**右に誤字**を、**左に正しい漢字**を記せ。

2点×5問　/10

1 芭蕉《ばしょう》は、幽玄・寒寂の境地を追究し、わび・さびを枯淡な美的理念として再解釈していった。

2 この作品は、博学な青年が異国で体験した自我の目覚めと挫折の愛歓を叙情的に描いた傑作として知られている。

3 「政治は人間を堕落させる」と言ったドイツ帝国裁相は、保護関税政策の推進や社会主義運動の弾圧で知られる。

4 加盟国は武力による威嚇を謹み、国際平和を脅かす虞のある事態には黙視せずに策を講じるべきである。

5 貨幣経済が農村に浸透すると、年貢に頼る武士財政は窮乏し、幕府によって打開の前後策がとられた。

九

次の――線の**カタカナ**を**漢字**に直せ。

2点×25問　/50

1 地方の人口は**ゼンゲン**している。

2 町の商店街は**カンサン**としている。

3 友人の**クチュウ**は痛いほどわかる。

4 手紙に時候の**アイサツ**を書く。

5 **ホンポウ**に生きる弟がうらやましい。

6 **ザショウ**した船を移動させる。

7 **センプク**するスパイ集団を追う。

8 返信いただければ**コウジン**に存じます。

9 敵の挑発に**ユウヨウ**とした態度で応じる。

10 母に**フロ**掃除を頼まれる。

11 **アイマイ**な返事でごまかす。

12 祖父に**センチャ**を買うよう頼まれる。

八

次の――線のカタカナを漢字一字と送りがな（ひらがな）に直せ。

2点×5問　/10

［例］　年長者をウヤマウ ⬇ 敬う

1　公衆の面前で相手をハズカシメル。

2　数々の不祥事にイキドオル。

3　筋肉が年々オトロエルのを感じる。

4　街にキンモクセイの香りがタダヨウ。

5　姉の才能がウラヤマシイ。

1	2	3	4	5

13　最後の一戦に優勝がカかっている。

14　熊がホラアナで昼寝をしている。

15　寒いのでナガソデのシャツを着る。

16　亡くなった祖父をイタむ。

17　シノんでいた恋心が顔色に表れる。

18　戦場へオモムく夫を見送る。

19　子どもたちを優しくサトす。

20　飼っていたニワトリが卵を産んだ。

21　役所にハチの巣の駆除を依頼する。

22　急に走るとワキバラを痛める。

23　セイダク併せのむ。

24　ケイセツの功を積む。

25　ウンデイの差。

13	14	15	16	17	18	19	20	21	22	23	24	25

実力チェック!!

本試験型テスト 第6回

160点以上で合格!

制限時間 60分

月 日

/200

解答→別冊 P.38～39

一

次の——線の**漢字の読み**を**ひらがな**で記せ。

/30

1点×30問

1 屋敷の**門扉**が開いた。（　）
2 **一升**買いするほど困窮した暮らしだ。（　）
3 宴会で客に**一献**すすめる。（　）
4 旅行中、**悪疫**に感染した。（　）
5 **拙宅**で送別会を開いた。（　）
6 双方の**権衡**を保つ。（　）
7 地方の町は**疲弊**しているようだ。（　）
8 長年の夢が**成就**する。（　）
9 山頂で**澄明**な空を見渡す。（　）
10 知人は近所でも有名な**愛猫家**だ。（　）
11 京都の**古刹**を巡る。（　）
12 **偏狭**な考え方が差別を助長する。（　）
13 長年の**無沙汰**をわびる。（　）

二

次の漢字の**部首**を記せ。

/10

1点×10問

[例] 草→［艹］　波→［氵］

1 尉（　）
2 殻（　）
3 雰（　）
4 剰（　）
5 累（　）
6 升（　）
7 戻（　）
8 呈（　）
9 畝（　）
10 羅（　）

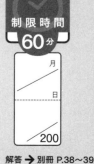

14 怒気を含んだ顔で説明を求める。（　　）
15 村の反収を調べる。（　　）
16 すべての煩悩から解脱したい。（　　）
17 整理整頓を常に心がける。（　　）
18 不況のために会社が破綻した。（　　）
19 国王の戴冠式に出席する。（　　）
20 斑点模様のカーテンを買う。（　　）
21 行く手を遮るものは何もない。（　　）
22 犯した罪を償う。（　　）
23 逝く春を惜しむ。（　　）
24 山の懐で野生の鹿を見た。（　　）
25 松明の火影が揺らめく。（　　）
26 酸いも甘いもかみ分けた人物。（　　）
27 祖母が謡を習い始めた。（　　）
28 子どもには叱るよりも諭すほうがよい。（　　）
29 野良仕事に精を出す。（　　）
30 足がつく場所で溺れることもある。（　　）

三

熟語の構成のしかたには次のようなものがある。

ア 同じような意味の漢字を重ねたもの（森林）
イ 反対または対応の意味を表す字を重ねたもの（苦楽）
ウ 上の字が下の字を修飾しているもの（洋楽）
エ 下の字が上の字の目的語・補語になっているもの（作文）
オ 上の字が下の字の意味を打ち消しているもの（無害）

次の熟語は右の**ア**～**オ**のどれにあたるか、**一つ**選び、**記号**で答えよ。

／20
2点×10問

1 解剖（　　）
2 耐震（　　）
3 佳境（　　）
4 抑揚（　　）
5 珠玉（　　）
6 研磨（　　）
7 屈伸（　　）
8 晩成（　　）
9 無粋（　　）
10 融資（　　）

四

次の**四字熟語**について、問1と問2に答えよ。

/30

問1 次の**四字熟語**の1～10に入る適切な語を下の［　］の中から選び、**漢字二字**で記せ。

2点×10問

ア 大悟 1［　　］

イ 汗牛 2［　　］

ウ 面目 3［　　］

エ 換骨 4［　　］

オ 千載 5［　　］

カ 6［　　］果敢

キ 7［　　］得喪

いちぐう
かふく
けんにん
こふく
じゅうとう
しょうそう
だったい
てってい
やくじょ
ゆうもう

五

次の1～5の**対義語**、6～10の**類義語**を後の［　］の中から選び、**漢字**を記せ。［　］の中の語は一度だけ使うこと。

/20

2点×10問

対義語

1 老巧－［　　］

2 崇拝－［　　］

3 疎遠－［　　］

4 軽快－［　　］

5 小計－［　　］

類義語

6 倒壊－［　　］

7 裕福－［　　］

8 勘弁－［　　］

9 寄与－［　　］

10 手柄－［　　］

がかい・くんこう・けいぶ・こうけん
こんい・そうけい・そうちょう・ちせつ
ふうき・ようしゃ

ク 8 □□ 不抜

ケ 9 □□ 撃壊

コ 10 □□ 気鋭

問2 次の11〜15の**意味**にあてはまるものを**問1**の**ア〜コ**の**四字熟語**から**1つ**選び、**記号**で答えよ。

2点×5問

11 若く、意気盛んなこと。（　　）

12 世間の評判通りの活躍をして生き生きとしていること。（　　）

13 他人の詩文の形式などを踏襲しつつ、自分独自の作品を作ること。（　　）

14 理想的な治世によって作られた泰平な世のこと。（　　）

15 莫《ばく》大な蔵書があることのたとえ。（　　）

六

次の――線の**カタカナ**を**漢字**に直せ。

/20

2点×10問

1 本場の**ケンポウ**を習う。

2 五月三日は**ケンポウ**記念日だ。

3 イスラム教の**キョウギ**に従う。

4 単語の意味を**キョウギ**に解釈する。

5 環境問題は人類に**ケイショウ**を鳴らす。

6 父の事業を**ケイショウ**する。

7 西洋史の権威が時代**コウショウ**する。

8 提携の**コウショウ**は決裂した。

9 入り**エ**にある小さな村が私の故郷だ。

10 シイタケの**エ**を切り取る。

七

次の各文にまちがって使われている**同じ読みの漢字**が**一字**ある。**右に誤字**を、**左に正しい漢字**を記せ。

/10

2点×5問

1 明治時代の文豪によって書かれた倒錯した美への陶粋が華麗な文体でつづられた作品を読む。

2 応対した女性は問題が発生した原因を簡傑に述べると僕が事情を酌み取る前にその身を翻して去った。

3 神格化された独裁者による個人崇拝の強制や粛正、また残酷な拷問などが厳しく批判された。

4 除夜の鐘は人間の有する百八つの凡悩を除き、新年を迎える意味を込めてつくものだと言われる。

5 貫容は無関心と同一ではなく、異端的存在を是認する積極的且つ柔軟な精神である。

1	←	2	←	3	←	4	←	5	←

九

次の――線の**カタカナ**を**漢字**に直せ。

/50

2点×25問

1 応募書類を**ヘンレイ**する。

2 酵素は体内で**ショクバイ**の働きをする。

3 著作権問題には**ジンソク**に対応する。

4 友人と**ユカイ**な時間を過ごす。

5 通商条約を**ヒジュン**する。

6 責務を期限内に**カンスイ**する。

7 入浴で体の**シン**から温まる。

8 聴衆から拍手**カッサイ**を受ける。

9 **ジンゾウ**に結石ができる。

10 **シンセキ**一同で墓参りに行く。

11 河口には大量の泥が**タイセキ**している。

12 会社の**インペイ**工作を告発する。

1	2	3	4	5	6	7	8	9	10	11	12

八

次の——線のカタカナを漢字一字と送りがな(ひらがな)に直せ。

［例］年長者をウヤマウ → 敬う

2点×5問　／10

1 成績はカンバシイものではなかった。

2 一家の生活費をマカナウことが難しい。

3 運動をオコタルとすぐ太る。

4 ツツシンデ祝いの品をいただく。

5 サワヤカナ晴天に恵まれる。

13 若い時はムサボるように本を読んだ。

14 フモトのロッジで休息する。

15 強大な武力でオビヤかされる。

16 しばらく友人宅にイソウロウする。

17 強い精神力をツチカう。

18 鈴虫の音が胸にシみ入る。

19 冬になるとツルが飛来する。

20 うまくカツがれ、役員にさせられた。

21 三十代に入ってアセりを感じ始める。

22 ハゲましの言葉が心に響いた。

23 フクスイ盆に返らず。

24 カフクはあざなえる縄のごとし。

25 門松はメイドの旅の一里塚。

実力チェック!!

本試験型テスト 第7回

160点以上で合格！

制限時間 60分

月　日　／200

解答 → 別冊 P.40～41

一

次の――線の**漢字の読み**を**ひらがな**で記せ。

1点×30問　／30

1 友人と**胸襟**を開いて話し合う。（　）
2 開戦のデマが物価を**騰貴**させた。（　）
3 女王への**拝謁**を許される。（　）
4 **時宜**を得たアドバイスを受ける。（　）
5 優勝者に**褒賞**を与える。（　）
6 **鉄鉢**で米を受ける。（　）
7 **厄介**な恋愛沙汰はうんざりだ。（　）
8 **徹宵**の作業で生存者を救えた。（　）
9 **太政官**は明治維新後に設置された。（　）
10 水道管の**敷設**工事が行われる。（　）
11 **謀反**の罪をなすりつける。（　）
12 多くの人がユダヤ教に**帰依**する。（　）
13 絹と綿の**混紡**のシャツを着る。（　）

二

次の漢字の**部首**を記せ。

1点×10問　／10

［例］草 → 艹　波 → 氵

1 剛（　）
2 邸（　）
3 璽（　）
4 恭（　）
5 衝（　）
6 唇（　）
7 爵（　）
8 泰（　）
9 斎（　）
10 丙（　）

14 数々の名選手を擁する敵に打ち勝つ。（　　）
15 羞恥心のない人を嫌う。（　　）
16 芸能界から放逐される。（　　）
17 毎朝元気よく挨拶する。（　　）
18 必須アミノ酸は九種類ある。（　　）
19 苛酷なレースを勝ち残る。（　　）
20 僕は大学の蹴球部に所属している。（　　）
21 自然を慈しむ心を大切にする。（　　）
22 種をまくために畝を作る。（　　）
23 橘《たちばな》の果実は常世の木の実と呼ばれる。（　　）
24 今後のことは想像に難くない。（　　）
25 反乱を鎮めるまでに時間がかかった。（　　）
26 帽子を目深にかぶる。（　　）
27 芳しい香りが漂ってくる。（　　）
28 祈年祭で祝詞を上げる。（　　）
29 友人の出世を妬む。（　　）
30 周囲の敵を蹴散らす。（　　）

三

熟語の構成のしかたには次のようなものがある。

ア 同じような意味の漢字を重ねたもの（森林）
イ 反対または対応の意味を表す字を重ねたもの（苦楽）
ウ 上の字が下の字を修飾しているもの（洋楽）
エ 下の字が上の字の目的語・補語になっているもの（作文）
オ 上の字が下の字の意味を打ち消しているもの（無害）

次の熟語は右の**ア**～**オ**のどれにあたるか、**一つ**選び、**記号**で答えよ。

/20
2点×10問

1 徹宵（　　）
2 発泡（　　）
3 不穏（　　）
4 巧拙（　　）
5 漸減（　　）
6 公僕（　　）
7 弾劾（　　）
8 即位（　　）
9 重視（　　）
10 選択（　　）

四

次の**四字熟語**について、問1と問2に答えよ。

30

問1 次の**四字熟語**の1～10に入る適切な語を下の［　］の中から選び、**漢字二字**で記せ。

2点×10問

ア 多岐 1［　］［　］

イ 当意 2［　］［　］

ウ 面従 3［　］［　］

エ 佳人 4［　］［　］

オ 高論 5［　］［　］

カ 6［　］［　］断行

キ 7［　］［　］無比

じゅくりょ
そくみょう
たくせつ
つうかい
どうこう
はくめい
ふくはい
ぼうよう
めいきょう
わこん

五

次の1～5の**対義語**、6～10の**類義語**を後の［　］の中から選び、**漢字**を記せ。［　］の中の語は一度だけ使うこと。

20

2点×10問

対義語

1 賛辞―［　］

2 慶賀―［　］

3 巧遅―［　］

4 豊富―［　］

5 反逆―［　］

類義語

6 寄贈―［　］

7 熟知―［　］

8 我慢―［　］

9 委任―［　］

10 憎悪―［　］

あいとう・きょうじゅん・きんしょう
けんお・こくひょう・しんてい・せっそく
つうぎょう・にんたい・ふたく

ク 8 異曲

ケ 9 止水

コ 10 洋才

問2 次の11～15の**意味**にあてはまるものを**問1**の**ア～コ**の**四字熟語**から**1つ**選び、**記号**で答えよ。

2点×5問

11 服従するかのように見せかけて、内心ではそむくこと。（　　）

12 心に邪念がなく、清らかで澄み切っている状態。（　　）

13 詩文などで、手法は同じであるが趣が異なっていること。（　　）

14 その場その場で即座に機転を利かすこと。（　　）

15 方針が多すぎて、どれを選ぶべきか迷うこと。（　　）

六

次の――線の**カタカナ**を**漢字**に直せ。

／20

2点×10問

1 各地で民衆が**ホウキ**した。

2 権利を**ホウキ**する。

3 空港で**ケンエキ**を受ける。

4 既得**ケンエキ**を守る。

5 **コウカ**の橋を渡る。

6 対応を**コウカ**させる。

7 高速道路は**ジュウタイ**している。

8 生徒は二列**ジュウタイ**で行進した。

9 他人の服装を悪趣味だと**クサ**す。

10 **クサ**い芝居には我慢ならない。

七

次の各文にまちがって使われている**同じ読みの漢字**が**一字**ある。**右に誤字**を、**左に正しい漢字**を記せ。

2点×5問 /10

1 弱干二十歳にして優勝し将来を嘱望されていたが、その後は成績が伸びず、今では引退を考えている。

2 列強が植民地獲得に躍起になる中、英国は中国に阻借地を設け、事実上の領土割譲と言われた。

3 締約国会議で採択された気候変動に関する条約は、途上国が被る不利益が堪案され、目標設定の必要性を露呈した。

4 密集する磨天楼の間の溝を埋める人と車の流れは、街という巨大な怪物の血液の如く絶えず循環している。

5 自動車の故傷が原因で重要な会議に遅刻した部下は、弁解せず黙って頭を下げて謝罪した。

九

次の――線の**カタカナ**を**漢字**に直せ。

2点×25問 /50

1 手土産に**ギンジョウ**酒を持っていく。

2 受賞者に花束を**ゾウテイ**する。

3 領海を越えた**カンテイ**が襲撃された。

4 人工**トウセキ**を受けている。

5 トカゲは**イカク**のポーズをとった。

6 文章が**チセツ**で恥ずかしい。

7 **カイチュウ**電灯を持って山に踏み入る。

8 伝染病に対する注意を**カンキ**する。

9 無謀な要求を**キョゼツ**する。

10 **タンザク**に願い事を書く。

11 芝居の**ケイコ**に参加する。

12 牧場の周りは**サク**で囲われている。

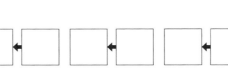

八

次の――線のカタカナを**漢字一字と送りがな(ひらがな)**に直せ。

[例] 年長者を**ウヤマウ** ➡ 敬う

2点×5問 /10

1 名ばかりの名誉職に**タテマツラレル**。

2 犯人は**アザケル**ように笑った。

3 安眠を**サマタゲ**られた。

4 好意に甘えるのを**イサギヨシ**としない。

5 借金の返済が**トドコオル**。

13 布を寸法通りに**タ**つ。

14 庭の松の木の枝を**タ**める。

15 海の向こうにヨットの**ホ**が見える。

16 念仏堂にお**コ**もりする。

17 長年抱いてきた夢を**アキラ**める。

18 長年、**ネンゴ**ろに付き合ってきた。

19 大きな**ヒトミ**から涙がこぼれる。

20 犬は無言で私の心を**ナグサ**めてくれた。

21 **マクラ**を変えて熟睡できるようになった。

22 父は左**キ**きだ。

23 **ノドモト**過ぎれば熱さを忘れる。

24 行き掛けの**ダチン**。

25 衣食足ればすなわち**エイジョク**を知る。

実力チェック!!

本試験型テスト 第8回

160点以上で合格!

制限時間 60分

月　日

/200

解答 → 別冊 P.42〜43

一

次の――線の**漢字の読み**を**ひらがな**で記せ。

/30

1点×30問

1 いずれ**拝眉**の上申し上げます。（　）
2 **愚昧**な行いを反省する。（　）
3 懐かしい**旋律**が聞こえてきた。（　）
4 和洋**折衷**様式の新居を建てる。（　）
5 妃殿下の**伯叔**にあたる方々に会った。（　）
6 芸術家は**国賓**級の待遇を受けた。（　）
7 集光器には**凹面鏡**が使われている。（　）
8 経験不足を豊富な知識量で**相殺**する。（　）
9 安**普請**のアパートで青春を過ごす。（　）
10 兄の才能に**嫉妬**する。（　）
11 提出された書類を**返戻**する。（　）
12 **緻密**な計画を立てる。（　）
13 足に**脚半**を巻く。（　）

二

次の漢字の**部首**を記せ。

/10

1点×10問

[例] 草 ↓ 艹　波 ↓ 氵

1 劾（　）
2 疎（　）
3 頒（　）
4 瓶（　）
5 忍（　）
6 呉（　）
7 刃（　）
8 窃（　）
9 缶（　）
10 摩（　）

14 自動ドアに**圧搾**空気が使われる。

15 目尻の辺りに**昔日**の面影を感じる。

16 **唾棄**すべき行為と批判された。

17 **湧水**でお茶をいれる。

18 **貼付**剤を薬局で処方される。

19 **楷書**とは漢字の書体の一つである。

20 大学で**冶金**学を専攻する。

21 言葉を**紡**いで自然の美を表現する。

22 友人の誠実な人柄を**垣間**見た。

23 婚期を逃し、**焦**りを感じ始める。

24 **翻**って考えると、策略かもしれない。

25 小太鼓を伴奏に**鼓唄**を歌う。

26 空と海の**際**は青一色だ。

27 **各**の抱える悩みに真剣に向き合う。

28 人間関係の**溝**は容易に埋まらない。

29 新潟で今年の新酒が**醸**される。

30 庭の**柿**が色づく。

三

熟語の構成のしかたには次のようなものがある。

ア 同じような意味の漢字を重ねたもの（森林）

イ 反対または対応の意味を表す字を重ねたもの（苦楽）

ウ 上の字が下の字を修飾しているもの（洋楽）

エ 下の字が上の字の目的語・補語になっているもの（作文）

オ 上の字が下の字の意味を打ち消しているもの（無害）

次の熟語は右の**ア**～**オ**のどれにあたるか、**一つ**選び、**記号**で答えよ。

/20　2点×10問

1 素朴

2 未熟

3 殉教

4 添削

5 予告

6 陰陽

7 献金

8 無事

9 環礁

10 船舶

四

次の**四字熟語**について、問1と問2に答えよ。

/30

問1 次の**四字熟語**の1～10に入る適切な語を下の［ ］の中から選び、**漢字二字**で記せ。

2点×10問

ア 気炎 1［ ］

イ 主客 2［ ］

ウ 対牛 3［ ］

エ 春宵 4［ ］

オ 率先 5［ ］

カ 6［ ］自重

キ 7［ ］玉条

いっこく
いんにん
きんか
ぐんゆう
しょうじん
しんら
すいはん
だんきん
てんとう
ばんじょう

五

次の1～5の**対義語**、6～10の**類義語**を後の［ ］の中から選び、**漢字**を記せ。［ ］の中の語は一度だけ使うこと。

/20

2点×10問

対義語

1 混雑－［ ］

2 臭気－［ ］

3 恒久－［ ］

4 威圧－［ ］

5 勤勉－［ ］

類義語

6 心配－［ ］

7 混乱－［ ］

8 調和－［ ］

9 交渉－［ ］

10 念願－［ ］

かいじゅう・かんさん・きんこう・ざんじ
せっしょう・たいだ・ふんきゅう・ほうこう
ほんかい・ゆうりょ

ク　8　万象

ケ　9　割拠

コ　10　潔斎

問2　次の11～15の**意味**にあてはまるものを問1の**ア～コ**の**四字熟語**から**1つ**選び、**記号**で答えよ。

2点×5問

11　なんの効果も得られず無駄なこと。（　　）

12　じっと我慢して、軽々しい言動を慎むこと。（　　）

13　自分の主義主張の重要なよりどころ。（　　）

14　意気盛んなようす。（　　）

15　春の夜のひとときは趣があり、貴重であること。（　　）

六

次の――線の**カタカナ**を**漢字**に直せ。

/20

2点×10問

1　**キセイ**概念にとらわれたくない。

2　**キセイ**の服では体型に合わない。

3　花嫁**シュギョウ**に精を出す。

4　武者**シュギョウ**の旅に出る。

5　**シフク**十年の辛苦に耐える。

6　菓子をほおばり**シフク**の喜びに浸る。

7　選手の**イロウ**会を開催する。

8　万事**イロウ**のないように注意する。

9　ペットの扱いが**アラ**い。

10　目の**アラ**い麻のショールを羽織る。

七

次の各文にまちがって使われている**同じ読みの漢字**が**一字**ある。**右に誤字**を、**左に正しい漢字**を記せ。

/10
2点×5問

1 若者の堕落や常識の欠叙が社会の品位を喪失させる元凶であると懸念する責任転嫁の態度こそが社会を廃れさせる。

2 手形割引による償還義務や販売商品に対する保証は遇発債務として潜在的な返済義務が課されるものだ。

3 民法上、婚約についての規定はないが、不当破棄の場合の慰謝料の請求や唯納の返還が判例で認められている。

4 常に戦渦の中にいる人々にとって、貨弊などの物質的価値は宗教的信仰ほど意味を持たない。

5 日米同盟の堅持は諸外国からは共同覇権と受け取られかねず、各国と信頼を譲成していく枠組み作りが必要だ。

九

次の――線の**カタカナ**を**漢字**に直せ。

/50
2点×25問

1 **ダセイ**で今の仕事を続けている。

2 石油が**コカツ**する日はそう遠くない。

3 政治家の汚職を**キュウダン**する。

4 **ハイキ**物の処理は重要な課題だ。

5 **ホウビ**を期待して店を手伝う。

6 **ダサク**だが思い入れのある作品だ。

7 高熱で**ヘイコウ**感覚が鈍る。

8 腕のいい**センバン**工に仕事を頼む。

9 初めの目標を**カンテツ**すべきだ。

10 便秘には**センイ**質の食品がよい。

11 師匠に**ツイズイ**するだけでは能がない。

12 交通事故で**セキツイ**を損傷してしまう。

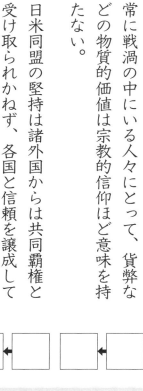

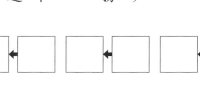

八

次の――線のカタカナを**漢字一字と送りがな（ひらがな）**に直せ。

［例］年長者をウヤマウ ⬇ 敬う

2点×5問　/10

1 小規模な相手でもアナドレない。

2 危険な計画をクワダテル。

3 判決をクツガエシかねない証拠だ。

4 他人に情けをホドコシ自己満足する。

5 三度目の失敗でようやくコリル。

---

13 紫がかった雲がタナビく空を眺める。

14 一輪ザしの花を裏玄関に置く。

15 タクみな技術で欄間を彫る。

16 ハシゲタを架ける工事を見学する。

17 ユルやかなカーブを曲がる。

18 ツメを短く切る。

19 子供をネラった犯罪に注意する。

20 ノヅラを渡る風が冷たい。

21 将棋のコマと盤を持ち歩く。

22 カンコクの友人に国際電話をかける。

23 カメの甲より年の功。

24 ソウシキすんで医者ばなし。

25 地獄のサタも金次第。

実力チェック!!

本試験型テスト 第9回

160点以上で合格!

制限時間 60分

月 日

/200

解答→別冊 P.44〜45

一

次の――線の**漢字の読み**を**ひらがな**で記せ。

1点×30問 /30

1 上司に**媒酌**を頼む。
2 **私淑**する哲学者が存在する。
3 **酢酸**は化学工業への用途が多い。
4 水辺の**新柳**が風に揺れる。
5 **屯田兵**として動員される。
6 **詞藻**に富んだ手紙を受け取る。
7 雨戸の**桟**を掃除する。
8 先祖の墓を**回向**し、冥福を祈る。
9 父が葬式の**施主**を務めた。
10 二人の考え方には**黒白**の差がある。
11 病気の療養のため**賜暇**を願い出る。
12 **寡占**市場のため価格競争もない。
13 恐ろしい事件に**戦慄**する。

二

次の漢字の**部首**を記せ。

1点×10問 /10

[例] 草 → 艹　波 → 氵

1 顕
2 患
3 誓
4 貞
5 囚
6 尼
7 衷
8 督
9 嗣
10 享

14 何事にも貪欲な人物だ。（　）（　）

15 滋味にあふれた教えに導かれる。（　）（　）

16 銃に弾丸を装塡する。（　）（　）

17 汎用ヘリコプターで救助活動をする。（　）（　）

18 父母の親睦会を計画する。（　）（　）

19 弟は麺類が大好物だ。（　）（　）

20 人形浄瑠璃をみる。（　）（　）

21 数年前から痛風を患っている。（　）（　）

22 偏った考え方が調査に影響を及ぼす。（　）（　）

23 計画が阻まれ、予定は変更された。（　）（　）

24 朝露がクモの糸から滴り落ちた。（　）（　）

25 下級裁判所の判決は覆された。（　）（　）

26 最愛の人の死を悼む。（　）（　）

27 秘書の自殺で真相は葬り去られた。（　）（　）

28 祭りの行列に稚児が加わった。（　）（　）

29 アンティークの鑑定を玄人に頼む。（　）（　）

30 闇夜に提灯。（　）（　）

三

熟語の構成のしかたには次のようなものがある。

ア 同じような意味の漢字を重ねたもの（森林）
イ 反対または対応の意味を表す字を重ねたもの（苦楽）
ウ 上の字が下の字を修飾しているもの（洋楽）
エ 下の字が上の字の目的語・補語になっているもの（作文）
オ 上の字が下の字の意味を打ち消しているもの（無害）

次の熟語は右の**ア**～**オ**のどれにあたるか、**一つ**選び、**記号**で答えよ。

／20

2点×10問

1 懐古（　）
2 未然（　）
3 露顕（　）
4 酷似（　）
5 謙譲（　）
6 寛厳（　）
7 愉悦（　）
8 硬軟（　）
9 避難（　）
10 抹消（　）

四

次の**四字熟語**について、問1と問2に答えよ。

/30

問1 次の**四字熟語**の1〜10に入る適切な語を下の［　］の中から選び、**漢字二字**で記せ。

2点×10問

ア 内柔 1［　］
イ 一陽 2［　］
ウ 空中 3［　］
エ 順風 4［　］
オ 心頭 5［　］
カ 6［　］大悲
キ 7［　］強記

いかん
がいごう
かろ
きゅうぎゅう
だいじ
はくらん
まんぱん
めっきゃく
らいふく
ろうかく

五

次の1〜5の**対義語**、6〜10の**類義語**を後の［　］の中から選び、**漢字**を記せ。［　］の中の語は一度だけ使うこと。

/20

2点×10問

対義語

1 薄暮－［　］
2 違反－［　］
3 更生－［　］
4 充実－［　］
5 酸化－［　］

類義語

6 尽力－［　］
7 起源－［　］
8 悪習－［　］
9 所持－［　］
10 小規模－［　］

かんげん・くうきょ・けいこう・じゅんしゅ
だらく・はっしょう・ふつぎょう
へいふう・ほんそう・れいさい

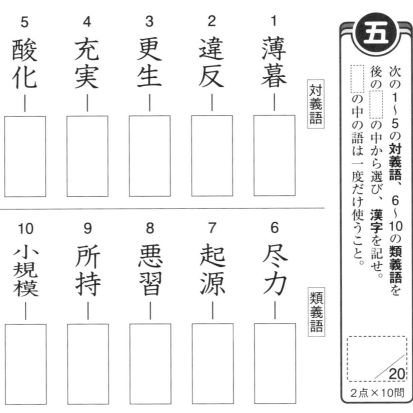

ク 8 千万

ケ 9 冬扇

コ 10 一毛

問2 次の11〜15の**意味**にあてはまるものを**問1**の**ア〜コ**の**四字熟語**から**1つ**選び、**記号**で答えよ。

2点×5問

11 内心は気が弱いが外見は強そうに見えること。（　）

12 多数の中のごく一部のように取るに足りないこと。（　）

13 時期はずれで役に立たないもののたとえ。（　）

14 空中に高い建物を築くような、現実味のない物事。（　）

15 心の持ち方次第で困難を感じなくなること。（　）

六

次の——線の**カタカナ**を**漢字**に直せ。

/20

2点×10問

1 複数の証人が**ショウカン**された。

2 大使を本国に**ショウカン**する。

3 負債を**ショウキャク**する。

4 証拠書類を**ショウキャク**する。

5 **セイチョウ**作用のある薬を飲む。

6 **セイチョウ**な空気が心身を清める。

7 **ダトウ**な評価が与えられる。

8 宿敵の**ダトウ**を目指して練習する。

9 短剣の**ハ**が月光に反射し鋭く光る。

10 山の**ハ**が赤く染まる夕暮れ時が好きだ。

七

次の各文にまちがって使われている**同じ読みの漢字**が**一字**ある。**右に誤字**を、**左に正しい漢字**を記せ。

10

2点×5問

1 官僚との癒着が指摘される独立行政法人は、特殊法人改革の中で塁計四十兆円に及ぶ債務の返済が求められている。

2 伯爵の令嬢は淑女らしい雰囲気を漂わせ、襟元を彩る真珠が端霊な容姿をさらに引き立てていた。

3 振り子や弾性体の振動は、摩擦や抵抗によって減衰振動となり、振れ幅は叙々に小さくなる。

4 老翁は捕虜となって陵辱を受けた当時を述戒し、自刃した同胞への哀悼と痛恨の念を示した。

5 腎バンクは、慢性腎不全で人工透析を受け続け、腎移殖以外に治療法がない患者のための機関である。

九

次の――線の**カタカナ**を**漢字**に直せ。

50

2点×25問

1 国歌セイショウが始まる。

2 貧しい人々をフジョする。

3 学生リョウでの暮らしに慣れる。

4 昨晩のジンウが水害をもたらした。

5 事件後、心神コウジャク状態が続く。

6 手続きには登記簿ショウホンが必要だ。

7 審査員ショウレイ賞を受賞する。

8 ご出席いただきキョウエツに存じます。

9 飛行機ツイラク事故の真相に迫る。

10 父のシッソウ届を出す。

11 昼にテンドンを食べる。

12 自らについてジチョウ気味に語った。

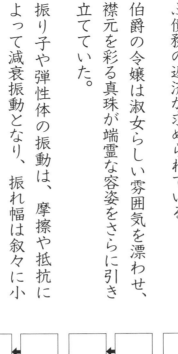

八 次の――線のカタカナを漢字一字と送りがな(ひらがな)に直せ。

2点×5問　／10

[例] 年長者をウヤマウ → 敬う

1 青空の下、校旗がヒルガエル。
2 調査結果をフマエて傾向を分析する。
3 長い間シイタゲられてきた。
4 音楽は単調な生活をウルオス。
5 クサイものにはふたをしろ。

13 イタんだ果物は食べるな。
14 専門書の内容をクダいて説明する。
15 誕生日パーティーをモヨオす。
16 エリを正して話を聞く。
17 チカいの言葉を述べる。
18 夕食に家族でナベを囲む。
19 ナワシロに種をまく季節だ。
20 事件の真相はいまだナゾだ。
21 サワやかな風が吹いている。
22 スナアラシで前方の視界が悪い。
23 ケる馬も乗り手次第。
24 読書ヒャッペン義自ずからあらわる。
25 シュウビを開く。

実力チェック!!

本試験型テスト 第10回

160点以上で合格!

制限時間 60分

月 日

/200

解答 → 別冊 P.46～47

一

次の——線の**漢字の読み**を**ひらがな**で記せ。

/30

1点×30問

1 **桟橋**から船を眺める。（　　）

2 規則に**違戻**することは許されない。（　　）

3 **迅疾**に不正への対応がとられた。（　　）

4 外国の芸術作品に**感銘**を受ける。（　　）

5 経済界に**地殻**変動をもたらす事件だ。（　　）

6 異国の文化を思う存分**堪能**する。（　　）

7 事故の原因が徹底的に**糾明**された。（　　）

8 **勅旨**田は皇室の重要な財源だった。（　　）

9 主人公の生き方は**刹那**的だ。（　　）

10 **赤銅**の肌に汗が光る。（　　）

11 紅葉の時期は**遊山**客でにぎわう。（　　）

12 注文が殺到し、在庫が**払底**する。（　　）

13 隣人から**疫病**神の扱いを受ける。（　　）

二

次の漢字の**部首**を記せ。

/10

1点×10問

[例] 草 → 艹　波 → 氵

1 薦（　　）

2 懸（　　）

3 罣（　　）

4 謄（　　）

5 頻（　　）

6 竜（　　）

7 勅（　　）

8 叔（　　）

9 昆（　　）

10 屯（　　）

14 引っ越しの費用を**捻出**する。（　）
15 盛大な**祝言**に多くの知人が招かれた。（　）
16 詩作には一言一句の**吟味**が必要だ。（　）
17 基本的人権の尊重を**喝破**する。（　）
18 **観桜**に訪れた客で公園があふれる。（　）
19 難題に直面し**諦念**に至る。（　）
20 旅館の朝食は客室に**配膳**される。（　）
21 暗闇の中で**弦音**が響いた。（　）
22 テロが勃発する**虞**がある。（　）
23 国家の**礎**を築いた偉人だ。（　）
24 **矯**めるべき悪癖を抱えている。（　）
25 無関心な素振りに**憤**りさえ覚えた。（　）
26 身分は**卑**しくても高潔な精神を持つ。（　）
27 緑地公園は人々の**憩**いの場である。（　）
28 歯を抜いたために顔が**腫**れている。（　）
29 道が土砂で**塞**がれている。（　）
30 **賭**け事に熱を上げる。（　）

三

熟語の構成のしかたには次のようなものがある。

ア 同じような意味の漢字を重ねたもの（森林）
イ 反対または対応の意味を表す字を重ねたもの（苦楽）
ウ 上の字が下の字を修飾しているもの（洋楽）
エ 下の字が上の字の目的語・補語になっているもの（作文）
オ 上の字が下の字の意味を打ち消しているもの（無害）

次の熟語は右の**ア**～**オ**のどれにあたるか、**一つ**選び、**記号**で答えよ。

／20
2点×10問

1 訴訟（　）
2 不遇（　）
3 失策（　）
4 逓減（　）
5 賞罰（　）
6 精密（　）
7 親疎（　）
8 享楽（　）
9 因果（　）
10 激突（　）

四

次の**四字熟語**について、問1と問2に答えよ。

/30

問1 次の**四字熟語**の1～10に入る適切な語を下の□の中から選び、**漢字二字**で記せ。

2点×10問

ア 生殺［1］

イ 粗製［2］

ウ 百鬼［3］

エ 要害［4］

オ 一念［5］

カ［6］政治

キ［7］無二

うい・かとう・けんご・しゃに・しんちん・でんこう・ほっき・やこう・よだつ・らんぞう

五

次の1～5の**対義語**、6～10の**類義語**を後の□の中から選び、**漢字**を記せ。□の中の語は一度だけ使うこと。

/20

2点×10問

対義語

1 卑俗―［　］

2 追加―［　］

3 漠然―［　］

4 簡潔―［　］

5 総合―［　］

類義語

6 克明―［　］

7 逐電―［　］

8 物騒―［　］

9 技量―［　］

10 心配―［　］

けねん・こうしょう・さくげん・しゅっぽん
しゅわん・じょうちょう・たんねん・ふおん
ぶんせき・れきぜん

ク 8 代謝
ケ 9 石火
コ 10 転変

問2 次の11～15の**意味**にあてはまるものを**問1**の**ア～コ**の**四字熟語**から**1つ**選び、**記号**で答えよ。

2点×5問

11 思い通りに他者を支配すること。（　　）

12 多数の悪人がのさばり歩くこと。（　　）

13 ある物事に集中し、がむしゃらに取り組むようす。（　　）

14 極めて短い時間で素早く行動することのたとえ。（　　）

15 守りやすく攻めにくい、地勢の険しい所。（　　）

六

次の——線の**カタカナ**を**漢字**に直せ。

/20

2点×10問

1 公安条例が**カイテイ**される。

2 英和辞典の**カイテイ**版が出される。

3 **ソウケン**な体と強固な精神力を持つ。

4 勝利がアンカーの**ソウケン**にかかる。

5 教育者としての**テキセイ**を見極める。

6 **テキセイ**な評価を求める。

7 教師が生徒を**トクレイ**する。

8 **トクレイ**として長髪を許可する。

9 **フ**けた顔には味わいが出るものだ。

10 夜が**フ**けるのを待って外出する。

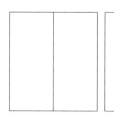

七

次の各文にまちがって使われている**同じ読みの漢字**が**一字**ある。**右に誤字**を、**左に正しい漢字**を記せ。

/10

2点×5問

1 麻の繊緯から作る織物は帆布や敷物のほか、衣料にも使用されるが、弾力や柔軟性に欠ける。

2 国民の公僕であるべき国家公務員の報給は不況時にも保証され、不公平感を免れない。

3 公害の被害は余断を許さぬ状況にあり、惨状を訴えた人々と警官が衝突した事件を機に世論が沸騰した。

4 慈善事業が欧米で盛んであるのは、他者を愛し利益は環元すべきというキリスト教精神による。

5 英国の男爵、バイロンは奔放な女性偏歴で知られるが、放浪生活が憂愁と反逆の詩に異国情緒を添えている。

九

次の——線の**カタカナ**を**漢字**に直せ。

/50

2点×25問

1 台所でセン抜きを探す。

2 寝たきりの夫をケンシン的に介護する。

3 会長はたった今セイキョされた。

4 急に目標を失い、意気ソソウする。

5 頼みの綱を失い、キュウチに陥った。

6 会議中はセイシュクにして下さい。

7 ソウダイな計画を打ち明ける。

8 自然の空気をマンキツする。

9 空きビンでピクルスを作る。

10 センベイをお土産に持っていく。

11 ドーピングによりメダルをハクダツされる。

12 人生のハンリョを見つける。

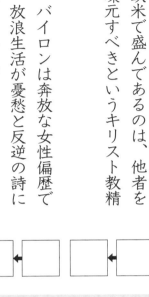

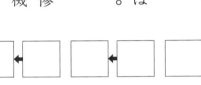

八

次の――線のカタカナを**漢字一字と送りがな(ひらがな)**に直せ。

［例］年長者をウヤマウ→敬う

2点×5問　/10

1 品がよく知的でウルワシイ女性だ。

2 会釈もせず不作法もハナハダシイ。

3 芸術家の道に進むようにウナガス。

4 閉じたまぶたにそっとサワル。

5 木の葉から雨粒がシタタル。

13 自己をカエリみるための時間がほしい。

14 大粒の涙がホオをつたう。

15 事業拡大のため新たに人をヤトう。

16 ミサキの町に潮風が吹く。

17 急ながけに行く手をハバまれる。

18 家柄をケガすような行為は慎む。

19 ミガけば光る才能を持っている。

20 正月にモチを食べる。

21 家族でハツモウデに行く。

22 野生動物のエヅけをする。

23 カンジョウ合って銭足らず。

24 冬編笠《がさ》に夏ズキン。

25 徳はコならず必ず隣有り。

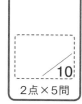

実力チェック!!

本試験型テスト 第11回

160点以上で合格！

制限時間 60分

月　日

/200

解答→別冊 P.48〜49

一

次の――線の**漢字の読み**を**ひらがな**で記せ。

/30　1点×30問

1 反対論など**歯牙**にもかけない。（　）
2 新しく設立する会社の**定款**を作成した。（　）
3 政界の**俊傑**として名をあげる。（　）
4 **落下傘**で地上に降下する。（　）
5 密かに**財賄**を蓄えている。（　）
6 **吉祥**天にお参りする。（　）
7 宛名書きの**筆耕**料を受け取る。（　）
8 **押韻**の響きを感じながら詩を朗読する。（　）
9 寺院が**建立**される。（　）
10 **霊験**に関する説話が残されている。（　）
11 生水を**煮沸**して殺菌する。（　）
12 広大な**桑田**を所有する。（　）
13 **尼僧**に導かれ、寺の境内に入る。（　）

二

次の漢字の**部首**を記せ。

/10　1点×10問

〔例〕 草→〔艹〕　波→〔氵〕

1 臭（　）
2 献（　）
3 剖（　）
4 疫（　）
5 廃（　）
6 粛（　）
7 慰（　）
8 凹（　）
9 軟（　）
10 曹（　）

14 哺乳類の大脳はよく発達している。（　）
15 カッパは妖怪の一種だ。（　）
16 河川の水が奔流となって流れる。（　）
17 密かに進めていた計画が露顕する。（　）
18 転職後、金の亡者となって働く。（　）
19 未曽有の事態への対処が遅れ批判する。（　）
20 一年の計は元旦にあり。（　）
21 温泉地に硫黄臭が漂う。（　）
22 辞任しても責任は免れない。（　）
23 君主の仰せに従う。（　）
24 蔑むような目で見られた。（　）
25 生存者の安否は定かではない。（　）
26 音楽は私の心の糧である。（　）
27 車がなければ互いに会う由もない。（　）
28 ペットボトルは潰してから捨てる。（　）
29 上司に叱られる。（　）
30 その話を聞いて誰もが耳を疑った。（　）

三

熟語の構成のしかたには次のようなものがある。

ア 同じような意味の漢字を重ねたもの（森林）
イ 反対または対応の意味を表す字を重ねたもの（苦楽）
ウ 上の字が下の字を修飾しているもの（洋楽）
エ 下の字が上の字の目的語・補語になっているもの（作文）
オ 上の字が下の字の意味を打ち消しているもの（無害）

次の熟語は右の**ア**～**オ**のどれにあたるか、**一つ**選び、**記号**で答えよ。

／20
2点×10問

1 把握（　）
2 諾否（　）
3 凡庸（　）
4 棋譜（　）
5 罷業（　）
6 鉄瓶（　）
7 威嚇（　）
8 抗菌（　）
9 未詳（　）
10 攻守（　）

四

次の**四字熟語**について、問1と問2に答えよ。

/30

問1 次の**四字熟語**の1～10に入る適切な語を下の[ ]の中から選び、**漢字二字**で記せ。

2点×10問

ア 普遍 1[ ]

イ 快刀 2[ ]

ウ 勢力 3[ ]

エ 温厚 4[ ]

オ 秋霜 5[ ]

カ 6[ ] 砕身

キ 7[ ] 定離

えいこ
えしゃ
かんじん
しゅっしょ
だとう
とくじつ
はくちゅう
ふんこつ
らんま
れつじつ

五

次の1～5の**対義語**、6～10の**類義語**を後の[ ]の中から選び、**漢字**を記せ。[ ]の中の語は一度だけ使うこと。

/20

2点×10問

対義語

1 不足－[ ]

2 自生－[ ]

3 設置－[ ]

4 傑物－[ ]

5 真実－[ ]

類義語

6 清書－[ ]

7 辛抱－[ ]

8 卓越－[ ]

9 返済－[ ]

10 制裁－[ ]

かじょう・きょぎ・さいばい・しゅういつ
しょうかん・じょうしょ・ちょうかい
てっきょ・にんたい・ぼんじん

ク 8 大度

ケ 9 進退

コ 10 盛衰

問2 次の11〜15の**意味**にあてはまるものを**問1**の**ア〜コ**の**四字熟語**から**1つ**選び、**記号**で答えよ。

2点×5問

11 双方の力が同等で、優劣つけ難いこと。（　　）

12 糸口の見えない厄介な物事を手際よく解決するさま。（　　）

13 骨身を惜しまずに力の限りを尽くして働くこと。（　　）

14 出会いの後には必ず別れが訪れるということ。（　　）

15 態度や意志、刑などが厳しいことのたとえ。（　　）

六

次の——線の**カタカナ**を**漢字**に直せ。

2点×10問　／20

1 人生とは幸福を**ツイキュウ**する営みだ。

2 警察の**ツイキュウ**で犯行を自白する。

3 裁判を**ボウチョウ**する。

4 暖められた空気が**ボウチョウ**する。

5 氏名・年齢を**メイキ**する。

6 祖母の言葉を心に**メイキ**する。

7 飛行機が大空へと**フヨウ**する。

8 **フヨウ**家族が多い。

9 豊かで**ヤワ**らかな髪をなでる。

10 きつい表現を**ヤワ**らげる。

七

次の各文にまちがって使われている**同じ読みの漢字**が**一字**ある。**右に誤字**を、**左に正しい漢字**を記せ。

/10
2点×5問

1 超自我は、道徳的規範の厳格な遵守を要求し、自我への監視・命令・裁き・刑閥などを行う。

2 陸上部の短距離走者として活躍中の弟は瞬足を生かして逃走中の犯人逮捕に貢献した。

3 海水温の上昇や水質悪化などにより海藻が消失する海の砂漠化が起こり、栽媒漁業は大きな被害を受けた。

4 公益法人に対する寄附は、法人税・所得税・相続税について金額に応じた税制上の優偶措置が設けられている。

5 収穫祭では新穀感謝の意を示し、祈願や宗教的舞踊、初物の奉謙などの儀礼が行われる。

九

次の――線の**カタカナ**を**漢字**に直せ。

/50
2点×25問

1 相手のチョウハツに冷静に対応する。

2 チンは国家なり。

3 ボウセキ工場で働いている。

4 バイショウ金の支払いを命じる。

5 季刊誌を定期コウドクしている。

6 パンフレットがハンプされる。

7 足の速さでトウルイに成功した。

8 アクヘイを取り除く改革が必要だ。

9 自然の恩恵をキョウジュする。

10 新しい案をダシンしてみる。

11 離れ家をフシンする。

12 月曜日はユウウツな気分になる。

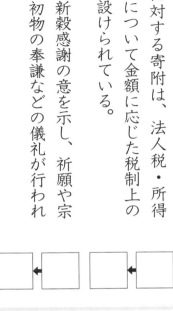

八

次の——線の**カタカナ**を**漢字一字**と**送りがな（ひらがな）**に直せ。

［例］ 年長者をウヤマウ ➡ 敬う

/10
2点×5問

1 草原で風とタワムレ、駆け回る。

2 鈴虫のカナデル音色が心をいやす。

3 お祝いに高価な品をタマワル。

4 記憶力がすっかりオトロエル。

5 袖口のほころびをツクロウ。

13 既に決定したことをクツガエす。

14 ウルシヌりの膳で食事を出す。

15 意外とスミに置けないやつだ。

16 ハきものを袋に入れる。

17 アヤマちでは済まされない失敗がある。

18 マクラ元の明かりで本を読む。

19 フジダナの下で涼む。

20 猫はクラヤミの中でも行動できる。

21 ヒゴロから防災意識を持つ。

22 動物園でトラを観察する。

23 干天のジウ。

24 カンタン相照らす。

25 シュツランの誉れ。

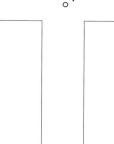

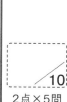

実力チェック!!

本試験型テスト 第12回

160点以上で合格!

制限時間 60分

月 日

/200

解答 → 別冊 P.50〜51

一 次の——線の**漢字の読み**を**ひらがな**で記せ。

/30

1点×30問

1 相手の身勝手な行動に**嚇怒**する。（　　）
2 **彫塑**でたぐいまれな才能を発揮する。（　　）
3 駅前のカフェは**閑古**鳥が鳴いている。（　　）
4 今年度、助教から**准**教授になった。（　　）
5 **塊茎**の作物を栽培している。（　　）
6 **逓次**に届けられる荷物を移送する。（　　）
7 若者を**薫育**する地域社会を作る。（　　）
8 幼少より**傑出**した演技の才能を見せる。（　　）
9 地方に**遊説**に出かける。（　　）
10 夜間の外出は**御法度**になっている。（　　）
11 部下に上司としての**襟度**を見せる。（　　）
12 首のあざから**絞殺**が推測される。（　　）
13 **一矢**を報いるつもりで敵に向かう。（　　）

二 次の漢字の**部首**を記せ。

/10

1点×10問

[例] 草 → 艹　波 → 氵

1 翁（　　）
2 宰（　　）
3 志（　　）
4 索（　　）
5 尚（　　）
6 碁（　　）
7 弊（　　）
8 虜（　　）
9 覇（　　）
10 凄（　　）

14 **正絹**の上等な着物を着て出かける。（　　）

15 非道な行いから悪の**権化**と呼ばれる。（　　）

16 **醜聞**で世間を騒がす。（　　）

17 **肥沃**な土地で育った果実。（　　）

18 **眉間**にしわを寄せる。（　　）

19 **断崖**絶壁の道を進む。（　　）

20 殺害の動機は**怨恨**のようだ。（　　）

21 足の骨を**接**ぐ手術を受けた。（　　）

22 画家としての感性は大自然の中で**培**われた。（　　）

23 **産着**から赤子の愛らしい額がのぞく。（　　）

24 **浴衣**を着て夜風にあたる。（　　）

25 報道陣に**十重二十重**に囲まれる。（　　）

26 議題は審議会に**諮**ることにする。（　　）

27 山里の民家に**灯**がともり始める。（　　）

28 **端唄**は俗謡のひとつだ。（　　）

29 歴史を**遡**って考える。（　　）

30 ズボンの**裾**上げを頼む。（　　）

三

熟語の構成のしかたには次のようなものがある。

ア 同じような意味の漢字を重ねたもの（森林）

イ 反対または対応の意味を表す字を重ねたもの（苦楽）

ウ 上の字が下の字を修飾しているもの（洋楽）

エ 下の字が上の字の目的語・補語になっているもの（作文）

オ 上の字が下の字の意味を打ち消しているもの（無害）

次の熟語は右の**ア**～**オ**のどれにあたるか、**一つ**選び、**記号**で答えよ。

／20

2点×10問

1 物価（　　）

2 華麗（　　）

3 譲位（　　）

4 漸進（　　）

5 多寡（　　）

6 集散（　　）

7 詳細（　　）

8 護身（　　）

9 争覇（　　）

10 末了（　　）

四

次の**四字熟語**について、問1と問2に答えよ。

/30

問1 次の**四字熟語**の1〜10に入る適切な語を下の[ ]の中から選び、**漢字二字**で記せ。

2点×10問

ア 大願 1
イ 破邪 2
ウ 落花 3
エ 一罰 4
オ 鶏口 5
カ 6 棒大
キ 7 径行

えんりょ
ぎゅうご
けんしょう
じょうじゅ
しんしょう
ちょくじょう
ばんこ
ひゃっかい
ひよく
りゅうすい

五

次の1〜5の**対義語**、6〜10の**類義語**を後の[ ]の中から選び、**漢字**を記せ。[ ]の中の語は一度だけ使うこと。

/20

2点×10問

対義語

1 短気―
2 強硬―
3 固執―
4 栄誉―
5 決裂―

類義語

6 歴然―
7 手当―
8 座視―
9 統制―
10 気分―

きげん・けんちょ・だきょう・だけつ
ちじょく・とうかつ・なんじゃく・ぼうかん
ほうしゅう・ゆうちょう

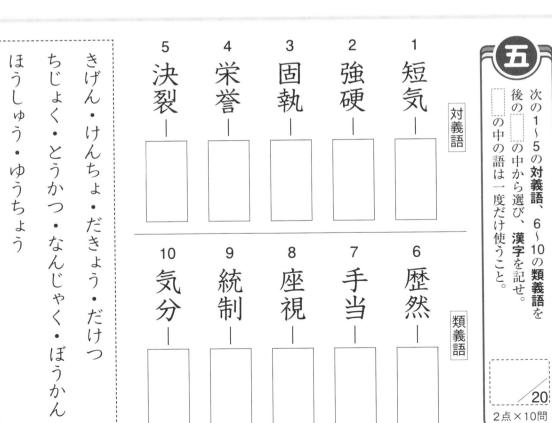

ク 8 連理

ケ 9 不易

コ 10 会釈

問2 次の11～15の**意味**にあてはまるものを問1のア～コの**四字熟語**から**1つ**選び、**記号**で答えよ。

2点×5問

11 不正な説を否定し、正しい道理を示すこと。（　）

12 男女の愛情が深く、仲がよいことのたとえ。（　）

13 感情の赴くままに行動すること。（　）

14 実際よりもおおげさに物事を表現するさま。（　）

15 大組織の末尾にいるよりも、小組織の長になるほうがよい。（　）

六

次の——線の**カタカナ**を**漢字**に直せ。

/20

2点×10問

1 現**タイセイ**に剣よりもペンで抵抗する。（　）

2 警戒**タイセイ**が整っていない。（　）

3 お**ユウギ**会で劇を行う。（　）

4 近所の**ユウギ**場で待ち合わせる。（　）

5 名誉ある賞で**ユウシュウ**の美を飾る。（　）

6 **ユウシュウ**に閉ざされた日々を送る。（　）

7 **ヘンショク**は知能の成長に影響する。（　）

8 **ヘンショク**した古い本を手に取る。（　）

9 部屋の**スミ**にソファを置く。（　）

10 **スミ**の濃淡で色の変化を表現する。（　）

七

次の各文にまちがって使われている**同じ読みの漢字**が**一字**ある。**右に誤字**を、**左に正しい漢字**を記せ。

/10　2点×5問

1 儒教的倫理観による調和のとれた世界が喪失された現代においては、純僕な青年の克己と献身の姿は美しく映る。

2 身分的従属や土地緊縛、領主裁判権などの経済外的強制は、封建的削取関係を特徴づけた概念であった。

3 麓の村では直ちに捜策隊が編成され、悪天候にもかかわらず遭難者の救出に向かった。

4 小柄な体格だが択越した打撃技術とセンスがあれば米国の野球界でも活躍することは必至だ。

5 会社の中軸となる世代が実力を存分に発気できる職場環境を整備することが急務である。

九

次の――線の**カタカナ**を**漢字**に直せ。

/50　2点×25問

1 本の返却の**トクソク**状を受け取る。

2 **リシュウ**科目を申告する。

3 日中会談は**アンショウ**に乗り上げた。

4 敵を**テッテイ**的にやりこめた。

5 賢人は**ケンキョ**さを持っているものだ。

6 **ゲンスイ**が大軍を率いる。

7 うわさの**カチュウ**の人物が登場する。

8 逃走犯がついに**タイホ**される。

9 **ハッコウ**バターは風味が強い。

10 新しいネタを**ヒロウ**する勇気がない。

11 反対派の**ガジョウ**を切り崩す。

12 **キンサ**で敗れ決勝戦には進めなかった。

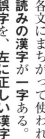

八

次の——線のカタカナを漢字一字と送りがな（ひらがな）に直せ。

［例］年長者をウヤマウ→敬う

/10
2点×5問

1 ウヤウヤシク頭を下げる。

2 新記録にイドム。

3 死んだ祖父をトムラウ。

4 裏山に死んだ小鳥をホウムル。

5 他人よりもヒイデタところを探す。

---

13 青空に大会旗がヒルガエる。

14 ついナマけ心を起こしてしまう。

15 備前焼のカマモトを訪ねる。

16 土を盛り上げて畑にウネを作る。

17 コウゴウしいほどの美しさを放つ。

18 プロポーズをコバみ続ける。

19 先生にタテをついて言い争う。

20 瓶のフタの開け方を教わる。

21 雨上がりにニジが出ていた。

22 カマクラ市には外国人観光客が多い。

23 身命をトする。

24 踏んだりケったり。

25 ボンノウの犬は追えども去らず。

覚えておきたい 熟字訓・当て字、特別な音訓

特別な読みをする熟字訓は、表記された漢字と読みとの間に音声上の関係がないものが多く、覚えていないと読めません。準2級の「読み」「書き取り」の問題にもしばしば登場するので覚えておきましょう。

熟字訓・当て字

よめるかチェック！

海女	海士	息吹	浮気	お神酒	母屋	母家	神楽	河岸	蚊帳	玄人	居士	雑魚	桟敷	数珠
読み	あま	いぶき	うわき	おみき	おもや		かぐら	かし	かや	くろうと	こじ	ざこ	さじき	じゅず

特別な音訓

よめるかチェック！

熟語	帰依	疫病神	御利益	久遠	火影	散華	回向	格子	開眼	最期	脚立	久遠	宮内庁
読み	きえ	やくびょうがみ	ごりやく	くおん	ほかげ	さんげ	えこう	こうし	かいげん	さいご	きゃたつ	くおん	くないちょう
	依《エ》	疫《ヤク》	益《ヤク》	遠《オン》	火《ほ》	華《ケ》	回《エ》	格《コウ》	眼《ゲン》	期《ゴ》	脚《キャ》	久《ク》	宮《ク》

言質	老若	寂然	坊主	成就	衆生	従容	従五位	祝言	女房	上人	風情	断食	神々しい
げんち	ろうにゃく	せきぜん	ぼうず	じょうじゅ	しゅじょう	しょうよう	じゅごい	しゅうげん	にょうぼう	しょうにん	ふぜい	だんじき	こうごうしい
質《チ》	若《ニャク》	寂《セキ》	主《ス》	就《ジュ》	衆《シュ》	従《ショウ》	従《ジュ》	祝《シュウ》	女《ニョウ》	上《ショウ》	情《セイ》	食《ジキ》	神《こう》

棟木	音頭	神道	南無	納屋	何度	絵馬	博徒	衣鉢	謀反	煩悩	疾病	富貴	風情
むなぎ	おんど	しんとう	なむ	なや	なんど	えま	ばくと	いはつ	むほん	ぼんのう	しっぺい	ふうき	ふぜい
棟《むな》	頭《ト》	道《トウ》	南《ナ》	納《ナ》	何《ナン》	馬《ま》	博《バク》	鉢《ハツ》	反《ホン》	煩《ボン》	病《ヘイ》	富《フウ》	風《フ》

素人	しろうと
師走	しわす（しはす）
数寄屋 数奇屋	すきや
山車	だし
稚児	ちご
築山	つきやま
伝馬船	てんません
投網	とあみ
十重二十重	とえはたえ
読経	どきょう
仲人	なこうど
野良	のら
祝詞	のりと
猛者	もさ
八百長	やおちょう
浴衣	ゆかた
寄席	よせ

虚空	こくう	虚《コ》
供養	くよう	供《ク》
勤行	ごんぎょう	勤《ゴン》
建立	こんりゅう	建《コン》
権化	ごんげ	権《ゴン》
霊験	れいげん	験《ゲン》
懸念	けねん	懸《ケ》
荘厳	そうごん	厳《ゴン》
庫裏	くり	庫《ク》
功徳	くどく	功《ク》
行脚	あんぎゃ	行《アン》
香車	きょうしゃ	香《キョウ》
年貢	ねんぐ	貢《ク》
相殺	そうさい	殺《サイ》
殺生	せっしょう	殺《セツ》
給仕	きゅうじ	仕《ジ》
好事家	こうずか	事《ズ》

人数	にんず	数《ス》
成仏	じょうぶつ	成《ジョウ》
大音声	だいおんじょう	声《ジョウ》
群青	ぐんじょう	青《ジョウ》
摂政	せっしょう	政《ショウ》
六根清浄	ろっこんしょうじょう	清《ショウ》
繁盛	はんじょう	盛《ジョウ》
普請	ふしん	請《シン》
赤銅	しゃくどう	赤《シャク》
お節料理	おせちりょうり	節《セチ》
遊説	ゆうぜい	説《ゼイ》
愛想	あいそ	想《ソ》
布団	ふとん	団《トン》
土壇場	どたんば	壇《タン》
執着	しゅうじゃく	着《ジャク》
通夜	つや	通《ツ》
法度	はっと	度《ト》

歩	ふ	歩《フ》
法度	はっと	法《ハッ》
法主	ほっす（ほっしゅ）	法《ホッ》
亡者	もうじゃ	亡《モウ》
謀反	むほん	謀《ム》
凡例	はんれい	凡《ハン》
心神耗弱	しんしんこうじゃく	耗《コウ》
目深	まぶか	目《ま》
由緒	ゆいしょ	由《ユイ》
唯々諾々	いいだくだく	唯《イ》
遊山	ゆさん	遊《ユ》
建立	こんりゅう	立《リュウ》
律儀	りちぎ	律《リチ》
流布	るふ	流《ル》
兵糧	ひょうろう	糧《ロウ》
緑青	ろくしょう	緑《ロク》
和尚	おしょう	和《オ》

「特別な音訓」のひらがなは訓読み、カタカナは音読みです。

覚えておきたい同音異字

よく出る同音異字の熟語のペアを紹介しています。音が同じで字形もよく似た漢字は、まぎらわしいので要注意です。

書けるかチェック!

読み	意味	漢字
イロウ	苦労をねぎらうこと	慰労
	手抜かり。手落ち	遺漏
オウシュウ	裁判所や捜査機関が、証拠物などを没収すること	押収
	相手がけしかけてきたことに対しやりかえすこと	応酬
カイコ	雇用者側が雇用契約を解除すること	解雇
	過去を思い起こすこと	回顧
カイタイ	分解すること	解体
	預かった金品を持ち逃げすること	拐帯
カクシン	固く信じて疑わないこと	確信
	物事の中核。重要な部分	核心
カンキ	建物などで、内部と外部の空気を入れ換えること	換気
	呼び覚ますこと	喚起
カンショウ	他人の問題に立ち入り、従わせようとすること	干渉
	すぐ悲しんだり同情したりする心理状態	感傷
カンヨウ	非常に大切であること	肝要
	心が広く、受け入れる度量があること	寛容

読み	意味	漢字
キョウイ	強い力や勢力で脅かすこと	脅威
	驚いて不思議がること	驚異
キョウコウ	不況による経済の混乱	恐慌
	自分の主張を強い態度で押し通そうとするさま	強硬
サショウ	氏名や住所、職業などを偽ること	詐称
	調査して証明を与えること	査証
ソガイ	嫌って排除すること	疎外
	妨げること	阻害
ハキ	破り捨てること。約束を一方的に取り消すこと	破棄
	進んで物事に取り組もうとする積極的な意気込み	覇気
ハケン	ある使命を与えて赴かせること	派遣
	強大な力による支配力	覇権
フヨウ	浮かび上がらせること	浮揚
	生活ができるように助け養うこと	扶養
ユウシュウ	気分が晴れず、沈むこと。悲しむこと	憂愁
	終わりを全うすること	有終

覚えておきたい同訓異字

同じ訓読みをする漢字の中には、「探す」「捜す」のようにどちらを使ってもまちがいとは言えないものもあります。前後の文脈や漢字の意味から判断しましょう。

わかるかチェック！

読み	用例	漢字	意味
あと	祖父のあとを継ぐ 車輪のあとが残る	跡	残されたしるしのこと
	傷あとが痛む	痕	傷のあと
あらい	目のあらいのこぎり 網の目があらい	粗い	すきまが大きい。おおざっぱである
	気があらい 波があらい	荒い	動作が大きく激しい。粗暴である
かわく	のどがかわく	渇く	のどが潤いを失い、水分がほしくなる。満たされない状態
	空気がかわく 洗濯物がかわく	乾く	湿気や水分がなくなる。潤いを感じられない
こらす	工夫をこらす 目をこらす	凝らす	心の動きを一点に集中させる。いろいろと考えをめぐらす
	悪をこらす	懲らす	悪事などを二度としないように制裁を加える

読み	用例	漢字	意味
さわる	机をさわる 手ざわりがよい	触る 触り	手などをそのものに軽くつける
	気にさわる 当たりさわり	障る 障り	差し支える。害になる
つつしむ	言葉をつつしむ つつしみ深い	慎む 慎み	軽はずみなことをしないよう、控えめにする
	つつしんで申し上げる つつしんで聞く	謹んで	うやうやしくかしこまる
はる	池に氷がはる 声をはりあげる	張る 張り	ひっぱる。伸び広がる。一面を覆う
	ポスターをはる 湿布をはる	貼る	のりなどを使ってはりつける
わずらう	肺をわずらう 大病をわずらう	患う	病気で苦しむ
	思いわずらう 恋わずらい	煩う 煩い	あれこれと心を痛めてどうしようかと思い悩む

覚えておきたい部首

「部首」は漢字の字義を表す部分。ある字の意味を理解するには、その部首を理解することが大切です。部首をまちがえやすい漢字をあげているので、参考にしてください。

漢字	塞	頃	拳	串	嗅	毀	釜	艶
誤	宀	匕	⺍	口	犬	臼	父	豆
正	土	頁	手	丨	口	殳	金	色
（部首名）	つち	おおがい	て	ぼう たてぼう	くちへん	るまた ほこづくり	かね	いろ

漢字	翁	韻	亜	辣	眉	旦	須	斬
誤	八	員	口	木	尸	一	彡	車
正	羽	音	二	辛	目	日	頁	斤
（部首名）	はね	おと	に	からい	め	ひ	おおがい	おのづくり

漢字	慶	蛍	勲	窮	堪	且	嚇	懐
誤	广	⺍	灬	弓	甘	二	赤	衣
正	心	虫	力	穴	土	一	口	忄
（部首名）	こころ	むし	ちから	あなかんむり	つちへん	いち	くちへん	りっしんべん

漢字	謄	妥	尚	粛	充	斎	栽	繭
誤	月	爫	口	米	亠	文	戈	艹
正	言	女	⺌	聿	儿	斉	木	糸
（部首名）	げん	おんな	しょう	ふでづくり	ひとあし にんにょう	せい	き	いと

漢字	辱	掌	赦	累	麻	褒	賓	煩	騰
誤	寸	⺌	攵	田	广	亠	宀	頁	月
正	辰	手	赤	糸	麻	衣	貝	火	馬
（部首名）	しんのたつ	て	あか	いと	あさ	ころも	かい こがい	ひへん	うま

漢字	黙	唐	丹	巡	旬	載	項	慕	豚
誤	灬	广	一	辶	勹	戈	工	艹	月
正	黒	口	丶	巛	日	車	頁	⺗	豕
（部首名）	くろ	くち	てん	かわ	ひ	くるま	おおがい	したごころ	ぶた いのこ

覚えておきたい 誤字訂正

わかるかチェック！

問題文は、政治・経済や社会情勢など、時事問題を扱った内容が多いので、日ごろから新聞などに目を通すようにしましょう。正しい漢字を誤字と見誤らないように、文脈と照らし合わせながら慎重に判断してください。

	誤	正
甚速な対応	甚	迅
民族間の奮争	奮	紛
森林の抜採	抜	伐
証明書の欺造	欺	偽
賞学金を給付する	賞	奨
自序伝を書く	序	叙
自然を満詰する	詰	喫
択越した才能	択	卓
物価の高謄	謄	騰
条約を逓結する	逓	締
輸入を速進する	速	促
図書館の謁覧室	謁	閲
解決法を模策する	策	索
危険を犯す	犯	冒
文明の発承地	承	祥

	誤	正
長打の列ができる	打	蛇
女性を優偶する	偶	遇
明るい奮囲気	奮	雰
劣悪な顧用条件	顧	雇
野草を詰む	詰	摘
気分が高揺する	揺	揚
区の管括区域	括	轄
ふりこの震動	震	振
予算の搾減	搾	削
人口が泡和する	泡	飽
核兵器を登載する	登	搭
有毒物を廃出する	廃	排
問題が健在化する	健	顕
戦場を徹収する	徹	撤
政財界の諭着	諭	癒

	誤	正
老窮化した建造物	窮	朽
企業と提契する	契	携
同級生と粗遠になる	粗	疎
道路を保装する	保	舗
金メダルの穫得	穫	獲
怠屈な授業	怠	退
最新兵器の操備	操	装
想像に堅くない	堅	難
暗衝に乗り上げる	衝	礁
紙弊を発行する	弊	幣
平和条約の批準	準	准
右脚を故傷する	傷	障
侮辱への奮慨	奮	憤
応慕が殺到する	慕	募
反乱を措止する	措	阻

覚えておきたい よく出る漢字

音読み・訓読みともに、2級でよく出題される下級の漢字の中で、高校読みや中学読みをもつ漢字を集めました。熟字訓・当て字や特別な読みと共に覚えるようにしましょう。

用例（書けるかチェック!）	漢字（読めるかチェック!）	読み
集合時間に遅れそうになり**アセ**る。	焦る	あせる
会社の不正な会計処理を**アバ**く。	暴く	あばく
過去の**アヤマ**ちを反省し仏門に入る。	過ち	あやまち
公園は市民の**イコ**いの場として提供された。	憩い	いこい
会社の発展の**イシズエ**となる。	礎	いしずえ
拾った子猫を**イツク**しみ育てる。	慈しみ	いつくしみ
事件の重要な証拠を犯人の家で**オウシュウ**する。	押収	おうしゅう

他国による資源の**サクシュ**を憤る。	搾取	さくしゅ
果汁が**シタタ**るほどみずみずしい桃を食べる。	滴る	したたる
大陸を**スベ**る皇帝の息子として生まれた。	統べる	すべる
森の**セイチョウ**な空気を思い切り吸い込んだ。	清澄	せいちょう
国家の未来は若者の**ソウケン**にかかっている。	双肩	そうけん
義兄弟の**チギ**りを交わす。	契り	ちぎり
同僚から責任を**テンカ**され上司に怒られる。	転嫁	てんか

赤の他人に突然顔面を**オウダ**され驚く。	殴打	おうだ
道路の**カタワ**らにタンポポが咲いている。	傍ら	かたわら
過去の失敗を**カテ**にして再挑戦する。	糧	かて
妹が**カナ**でるピアノの音色が遠くから聞こえる。	奏でる	かなでる
釣り糸同士が**カラ**まる。	絡まる	からまる
経済が好転する**キザ**しが見えた。	兆し	きざし
事前の予想を**クツガエ**して優勝を果たした。	覆し	くつがえし
ゴウを煮やした社長が直接交渉を行った。	業	ごう

夏休みは**トコナツ**の島へ旅行に出かける予定だ。	常夏	とこなつ
練習の成果が**ニョジツ**に表れた。	如実	にょじつ
突然道路に木が倒れ行く手を**ハバ**まれた。	阻まれ	はばまれ
一芸に**ヒイ**でた人物を募集する。	秀でた	ひいでた
朝から降っていた**ヒサメ**が上がって晴れ間が見えた。	氷雨	ひさめ
人材が**フッテイ**し経営が厳しくなる。	払底	ふってい
村が一望できる高台の墓地に祖父を**ホウム**る。	葬る	ほうむる
戦国時代の武将が**ヨ**んだ辞世の句を集める。	詠む	よむ

覚えておきたい四字熟語

四字熟語は二字の熟語を二つ適当に重ねて作られたものがほとんどですが、故事・成語の四字熟語の場合はとくに注意が必要です。熟語の成り立ちから考えて、深い意味と人生への教訓を味わってほしいものです。

漢字をチェック！

	読み	四字熟語	意味
あ	あっこうぞうごん	悪口雑言	口にまかせていろいろな悪口を言うこと。また、その言葉。
	あんねいちつじょ	安寧秩序	国や社会が安定を保ち、秩序立っていること。
い	いいだくだく	唯唯諾諾	事の善悪にかかわらず、人の言うことにはいはいと従うこと。
	いかんせんばん	遺憾千万	大変残念である。思いどおりにいかず、非常に心残り。「遺憾」はうらみを遺す意。
	いきしょうてん	意気衝天	元気がよく天を衝かんばかりに、勢いがよいこと。意気込みが盛んなこと。
	いたんじゃせつ	異端邪説	正統からはずれた意見や立場。
	いちじゅういっさい	一汁一菜	たいへん質素、粗末な食事のこと。「菜」はおかず。
	いちねんほっき	一念発起	あることを成し遂げようと心に決めること、決心すること。
	いちばつひゃっかい	一罰百戒	一人の罪や過失を罰することで多くの人の戒めにすること。
	いちもうだじん	一網打尽	一度に悪党の一味や敵対する者すべてをとらえつくすこと。
	いちもくりょうぜん	一目瞭然	ひと目見ただけではっきりとわかること。
	いちようらいふく	一陽来復	悪いことや苦しい時期が過ぎて、待ちかねた幸運がやっとめぐりくること。
	いっきとうせん	一騎当千	一人の騎兵が千人の敵を相手に戦うほど、強い力を持っていること。

	読み	四字熟語	意味
	いっさいしゅじょう	一切衆生	この世の生きとし生けるものすべての存在。仏教語。
	いっしそうでん	一子相伝	学問や技芸などの奥義を自分の子ども一人だけに伝え、他にはもらさないこと。
	いばしんえん	意馬心猿	暴れる馬や騒ぎ立てる猿のように心が落ち着かないこと。
	いんにんじちょう	隠忍自重	苦しみや怒りをじっとこらえて外に表さず、軽々しい行動をとらないこと。
う	ういてんぺん	有為転変	この世の中のすべての事象は常に移り変わっていく、はかないものであるということ。
	うんさんむしょう	雲散霧消	雲が散り霧が消えてしまうように、あとかたもなく消え去ること。
	うんすいあんぎゃ	雲水行脚	修行僧がいろいろな土地をめぐり、修行をすること。
	うんでいばんり	雲泥万里	非常に大きい差異のこと。隔たりの甚だしいことのたとえ。
え	えいこせいすい	栄枯盛衰	人や家の栄えることと衰えること。
	えいしゅんごうけつ	英俊豪傑	大勢の中で、とくにすぐれた人物。
	えしゃじょうり	会者定離	会った者は必ず別れる運命にある。人生の無常を説いた語。「定」は必ずの意。
	えんてんかつだつ	円転滑脱	なめらかで、自由自在なこと。人との対応が角立たず、あかぬけして巧みなこと。
	えんめいそくさい	延命息災	命をのばして災いを取り去る。「延命」は「えんみょう」とも読む。

えんりょえしゃく	遠慮会釈	相手に配慮して、控えめに応対すること。

お

おかめはちもく	岡目八目	第三者は当事者よりも物事の情勢や利害がわかること。
おんこうとくじつ	温厚篤実	人の性格が穏やかで誠実であること。
おんしんびょうどう	怨親平等	恨み敵対する者も憎むべきでなく、親しいものと同じように慈しみの心をもつこと。

か

がいじゅうないごう	外柔内剛	外見は物柔らかに見えるが、実際はしんが強くしっかりしていること。
かいとうらんま	快刀乱麻	紛糾して解決の糸口を見失った物事をてきぱきと手ぎわよく処理すること。
がけいとうけん	瓦鶏陶犬	外見は見事だが、実際には役に立たないもののこと。
かじんはくめい	佳人薄命	美人には不幸や短命な者が多いということ。「佳人」は美人のこと。
がっしょうれんこう	合従連衡	その時々の利害に応じて団結したり離れたりすること。
かとうせいじ	寡頭政治	少数の人間が実権を握って独裁的に行う政治のこと。
かふくとくそう	禍福得喪	わざわいにあったり幸福にあったりすること。出世したり、地位を失ったりすること。
かろとうせん	夏炉冬扇	夏の火ばちと冬の扇の意で、時節に合わず、役に立たないもの。
かんきゅうじざい	緩急自在	早くしたり遅くしたり、自分の思いどおりに操ること。
かんぎゅうじゅうとう	汗牛充棟	蔵書が非常に多いこと。また、多くの蔵書。
かんげんみつご	甘言蜜語	相手に気に入られるための心地よい言葉のこと。
がんこいってつ	頑固一徹	強情で周りの意見に耳を貸さず自分の意見を押し通すこと。また、そのような性格。
かんこつだったい	換骨奪胎	先人の発想や趣旨を取り入れ、自分なりの語句で表現し独自の新たな作品を作ること。
かんじんたいど	寛仁大度	心が広くて情が深く、度量の大きいこと。
かんぜんちょうあく	勧善懲悪	善行を勧め励まし、悪事を懲らしめること。略して「勧懲」という。
がんぶつそうし	玩物喪志	無用なものに心を奪われて、本来の志を見失ってしまうこと。
がんぽこふく	含哺鼓腹	太平の世を喜び楽しむさま。
かんりとうえき	冠履倒易	物事の価値などが上下さかさまで無秩序なさま。
かんわきゅうだい	閑話休題	無駄話をやめて、話を本筋にもどすときに用いる語。それはさておき。さて。

き

きうそうだい	気宇壮大	心持ち、度量が人並みはずれて大きいこと。
きえんばんじょう	気炎万丈	燃え上がる炎のように、意気盛んなこと。
ききゅうそんぼう	危急存亡	危険が迫っていて生き残るか滅びるかのせとぎわのこと。「危急存亡の秋《とき》」と用いる。
きしょくまんめん	喜色満面	顔いっぱいに喜びの表情が表れていること。
きっきょうかふく	吉凶禍福	幸福とわざわい。
きゅうぎゅうのいちもう	九牛一毛	取るに足りないささいなこと。多数の中のごくわずかな一部分の意。
きゅうたいいぜん	旧態依然	もとのままで、少しも進歩がないこと。

漢字をチェック!

き

読み		意味
きゅうよのいっさく	窮余一策	苦しまぎれに思いついた手段・方策。類語に「苦肉之策」がある。
きょうさせんどう	教唆扇動	人をそそのかして、あおり立てること。また、悪事をけしかけること。
きょうみしんしん	興味津津	興味が尽きないこと。「津津」は絶えずわき出て、あふれんばかりに多いさま。
きょきょじつじつ	虚虚実実	真実とうそをおりまぜて、相手の腹のうちを読み合うこと。
きんかぎょくじょう	金科玉条	きわめて重要な規則や法律。自分の主張のよりどころとなるもの。
きんげんじっちょく	謹厳実直	まじめで正直、つつしみ深く誠実であること。
きんじょうとうち	金城湯池	金の城と熱湯をたたえた堀の意から、守りが非常に堅固で、城が侵略されにくいこと。
く		
くうくうばくばく	空空漠漠	限りなく広いさま。とりとめのないさま。
くうちゅうのろうかく	空中楼閣	空中に、地上のものが反射して浮かぶように見える建物。「しんきろう」のこと。
ぐんゆうかっきょ	群雄割拠	多くの実力者が互いに対立し合うこと。「群雄」は多くの英雄のこと。
け		
げいいんばしょく	鯨飲馬食	鯨が海水を吸い込むようにたくさん酒を飲み馬が草をはむようにたくさん食べるさま。
けいきょもうどう	軽挙妄動	よく考えもせず軽はずみに行動すること。「妄動」はみだりに行動すること。
けいこうぎゅうご	鶏口牛後	大きなものの後ろにつくよりは小さなものの頭になるべきの意。「牛後」は牛のしり。
けいはくたんしょう	軽薄短小	うすっぺらで中身のないさま。
げっかひょうじん	月下氷人	男女の仲をとりもつ人。仲人。媒酌人。

読み		意味
けんにんふばつ	堅忍不抜	固い意志を持ち、困難に負けず我慢強く耐えること。類語に「志操堅固」がある。
こ		
ごうがんふそん	傲岸不遜	思い上がって人を見下すさま。
こうがんむち	厚顔無恥	あつかましくて恥知らずなさま。
こうきしゅくせい	綱紀粛正	国の規律を引き締め、政治の不正を除くこと。また、規律を厳しく正すこと。
こうげんれいしょく	巧言令色	言葉を飾り、口先だけのことを言い、相手にこびへつらうこと。
こうせいかい	後生可畏	若い人は後に大人物になるかもしれないので敬うべきということ。
こうちせっそく	巧遅拙速	じょうずで遅いより、へたでも速いほうがよいの意。古くは兵法の語。
こうてんとだ	向天吐唾	他人を害しようとして、逆に自分がその害を受けるようになること。
こうろんたくせつ	高論卓説	すぐれた意見、論説のこと。「卓」は抜きんでている意。
ごえつどうしゅう	呉越同舟	仲の悪い者同士が同じ境遇や場所にいること。
こぐんふんとう	孤軍奮闘	孤立した中で少人数で必死に戦うこと。
こじょうらくじつ	孤城落日	孤立無援の城に、沈む夕日が差し込んでいる光景。勢力が傾き助けもない心細いさま。
こだいもうそう	誇大妄想	自分の現状を実際以上に想像して事実のように思い込むこと。
こっくべんれい	刻苦勉励	非常に苦労して、仕事や勉学に励むこと。
こふくげきじょう	鼓腹撃壌	理想的な政治が行き届き、人々が平和に暮らせるような、天下泰平のたとえ。

こぶげきれい	鼓舞激励	気持ちを奮い立たせて励ますこと。元気づけること。類語に「叱咤《た》激励」がある。
こりつむえん	孤立無援	独りぼっちで、だれも手を差しのべてくれない状態。類語に「孤軍奮闘」がある。
こんせつていねい	懇切丁寧	細かいところまで心が行き届いていて丁寧なこと。
さ		
さいほうじょうど	西方浄土	阿《あ》弥陀《だ》仏のいる苦しみのない安楽の世界。西方十万億土の彼方にあるとされる。
ざんしんきばつ	斬新奇抜	物事の発想が独特で今までになく新しいさま。「奇抜」は抜きんでて優れていること。
し		
しいかかんげん	詩歌管弦	漢詩・和歌と管楽器・弦楽器、すなわち文学と音楽のこと。
じきしょうそう	時期尚早	行動を起こす時期としては、まだ早すぎること。
じじょうじばく	自縄自縛	自分自身の行動で自分が規制されて自由に動けず、結局は進退きわまってしまうこと。
しそうけんご	志操堅固	正しいと信じる主義や志がしっかりと定まっていて、容易にはくずれないこと。
しつじつごうけん	質実剛健	飾り気がなく、まじめで心身ともに強く、しっかりとたくましいこと。
しっぷうじんらい	疾風迅雷	速く吹く風と、激しい雷鳴のこと。転じて、行動がすばやく激しいさま。
しつぼうらくたん	失望落胆	希望を失い、気持ちが沈んでがっかりすること。
しぶんごれつ	四分五裂	ちりぢりばらばらに分裂すること。
じぼうじき	自暴自棄	物事がうまくいかず、投げやりになること。やけくそになること。
しゃにむに	遮二無二	あれこれと他のことは考えず、そのことだけをがむしゃらにすること。

しゅうそうれつじつ	秋霜烈日	態度や処罰などが、非常に厳しいこと。
しゅうちてってい	周知徹底	世間一般、広くすみずみまで知れわたるようにすること。
じゆうほんぽう	自由奔放	自分の思い通りに振る舞うこと。
しゅうめいひろう	襲名披露	師匠や親の名前を継承したことを公に発表すること。
しゅかくてんとう	主客転倒	人や物事の軽重などが逆になること。「主客」は「しゅきゃく」とも読む。
じゅくどくがんみ	熟読玩味	文章をじっくり読み、深く味わうこと。
じゅくりょだんこう	熟慮断行	よく考えたうえで、大胆に思い切って実行すること。
しゅちにくりん	酒池肉林	きわめてぜいたくな酒宴の意。豪遊の限りを尽くすこと。
しゅっしょしんたい	出処進退	現在の職にとどまるか辞めるかという身のふり方。「処」は官につかず家にいること。
しゅんしゅうしゅうし	春愁秋思	春の日に心がとらわれる愁いと、秋にふと感じる寂しい思い。
しゅんしょういっこく	春宵一刻	「春宵一刻値千金」の略。春の夜が美しく心地よいことをいう。
じゅんぷうまんぱん	順風満帆	船の帆が追い風を受けて順調に進むこと。物事がすべて順調に進むこと。
じょうしゃひっすい	盛者必衰	勢いの盛んなものはいつか必ず衰える。この世の無常であることをいう。
じょうじょうしゃくりょう	情状酌量	刑事裁判で、犯罪に至った事情の同情すべきところを考慮して、刑罰を軽減すること。
しょうじんけっさい	精進潔斎	飲食をつつしみ、身体を清めてけがれを避けること。

漢字をチェック！

読み	四字熟語	意味
し		
しょうしんよくよく	小心翼翼	気が小さく、いつもびくびくしているさま。
しょうそうきえい	少壮気鋭	年が若くて血気盛んなこと。「気鋭」は意気込みが鋭いこと。
しようまっせつ	枝葉末節	本質ではなく、ささいなこと。取るに足りないこと。
しょしかんてつ	初志貫徹	初めに思い立った希望や考えを、最後まで貫き通すこと。
しりめつれつ	支離滅裂	一貫性がなく、物事の筋道が立っていないこと。まとまりがなくばらばらであること。
しんざんゆうこく	深山幽谷	人里を離れた奥深い山々や、物の形がはっきりしないほど深い谷。
しんしゅかかん	進取果敢	積極的に事を行い、決断力があり、大胆なさま。
しんしょうぼうだい	針小棒大	針のように小さなことを、棒ほどもあるように大きく言うこと。
じんそくかだん	迅速果断	すばやく判断し思い切って物事を行うこと。類語に「即断即決」「迅速果敢」がある。
しんちんたいしゃ	新陳代謝	新しいものが古いものに入れ替わること。「陳」は古い。
しんとうめっきゃく	心頭滅却	心の中の雑念が消え去り、無念・無想の境地に至ること。
しんらばんしょう	森羅万象	宇宙空間に存在する全ての物・現象。「万象」は「ばんぞう」「まんぞう」とも読む。
す		
すいせいむし	酔生夢死	酒に酔い夢心地で一生を過ごす意。何もせずにぼんやりとむだに一生を送ること。
せ		
せいえいてんかい	精衛填海	不可能なことのために努力し徒労に終わること。
せいこううどく	晴耕雨読	悠々自適の生活を送ること。晴れた日は田を耕し、雨の日は読書をする意。

読み	四字熟語	意味
せいさつよだつ	生殺与奪	生かすも殺すも自分の思うままに、他人を支配すること。
せいせいるてん	生生流転	万物は絶えず生じては移り変わってゆくこと。「生生」は「しょうじょう」とも読む。
せいりょくはくちゅう	勢力伯仲	二つの勢力に優劣がないこと。「伯」は長兄、「仲」は次兄のこと。
せいれんけっぱく	清廉潔白	心が清く不正をするような後ろめたいところがないさま。類語に「青天白日」がある。
せっしょうきんだん	殺生禁断	生き物を殺すことを禁ずる仏教の慈悲の教え。「殺生」は仏教でいう十悪のひとつ。
せつなしゅぎ	刹那主義	過去や将来を考えず現在の瞬間を生きること。
ぜひきょくちょく	是非曲直	理にかなっていることと外れていること。正しいことと間違っていること。
せんがくひさい	浅学非才	学問や知識が浅く、才能も乏しいこと。
せんざいいちぐう	千載一遇	二度とない絶好のチャンス。千年に一度であえるくらいのチャンス。
せんしばんこう	千紫万紅	さまざまな色。色彩豊かで、さまざまな花が咲きほこっていること。
ぜんだいみもん	前代未聞	これまで聞いたことのないような珍しい事柄。また、あきれてまともに扱えないこと。
せんゆうこうらく	先憂後楽	先に心配事や苦痛な事を片付け、楽しみは後回しにすること。
そ		
そうごふじょ	相互扶助	両者が互いに助け合うこと。
そせいらんぞう	粗製濫造	質が悪くて粗末な品をむやみにたくさん作り出すこと。「濫造」は「乱造」とも書く。
そっせんすいはん	率先垂範	先頭に立って積極的に行動し、模範を示すこと。「垂範」は手本を示すこと。

た		
だいかつ いっせい	大喝一声	大きなひと声でしかり付けること。
たいがん じょうじゅ	大願成就	「大願」は「だいがん」とも読む。大きな願いがとげられること。
たいぎゅう だんきん	対牛弾琴	骨を折っても何の効果もなく無駄なこと。
たいげん そうご	大言壮語	ふさわしくない大きなことを言うこと。また、その言葉。
たいご てってい	大悟徹底	心の迷いを断ち切って真理をさとり、ふっきれた心境になること。
たいざん ほくと	泰山北斗	学問や芸術など、その道の第一人者。
だいじ だいひ	大慈大悲	限りなく大きい仏の慈悲。
たいぜん じじゃく	泰然自若	気持ちが落ち着いて物事に動揺しないさま。
たいぼう かんが	体貌閑雅	容姿が落ち着いていて上品な様子のこと。
たき ぼうよう	多岐亡羊	方針が多すぎて選択に迷うたとえ。
だんい ほうしょく	暖衣飽食	暖かい服を着て、十分に食べること。なんの不足もない恵まれた生活。
たんだい しんしょう	胆大心小	大胆でありながら、細心の注意を払うこと。
ち		
ちぎょ ろうちょう	池魚籠鳥	不自由な身の上のこと。また宮仕えのこと。
ちゅうや けんこう	昼夜兼行	昼も夜も休まず進むこと。転じて、仕事などを続けて行うこと。
ちょうさん ぼし	朝三暮四	目先の違いにこだわり、結果が同じであることに気づかないこと。
ちょうぼう ぜっか	眺望絶佳	見晴らしが非常にすばらしいこと。
ちょうれい ぼかい	朝令暮改	命令や方針などがすぐに変わり、定まらないこと。
ちょくじょう けいこう	直情径行	感情にまかせて思いのままに行動すること。
ちんし もっこう	沈思黙考	黙ってじっくりと深く考えること。
つ		
つうかい むひ	痛快無比	たぐいなく痛快であること。
て		
ていしょう びぎん	低唱微吟	低く小さい声で詩歌をうたうこと。
てんい むほう	天衣無縫	技巧などがなく自然なさま。また、人柄に飾り気がなく純真で無邪気なさま。
てんがい こどく	天涯孤独	親類・縁者などの身寄りが一人もなく、まったく独りぼっちであること。
でんこう せっか	電光石火	非常に素早いことや非常に短い時間のたとえ。「石火」は火打石の火。
てんじょう むきゅう	天壌無窮	天地ともに永久に極まりないこと。「天壌」は天と地。
てんぞう そうまい	天造草昧	天地創造のはじめ。
と		
とうい そくみょう	当意即妙	その場の状況に応じて、機転をきかせて対応すること。
どうこう いきょく	同工異曲	手際や技巧は同じだが、趣や味わいが違うこと。見かけは違うが同じ手法であること。
とうだい ずいいち	当代随一	今の時代で、数多くある中の第一位。一番。
どうちょう とせつ	道聴塗説	理解が浅く、また根拠のない伝聞を受け売りすること。「塗」は道の意。

漢字をチェック！

	読み	四字熟語	意味
と	とうほん せいそう	東奔西走	四方八方忙しく走り回って尽力すること。
	どはつ しょうてん	怒髪衝天	人が怒ったとき、髪の毛が逆立ち、天を突くくらいにピンと立つこと。大きな怒り。
な	ないじゅう がいごう	内柔外剛	内面は弱いのに、外に対しては強気に出ること。
	ないそ がいしん	内疎外親	表向きは親しそうであるが、内心ではきらっていること。
	ないゆう がいかん	内憂外患	内部にも外部にも問題が多く、心配事が多いこと。
	なんこう ふらく	難攻不落	相手がなかなかこちらの思い通りにならないことのたとえ。
	なんせん ほくば	南船北馬	(南は船で、北は馬で)絶えずあちこちに旅行すること。
に	にりつ はいはん	二律背反	矛盾する二つの命題が、同等の妥当性を持って主張されること。
は	はくさ せいしょう	白砂青松	白い砂浜と青い松。海岸の美しい風景。「白砂」は「はくしゃ」とも読む
	はくらん きょうき	博覧強記	たくさんの書物を読み、いろいろな事をよく記憶していること。
	ばじ とうふう	馬耳東風	他人の意見や批判に無関心で、注意を払わないこと。「東風」は心地よい春風。
	はじゃ けんしょう	破邪顕正	「顕正」は「けんせい」とも読む。不正を打破し、正義を表すこと。
	ばつざん がいせい	抜山蓋世	気力が充実していて勢いが非常に強いこと。
	はんあい けんり	汎愛兼利	区別なく人を愛し互いに利益を与え合うこと。
	ばんこ ふえき	万古不易	永久に変わらないこと。

	読み	四字熟語	意味
	ばんりょく いっこう	万緑一紅	数多くの中に、すぐれたものが一つだけ存在すること。
ひ	ひか らくよう	飛花落葉	絶えず移り変わる人の世の無常のたとえ。
	びもく しゅうれい	眉目秀麗	顔かたちがととのっていて美しいこと。
	ひゃくせん れんま	百戦錬磨	多数の戦いで鍛えられていること。
	ひゃくはち ぼんのう	百八煩悩	人間が持っているたくさんの煩悩。
	ひゃっか そうめい	百家争鳴	立場の異なる人々が活発に論争し合うこと。中国共産党の初期のスローガン。
	ひゃっき やこう	百鬼夜行	悪人がのさばっているたとえ。「夜行」は「やぎょう」とも読む。
	ひよく れんり	比翼連理	男女の愛情の深いこと。
ふ	ふうそう こうけつ	風霜高潔	澄み切った秋の景色の形容。風が高く吹き渡り霜が清らかに降りる。
	ぶぶん ろうほう	舞文弄法	法を都合のよいように曲解濫用すること。
	ふへん だとう	普遍妥当	どんな場合にも真理として承認されること。
	ふへん ふとう	不偏不党	どちらにも味方せずに中立を保つこと。類語に「中立公正」がある。
	ふわ らいどう	付和雷同	自分の考えを持たず、他人の意見に同調すること。「付和」は「附和」とも書く。
	ふんこつ さいしん	粉骨砕身	骨身を惜しまず力の限りを尽くすこと。
	ぶんじん ぼっかく	文人墨客	「墨客」は「ぼっきゃく」とも読む。詩文、書画にたけ、風雅、風流を求める人。

	ふんれいどりょく	奮励努力	気力を奮い起こして努力し、励むこと。
へ	へいいはぼう	弊衣破帽	身なりを気にしない粗野な様子のこと。
	へんげんじざい	変幻自在	出没や変化が自由自在であること。またその様子。類語に「千変万化」がある。
	へんげんせきご	片言隻語	わずかな言葉。「片言隻句」に同じ。
ほ	ほうかこうぎん	放歌高吟	あたりかまわず大声を出して歌い吟ずること。
	ぼうじゃくぶじん	傍若無人	人のことを気にせず、自分勝手に振る舞うこと。
	ぼうちゅうゆうかん	忙中有閑	忙しい時間のうちにも、ほっと息をつく暇はあるものだということ。
ま	まんもくこうりょう	満目荒涼	見渡す限り荒れ果てて寂れていること。
み	みょうけいきさく	妙計奇策	人の意表をつく、奇抜ですぐれたはかりごと。
む	むいとしょく	無為徒食	なんの仕事もせず遊び暮らすこと。「無為」は何もしない、「徒食」は働かない。
め	めいきょうしすい	明鏡止水	曇りのない鏡と静止した水のように、わだかまりのない澄みきった心境。
	めんじゅうふくはい	面従腹背	表面では服従の様子を見せていながら、内心では反抗していること。
	めんもくいっしん	面目一新	外見が以前とすっかり変わること。それまでとは違う、高い評価を得ること。
	めんもくやくじょ	面目躍如	名誉や評価にふさわしい活躍をするさま。「面目」は「めんぼく」とも読む。
ゆ	ゆいいつむに	唯一無二	たった一つだけで、同じものがないこと。
	ゆいがどくそん	唯我独尊	宇宙の中で自分ほど尊い者はいないという意味。ひとりよがりの意味にも使われる。
	ゆうもうかかん	勇猛果敢	強く勇ましく、決断力があること。
よ	ようがいけんご	要害堅固	備えのかたいこと。「要害」は地勢が険しく、攻めるのに難しく、守るのにたやすい地。
	ようかいへんげ	妖怪変化	人間には想像もつかない不思議な化け物のこと。
ら	らっかりゅうすい	落花流水	散る花と流れる水。人や物が落ちぶれることのたとえ。男女が互いに慕い合うことのたとえ。
り	りゅうげんひご	流言飛語	確かな根拠のない、いいかげんな情報。でたらめなうわさ。
	りゅうりゅうしんく	粒粒辛苦	物事を成しとげるために、こつこつと努力や苦労をすること。
	りゅうりょくかこう	柳緑花紅	美しい春の景色の形容。またいろとりどりの装いの形容。
	りょうとうだび	竜頭蛇尾	最初は勢いがあるが終わりは勢いがないことのたとえ。「竜」は「りゅう」とも読む。
	りろせいぜん	理路整然	話の内容や考え方の筋道がしっかり通っていること。対語に「支離滅裂」がある。
れ	れいかんさんと	冷汗三斗	ひどく怖い思いをしたり、人前で恥じ入ったりするさまの形容。
	れいこんふめつ	霊魂不滅	人間の魂は肉体の死後も存在しているという考え方。
わ	わこんかんさい	和魂漢才	日本固有の精神と中国伝来の学問。また、その二つをそなえ持つこと。
	わこんようさい	和魂洋才	日本固有の精神と西洋の学問。また、その二つをそなえ持つこと。
	わちゅうきょうどう	和衷協同	心を同じくして、ともに力を合わせること。類語に「和衷共済」がある。

本書記載の情報は制作時点のものです。受検をお考えの方は、必ずご自身で下記の公益財団法人 日本漢字能力検定協会の発表する最新情報をご確認ください。

公益財団法人 日本漢字能力検定協会

【ホームページ】 https://www.kanken.or.jp/

<本部> 京都市東山区祇園町南側 551 番地

TEL：(075)757－8600 FAX：(075)532－1110

ホームページにある「よくある質問」を読んで該当する質問がみつからなければメールフォームでお問合せください。電話でのお問合せ窓口は0120－509－315(無料)です。

◆「漢検」「漢字検定」は公益財団法人 日本漢字能力検定協会の登録商標です。

本書に関する正誤等の最新情報は、下記のアドレスでご確認ください。
https://www.seibidoshuppan.co.jp/info/kakikomi-kanken2-2306

◉ 上記アドレスに掲載されていない箇所で、正誤についてお気づきの場合は、書名・質問事項・氏名・住所（または FAX 番号）を明記の上、**成美堂出版**まで**郵送**または **FAX** でお問い合わせください。**お電話でのお問い合わせはお受けできません。**

◉ 内容によってはご質問をいただいてから回答を発送するまでお時間をいただくこともございます。

◉ 本書の内容を超える質問等にはお答えできませんので、あらかじめご了承ください。

よくあるお問い合わせ

Q **持っている辞書に掲載されている部首と、本書に掲載されている部首が違いますが、どちらが正解でしょうか？**

A 辞書によっては、部首としているものが異なることがあります。**漢検の採点基準では、「漢検要覧2～10級対応 改訂版」（日本漢字能力検定協会発行）で示しているものを正解としています**ので、本書もこの基準に従っています。そのためお持ちの辞書と部首が異なることがあります。

書き込み式 漢字検定2級問題集

編　著　成美堂出版編集部

発行者　深見公子

発行所　成美堂出版

〒162-8445　東京都新宿区新小川町1-7

電話(03)5206-8151 FAX(03)5206-8159

印　刷　大盛印刷株式会社

ISBN978-4-415-23269-0

落丁·乱丁などの不良本はお取り替えします

定価はカバーに表示してあります

別冊

解答・解説

- 解答は、常用漢字および常用漢字音訓表の読みで答えてください。それ以外の漢字・読みで答えると、正答とは認められません。
- 部首は、辞書や参考書によって多少違いがあります。本書では『漢検要覧２～10級対応 改訂版』(日本漢字能力検定協会発行)によります。
- 解答が複数ある場合は、どれか1つを書けば正解になります。

矢印の方向に引くと別冊が外れます

書き込み式 漢字検定2級問題集

成美堂出版

コピーして使える答案用紙

一 読み (30)

14	13	12	11	10	9	8	7	6	5	4	3	2	1

二 部首 (10)

10	9	8	7	6	5	4	3	2	1

四 四字熟語 (30)

問1 書き取り (20)

9	8	7	6	5	4	3	2	1

五 対義語・類義語 (20)

10	9	8	7	6	5	4	3	2	1

七 誤字訂正 (10)

	5	4	3	2	1
誤					
	↓	↓	↓	↓	↓
正					

八 漢字と送りがな (10)

5	4	3	2	1

九 書き取り (50)

3	2	1

15	14

学習日　　月　　日

／200

30	29	28	27	26	25	24	23	22	21	20	19	18	17	16	15

三 熟語の構成 (20)

10	9	8	7	6	5	4	3	2	1

10

問2 意味 (10)

15	14	13	12	11

六 同音・同訓異字 (20)

10	9	8	7	6	5	4	3	2	1

13	12	11	10	9	8	7	6	5	4

25	24	23	22	21	20	19	18	17	16

第２章「本試験型テスト」の答案用紙です。くり返し学習したい人は、このページをコピーして使ってください。

学習ドリル

1 すぐにチェック!! 練習問題【解答・解説】

問題は本冊P10～12

練習問題 ① 読み

グレーの部分は解答の補足です。

1 あい拶《さつ》
2 あい味《まい》
3 あてて
4 すなあらし
5 いゆう
6 いしゅく
7 いす
8 いほう
9 いんとう
10 うた
11 うっせき
12 えんこん
13 えんぶん
14 おうせい
15 おくする

16 おれ
17 かこく
18 がじょう
19 がかい
20 かいしき
21 かいめつ
22 かいわ
23 けんがい
24 むがい
25 しがい
26 かき
27 おそれて
28 なえる
29 つぶす

5「畏友《いゆう》」は、尊敬する友人のこと。
8「彙報《いほう》」は、種類別に分けてまとめた報告。
13「艶聞《えんぶん》」は、異性関係のうわさ。
20「楷式《かいしき》」は、模範としてならうべき方法。お手本。
23「懸崖《けんがい》作《づく》り」は、盆栽を枝や葉の先が根より低く垂れ下がるように作ること。

練習問題 ② 書き取り

グレーの部分は解答の補足です。

1 挨拶《あいさつ》
2 曖昧《あいまい》
3 宛《あ》てて
4 嵐《あらし》
5 畏怖《いふ》
6 萎縮《いしゅく》
7 椅子《いす》
8 語彙《ごい》
9 咽喉《いんこう》
10 長唄《ながうた》

11 鬱病《うつびょう》
12 怨念《おんねん》
13 艶《つや》
14 旺盛《おうせい》
15 臆病《おくびょう》
16 俺《おれ》
17 苛政《かせい》
18 象牙《ぞうげ》
19 瓦《かわら》
20 楷書《かいしょ》

21 潰走《かいそう》
22 崖《がけ》
23 蓋《ふた》
24 形骸《けいがい》
25 柿《かき》
26 牙《きば》
27 潰《つぶ》す
28 断崖《だんがい》
29 円蓋《えんがい》

5「畏怖《いふ》」は、近寄り難いようなおそれを感じること。
8「語彙《ごい》」は、用いられる語の総体。
17「苛政《かせい》」は、重税を課すようなむごい政治のこと。
21「潰走《かいそう》」は、負けて逃げること。
24「形骸化《けいがいか》」は、意味を失い、形だけが残ること。
29「円蓋《えんがい》」は、丸屋根。ドーム。

練習問題 ③ 同音・同訓異字

グレーの部分は解答の補足です。

1 宛《あ》て
2 充《あ》てる
3 語《ご》彙《い》
4 語《ご》意《い》
5 断《だん》崖《がい》
6 弾《だん》劾《がい》

7 旺盛《おうせい》
8 王政《おうせい》
9 垣《かき》
10 柿《かき》

練習問題 ④ 部首

1 山 やま
2 田 た
3 艹 くさかんむり
4 彑 けいがしら
5 口 くちへん
6 鬯 ちょう

7 心 こころ
8 色 いろ
9 牙 きば
10 瓦 かわら
11 山 やま
12 艹 くさかんむり

学習ドリル 2

すぐにチェック!! 練習問題【解答・解説】

問題は本冊P14~16

練習問題 ① 読み

グレーの部分は解答の補足です。

1 じょうがくぶ
2 かっこんとう
3 かまめし
4 かま
5 にっかん
6 あいがん
7 かぶき
8 きれつ
9 きよ
10 きない
11 きゅうし
12 かぐ
13 ふきん
14 きんしょう
15 きんしゅう
16 きぐ
17 くし
18 せっくつ
19 もうでる
20 憧《しょう》けい
21 むけい
22 すきま
23 けたはずれ
24 けんぽう
25 かぎ
26 げんとう
27 しこ
28 わずか
29 うす

2「葛根湯《かっこんとう》」は、葛の根を主材にした漢方薬。
8「亀裂《きれつ》」は、堅いものにひびが入ること。
9「毀誉《きよ》」は、悪く言うこととほめること。
14「僅少《きんしょう》」は、非常に少なくわずかであること。
15「錦秋《きんしゅう》」は、木々の紅葉が美しい秋のこと。
21「荒唐無稽《こうとうむけい》」は、言説がでたらめで根拠が無いこと。

練習問題 ② 書き取り

グレーの部分は解答の補足です。

1 顎《あご》
2 葛《くず》
3 釜《かま》
4 鎌首《かまくび》
5 韓国《かんこく》
6 玩具《がんぐ》
7 歌舞伎《かぶき》
8 亀《かめ》
9 毀損《きそん》
10 近畿《きんき》
11 脱臼《だっきゅう》
12 嗅覚《きゅうかく》
13 雑巾《ぞうきん》
14 僅差《きんさ》
15 錦《にしき》
16 危惧《きぐ》
17 串《くし》
18 洞窟《どうくつ》
19 参詣《さんけい》
20 憧憬《しょうけい／どうけい》
21 稽古《けいこ》
22 隙《すき》
23 桁《けた》
24 拳《こぶし》
25 鍵盤《けんばん》
26 左舷《さげん》
27 大股《おおまた》
28 嗅《か》ぎ
29 僅《わず》か

4「鎌首《かまくび》をもたげる」は、鎌のように曲がった形の首を持ち上げた蛇の攻撃の姿勢。
9「毀損《きそん》」は、こわれたり傷つけられたりすること。
11「脱臼《だっきゅう》」は、骨の関節がはずれること。
15「錦《にしき》を飾《かざ》る」は、出世した姿を故郷の人に見せること。

練習問題 ③ 同音・同訓異字

グレーの部分は解答の補足です。

1 韓《かんこく》国
2 勧《かんこく》告
3 亀《きかん》鑑
4 機《きかん》関
5 臼《きゅうし》歯
6 給《きゅうし》紙
7 錦《きんき》旗
8 禁《きんき》忌
9 間隙《かんげき》
10 感激《かんげき》

練習問題 ④ 部首

1 頁 おおがい
2 金 かね
3 章 なめしがわ
4 王 おうへん たまへん
5 亀 かめ
6 殳 るまた ほこづくり
7 田 た
8 臼 うす
9 巾 はば
10 穴 あなかんむり
11 卩 こざとへん
12 手 て

すぐにチェック!! 練習問題【解答・解説】

問題は本冊P18～20

練習問題 1 読み

グレーの部分は解答の補足です。

1 もうこ
2 きんこ
3 こうりゅう
4 こうがい
5 こうとう
6 いのちごい
7 ごうぜん
8 こまどり
9 ころ
10 こんせき
11 おもてざ汰《た》
12 捻《ねん》ざ
13 ふうさい
14 ふさぐ
15 もくさく
16 めいさつ
17 ざんざい
18 ほうし
19 しんし
20 しょくじ
21 しっせい
22 しっし
23 ふしゅ
24 のろい
25 りょうしゅう
26 しゅうち
27 のどもと
28 あと
29 へいそく

4「梗概《こうがい》」は、だいたいの筋の運びのこと。
13「風采《ふうさい》」は、姿かたち、身なり。それが人に与える印象。
16「名刹《めいさつ》」は、歴史ある名高い寺のこと。
18「放恣《ほうし》」は、勝手きままでだらしない様子。
22「嫉視《しっし》」は、ねたむ気持ちで相手を見ること。

練習問題 2 書き取り

グレーの部分は解答の補足です。

1 虎《とら》
2 勾配《こうばい》
3 梗塞《こうそく》
4 喉《のど》
5 乞《こ》う
6 傲慢《ごうまん》
7 駒《こま》
8 食《た》べ頃《ごろ》
9 血痕《けっこん》
10 沙《さ》汰《た》
11 挫折《ざせつ》
12 采配《さいはい》
13 要塞《ようさい》
14 柵《さく》
15 刹《せつ》那《な》
16 挨拶《あいさつ》
17 斬《き》り
18 恣《し》意《い》
19 餌《えさ》
20 叱《しか》られて
21 嫉《しっ》妬《と》
22 腫《は》れ
23 呪文《じゅもん》
24 半袖《はんそで》
25 虎口《ここう》
26 傷痕《きずあと》
27 塞《ふさ》がって
28 斬新《ざんしん》
29 叱責《しっせき》

2「勾配《こうばい》」は、傾斜していること。またその程度。
10「正気《しょうき》の沙汰《さた》」は、確かな気持ちでしたことの意。
15「刹那《せつな》」は、きわめて短い間のこと。
18「恣意《しい》」は、その時々の気ままな思い付きのこと。
25「虎口《ここう》」は、非常に危険な場所のたとえ。
28「斬新《ざんしん》」は、趣向がきわだって新しいこと。

練習問題 3 同音・同訓異字

グレーの部分は解答の補足です。

1 虎口《ここう》　2 孤高《ここう》
3 勾配《こうばい》　4 購買《こうばい》
5 要塞《ようさい》　6 洋裁《ようさい》
7 叱声《しっせい》　8 執政《しっせい》
9 羞恥《しゅうち》　10 衆知《しゅうち》

練習問題 4 部首

1 虍 とらがしら とらかんむり
2 勹 つつみがまえ
3 乙 おつ
4 頁 おおがい
5 疒 やまいだれ
6 釆 のごめ
7 土 つち
8 刂 りっとう
9 斤 おのづくり
10 心 こころ
11 飠 しょくへん
12 羊 ひつじ

学習ドリル 4 すぐにチェック!! 練習問題【解答・解説】

問題は本冊P22～24

練習問題 ① 読み

グレーの部分は解答の補足です。

1 しゅうきゅう
2 あこがれて
3 ふっしょく
4 しりうま
5 しん
6 かんじん
7 ひっす
8 すそ
9 せいぜつ
10 かくせい
11 せきちゅう
12 がいせき
13 せんちゃ
14 せんぼう
15 るいせん
16 しょせん
17 ふせん
18 はいぜん
19 そげき
20 そじょう
21 みぞう
22 そうかい
23 そうしん
24 そうせき
25 ほそく
26 ふそん
27 さた
28 ぬぐう
29 さわやか

7「必須《ひっす》」は、必要不可欠なもののこと。
11「脊柱《せきちゅう》」は、体の中軸をなす骨格のこと。
12「外戚《がいせき》」は、母方の親類。母の父母、兄弟など。
21「未曽有《みぞう》」は、今までに一度も無かったこと。
26「不遜《ふそん》」は、思い上がって人を見下す態度を取ること。

練習問題 ② 書き取り

グレーの部分は解答の補足です。

1 蹴《け》って
2 憧《あこが》れる
3 拭《ふ》き
4 目尻《めじり》
5 芯《しん》
6 腎臓《じんぞう》
7 急須《きゅうす》
8 裾野《すその》
9 凄惨《せいさん》
10 覚醒《かくせい》
11 脊髄《せきずい》
12 親戚《しんせき》
13 煎《い》って
14 羨《うらや》む
15 甲状腺《こうじょうせん》
16 詮索《せんさく》
17 便箋《びんせん》
18 食膳《しょくぜん》
19 狙《ねら》い
20 遡《さかのぼ》って
21 曽祖父《そうそふ》
22 爽《さわ》やか
23 痩《や》せて
24 失踪《しっそう》
25 捉《とら》えた
26 遜色《そんしょく》
27 無沙汰《ぶさた》
28 煎餅《せんべい》
29 遡及《そきゅう》

8「裾野《すその》」は、山のふもとの傾斜のゆるい野原。
9「凄惨《せいさん》」は、正視できないほどむごたらしい様子。
16「詮索《せんさく》」は、細かい点まで知ろうとすること。
24「失踪《しっそう》」は、行方知れずになること。
26「遜色《そんしょく》」は、他と比べて見劣りするさま。
29「遡及《そきゅう》」は、過去にさかのぼること。

練習問題 ③ 同音・同訓異字

グレーの部分は解答の補足です。

1 吹《ふ》いた
2 拭《ふ》いた
3 覚醒《かくせい》
4 隔世《かくせい》
5 親戚《しんせき》
6 臣籍《しんせき》
7 煎《い》る
8 鋳《い》る
9 爽快《そうかい》
10 掃海《そうかい》

練習問題 ④ 部首

1 尸 かばね しかばね
2 艹 くさかんむり
3 肉 にく
4 頁 おおがい
5 ネ ころもへん
6 冫 にすい
7 戈 ほこづくり ほこがまえ
8 灬 れんが れっか
9 羊 ひつじ
10 曰 ひらび いわく
11 大 だい
12 辶 しんにょう しんにゅう

まとめテスト1

すぐにチェック!! 練習問題【解答・解説】

問題は本冊P25〜26

練習問題1 漢字と送りがな

1 潰《つぶ》れて
2 僅《わず》か
3 塞《ふさ》がる
4 叱《しか》られて
5 憧《あこが》れる
6 拭《ぬぐ》う
7 羨《うらや》ましい
8 遡《さかのぼ》る
9 爽《さわ》やか
10 捉《とら》える

練習問題2 対義語・類義語

グレーの部分は解答の補足です。

1 曖昧《あいまい》
2 臆病《おくびょう》
3 苛政《かせい》
4 僅差《きんさ》
5 危惧《きぐ》
6 稽古《けいこ》
7 閉塞《へいそく》
8 刹那《せつな》
9 斬新《ざんしん》
10 払拭《ふっしょく》
11 親戚《しんせき》
12 所詮《しょせん》
13 狙撃《そげき》
14 爽快《そうかい》

練習問題3 誤字訂正

グレーの部分は誤字・正字を含む熟語です。

	【誤】		【正】
1	洞屈	↓	洞窟
2	階書	↓	楷書
3	危損	↓	毀損
4	兼銃	↓	拳銃
5	風彩	↓	風采
6	一酬	↓	一蹴

練習問題4 四字熟語

グレーの部分は解答の補足です。

1 後生可畏《こうせいかい》
若い人は後に大人物になるかもしれないので敬うべきということ。

2 怨親平等《おんしんびょうどう》
怨敵を憎まず味方をひいきせず平等に扱うこと。

3 断崖絶壁《だんがいぜっぺき》
険しく切り立ったがけのことをいい、切羽詰まった危機的な状況のこと。

4 瓦鶏陶犬《がけいとうけん》
外見は見事だが、実際には役に立たないもののこと。

5 熟読玩味《じゅくどくがんみ》
文章をよく読んでじっくりと味わうこと。

6 傲岸不遜《ごうがんふそん》
思い上がって人を見下すさま。

7 刹那主義《せつなしゅぎ》
過去や将来を考えず現在の瞬間を生きること。

8 斬新奇抜《ざんしんきばつ》
物事の発想がこれまでにないほど新しいこと。

9 羊質虎皮《ようしつこひ》
外見は立派だが、実質が伴わないこと。

10 抜山蓋世《ばつざんがいせい》
山を引き抜くほど大きな力と世を覆い尽くすほどの意気のこと。

11 1
12 6
13 10

学習ドリル 5 すぐにチェック!! 練習問題【解答・解説】

問題は本冊P28～30

練習問題 1 読み

グレーの部分は解答の補足です。

1 つば
2 たいひ
3 たいかん
4 だれ
5 がんたん
6 はたん
7 せいち
8 しょうちゅう
9 ちょうふ てんぷ
10 あざける
11 しんちょく
12 きょうつい
13 つめ
14 つる
15 ていねん
16 わくでき
17 そうてん
18 ねたむ
19 とばく
20 かっとう
21 どうこう
22 とんぷく
23 むさぼって
24 どんぶり
25 わかだんな
26 なぞ
27 じちょう
28 おぼれ
29 どんよく

10「嘲《あざけ》る」は、人をばかにして笑う。
13「爪《つめ》に火《ひ》をともす」は、非常にけちなこと。また、せっせと倹約すること。
15「諦念《ていねん》」は、真理の境地に達すること。またはあきらめの気持ち。
16「惑溺《わくでき》」は、夢中になり心を奪われること。

練習問題 2 書き取り

グレーの部分は解答の補足です。

1 唾液《だえき》
2 堆積《たいせき》
3 頂戴《ちょうだい》
4 誰《だれ》
5 旦那《だんな》
6 綻《ほころ》びて
7 緻密《ちみつ》
8 焼酎《しょうちゅう》
9 貼《は》る
10 嘲笑《ちょうしょう》
11 進捗《しんちょく》
12 椎間板《ついかんばん》
13 爪先《つまさき》
14 鶴《つる》
15 諦《あきら》めない
16 溺《おぼ》れる
17 補塡《ほてん》
18 妬《ねた》み
19 賭《か》けて
20 藤棚《ふじだな》
21 瞳《ひとみ》
22 整頓《せいとん》
23 貪欲《どんよく》
24 親子丼《おやこどん》
25 謎謎《なぞなぞ》 謎々《なぞなぞ》
26 鍋《なべ》
27 元旦《がんたん》
28 溺愛《できあい》
29 葛藤《かっとう》

2「堆積《たいせき》」は、高く積み重ねること。
7「緻密《ちみつ》」は、綿密で手を抜いていないこと。
10「嘲笑《ちょうしょう》」は、あざ笑うこと。
17「補塡《ほてん》」は、足りない部分を埋めること。
28「溺愛《できあい》」は、度を過ぎるほどかわいがること。

練習問題 3 同音・同訓異字

グレーの部分は解答の補足です。

1 戴《たい》冠《かん》
2 耐《たい》寒《かん》
3 巧《こう》緻《ち》
4 拘《こう》置《ち》
5 弦《つる》
6 鶴《つる》
7 諦《てい》観《かん》
8 定《てい》款《かん》
9 賭《か》ける
10 駆《か》ける

練習問題 4 部首

1 戈 ほこづくり ほこがまえ
2 日 ひ
3 酉 とりへん
4 貝 かいへん
5 口 くちへん
6 爪 つめ
7 鳥 とり
8 艹 くさかんむり
9 頁 おおがい
10 貝 かい こがい
11 丶 てん
12 阝 おおざと

学習ドリル 6 すぐにチェック!! 練習問題【解答・解説】

問題は本冊P32～34

練習問題 1 読み

グレーの部分は解答の補足です。

1 におう
2 にじ
3 ねんしゅつ
4 ののしり
5 はくらく
6 はし
7 はんらん
8 はんあい
9 はんもん
10 びもく
11 ひざがしら
12 ひじ
13 ふいん
14 しゃへい
15 がべい

16 そうへき
17 べっし
18 ほにゅうるい
19 ほうき
20 へんぼう
21 ほお
22 しんぼく
23 ぼっぱつ
24 まいそう
25 ゆめまくら
26 みつげつ
27 はがれる
28 まゆ
29 さげすむ

6「箸《はし》が転《ころ》んでもおかしい」は、若い娘が日常の何でもないことをおかしがって笑うこと。

8「汎愛主義《はんあいしゅぎ》」は、18世紀にドイツで起こった児童を広く愛護するという教育思想。

15「画餅《がべい》に帰《き》す」は、計画倒れになること。

24「味爽《まいそう》」は、夜明け。暁。明け方の暗い時。

練習問題 2 書き取り

グレーの部分は解答の補足です。

1 匂《にお》う
2 虹《にじ》
3 捻挫《ねんざ》
4 罵声《ばせい》
5 剥《は》ぎ
6 箸《ばし》
7 汎用《はんよう》
8 斑点《はんてん》
9 眉唾《まゆつば》
10 膝《ひざ》

11 肘《ひじ》
12 訃報《ふほう》
13 隠蔽《いんぺい》
14 餅《もち》
15 完璧《かんぺき》
16 蔑《さげす》んだ
17 哺乳《ほにゅう》
18 蜂《はち》
19 美貌《びぼう》
20 頰《ほお》

21 和睦《わぼく》
22 勃興《ぼっこう》
23 愚昧《ぐまい》
24 枕元《まくらもと》
25 蜜《みつ》
26 罵《のの》った
27 剝奪《はくだつ》
28 眉間《みけん》
29 軽蔑《けいべつ》

7「汎用《はんよう》」は、広くさまざまな用途に使うこと。

9「眉唾物《まゆつばもの》」は、本当かどうか疑わしい物のこと。

10「お膝元《ひざもと》」は、貴人の居所。また統治者のいる地。

11「肩肘張《かたひじは》らず」は、堅苦しくならず。

15「完璧《かんぺき》」は、完全無欠。原義はきずの無い玉。

23「愚昧《ぐまい》」は、おろかで道理に暗いこと。

練習問題 3 同音・同訓異字

グレーの部分は解答の補足です。

1 箸《はし》
2 端《はし》
3 氾濫《はんらん》 汎濫《はんらん》
4 反乱《はんらん》
5 眉《まゆ》
6 繭《まゆ》

7 訃報《ふほう》
8 不法《ふほう》
9 蜂起《ほうき》
10 芳紀《ほうき》

練習問題 4 部首

1 勹 つつみがまえ
2 虫 むしへん
3 罒 あみがしら あみめ よこめ
4 文 ぶん
5 目 め
6 月 にくづき

7 言 ごんべん
8 玉 たま
9 艹 くさかんむり
10 豸 むじなへん
11 力 ちから
12 日 ひへん

学習ドリル 7 すぐにチェック!! 練習問題【解答・解説】

問題は本冊P36〜38

練習問題 ① 読み

グレーの部分は解答の補足です。

1 みょうり
2 めんぼう
3 とうや
4 やじうま
5 やみくも
6 いんゆ
7 ゆうしゅつ
8 あやしい
9 かいよう
10 よくや
11 らち
12 らつわん
13 かんらん
14 じょうるり
15 せんりつ
16 はんりょ
17 りょうぜん
18 ごろ
19 わいろ
20 もてあそぶ
21 とうろう
22 さんろく
23 わき
24 めいふく
25 ようかい
26 あい
27 ほんろう
28 こもって
29 ふもと

3「陶冶《とうや》」は、いろいろと試練を受けさせて一人前の役に立つ人間に育て上げること。
5「闇雲《やみくも》」は、先の見通しもつかぬまま行うこと。
15「戦慄《せんりつ》」は、恐怖のあまり体が震えること。
18「語呂合《ごろあ》わせ」は、ある文句をまねて別の文句を作ること。

練習問題 ② 書き取り

グレーの部分は解答の補足です。

1 冥王《めいおう》
2 麺《めん》
3 冶金《やきん》
4 弥次《やじ》
5 闇《やみ》
6 比喩《ひゆ》
7 湧《わ》いた
8 妖精《ようせい》
9 腫瘍《しゅよう》
10 肥沃《ひよく》
11 拉致《らち》
12 辛辣《しんらつ》
13 藍《あい》染《ぞ》め
14 瑠璃《るり》
15 慄然《りつぜん》
16 僧侶《そうりょ》
17 明瞭《めいりょう》
18 風呂《ふろ》
19 賄賂《わいろ》
20 愚弄《ぐろう》
21 鳥籠《とりかご》
22 麓《ふもと》
23 脇《わき》
24 冥利《みょうり》
25 妖《あや》しい
26 出藍《しゅつらん》
27 弄《もてあそ》ばれる
28 籠城《ろうじょう》
29 山麓《さんろく》

4「弥次喜多《やじきた》」は、のんびり楽しい漫遊旅行。
10「肥沃《ひよく》」は、作物の生育に向くように土地が肥えていること。
12「辛辣《しんらつ》」は、手厳しいこと。
15「慄然《りつぜん》」は、恐ろしさにおののく様子。
28「籠城《ろうじょう》」は、敵に包囲されて城に立てこもること。

練習問題 ③ 同音・同訓異字

グレーの部分は解答の補足です。

1 麺《めん》
2 綿《めん》
3 湧《わ》いた
4 沸《わ》いた
5 妖怪《ようかい》
6 溶解《ようかい》
7 戦慄《せんりつ》
8 旋律《せんりつ》
9 籠城《ろうじょう》
10 楼上《ろうじょう》

練習問題 ④ 部首

1 冖 わかんむり
2 麦 ばくにょう
3 弓 ゆみへん
4 門 もんがまえ
5 疒 やまいだれ
6 氵 さんずい
7 辛 からい
8 艹 くさかんむり
9 口 くち
10 廾 こまぬき にじゅうあし
11 木 き
12 月 にくづき

まとめテスト 2

すぐにチェック!! 練習問題【解答・解説】

問題は本冊P39〜40

練習問題 1 漢字と送りがな

1 綻《ほころ》びる
2 嘲《あざけ》り
3 諦《あきら》める
4 溺《おぼ》れる
5 貪《むさぼ》る
6 匂《にお》う
7 罵《ののし》る
8 剝《は》がれて
9 蔑《さげす》む
10 弄《もてあそ》ぶ

練習問題 2 対義語・類義語

グレーの部分は解答の補足です。

1 精緻《せいち》
2 嘲笑《ちょうしょう》
3 進捗《しんちょく》
4 蜂起《ほうき》
5 罵倒《ばとう》
6 汎愛《はんあい》
7 隠蔽《いんぺい》
8 完璧《かんぺき》
9 軽蔑《けいべつ》
10 全貌《ぜんぼう》
11 親睦《しんぼく》
12 辣腕《らつわん》
13 伴侶《はんりょ》
14 山麓《さんろく》

練習問題 3 誤字訂正

グレーの部分は誤字・正字を含む熟語です。

	【誤】		【正】
1	整屯	↓	整頓
2	粘出	↓	捻出
3	班紋	↓	斑紋
4	普報	↓	訃報
5	遮塀	↓	遮蔽
6	曖枚	↓	曖昧

練習問題 4 四字熟語

グレーの部分は解答の補足です。

1 精衛塡海《せいえいてんかい》 不可能なことのために努力し徒労に終わること。
2 汎愛兼利《はんあいけんり》 区別なく人を愛し互いに利益を与え合うこと。
3 含哺鼓腹《がんぽこふく》 太平の世を喜び楽しむさま。
4 体貌閑雅《たいぼうかんが》 容姿が落ち着いていて上品な様子のこと。
5 天造草昧《てんぞうそうまい》 天地創造のはじめ。
6 甘言蜜語《かんげんみつご》 相手に気に入られるための心地よい言葉のこと。
7 舞文弄法《ぶぶんろうほう》 法を都合のよいように曲解濫用すること。
8 池魚籠鳥《ちぎょろうちょう》 不自由な身の上のこと。また宮仕えのこと。
9 妖怪変化《ようかいへんげ》 人知を超えた怪しい生き物のこと。
10 一目瞭然《いちもくりょうぜん》 一目見ればはっきりとわかること。
11 1
12 5
13 7

学習ドリル 8 すぐにチェック!! 練習問題【解答・解説】

問題は本冊P42~44

練習問題1 読み

グレーの部分は解答の補足です。

1 あかんたい
2 いかん
3 いっした
4 こんいん
5 きゃくいん
6 うね
7 うらざと
8 めんえき
9 えっけん
10 さるしばい
11 おうめんきょう
12 ろうおう
13 おそれ
14 うず
15 かふく
16 くつした
17 たか
18 かどうりつ
19 か
20 かいたい
21 かいきゅう
22 だんがい
23 きょうがい
24 いけがき
25 かくへいき
26 らんかく
27 かくど
28 ふところ
29 がら

1「亜寒帯《あかんたい》」は、寒帯と温帯の間の気候帯。
5「脚韻《きゃくいん》」は、句の終わりに繰り返し置く韻(同一または類似の音)のこと。
15「禍福《かふく》」は、災難と幸福のこと。
20「拐帯《かいたい》」は、金品を持ち逃げすること。
23「境涯《きょうがい》」は、人が置かれている立場、身の上。

練習問題2 書き取り

グレーの部分は解答の補足です。

1 亜流《ありゅう》
2 大尉《たいい》
3 逸品《いっぴん》
4 姻族《いんぞく》
5 余韻《よいん》
6 畝《うね》
7 浦浦《うらうら》 浦々《うらうら》
8 検疫《けんえき》
9 拝謁《はいえつ》
10 類人猿《るいじんえん》
11 凹凸《おうとつ》
12 奈翁《なおう》
13 虞《おそれ》
14 渦潮《うずしお》
15 輪禍《りんか》
16 長靴《ながぐつ》
17 寡黙《かもく》
18 稼《かせ》ぐ
19 蚊《か》
20 誘拐《ゆうかい》
21 懐炉《かいろ》
22 生涯《しょうがい》
23 垣根《かきね》
24 核《かく》
25 殻《から》
26 威嚇《いかく》
27 疫病神《やくびょうがみ》
28 猿《さる》
29 甲殻《こうかく》

5「余韻《よいん》」は、あとに残る響きのこと。
7「津津浦浦《つつうらうら》」は、全国至るところのこと。
8「検疫《けんえき》」は、国外からもたらされる伝染病や害虫を予防すること。
13「虞《おそれ》」は、なにか悪いことが起こるのではないかという心配。

練習問題3 同音・同訓異字

グレーの部分は解答の補足です。

1 尉官《いかん》
2 遺憾《いかん》
3 犬猿《けんえん》
4 嫌煙《けんえん》
5 奇禍《きか》
6 幾何《きか》
7 蚊《か》
8 香《か》
9 懐柔《かいじゅう》
10 怪獣《かいじゅう》

練習問題4 部首

1 二 に
2 寸 すん
3 音 おと
4 田 た
5 犭 けものへん
6 凵 うけばこ
7 羽 はね
8 革 かわへん
9 虫 むしへん
10 力 ちから
11 殳 るまた ほこづくり
12 口 くちへん

学習ドリル 9 すぐにチェック!! 練習問題【解答・解説】

問題は本冊P46～48

練習問題 ① 読み

グレーの部分は解答の補足です。

1 とうかつ
2 かっぱ
3 かつぼう
4 ちゃかっしょく
5 しょかつ
6 かつ
7 かんづめ
8 おちいった
9 かんぶ
10 たえない
11 しゅっかん
12 しゃっかん
13 かんせい
14 かんよう
15 いかん
16 きかん
17 ぼかん
18 がんじょう
19 きかつ
20 てきぎ
21 ぎそう
22 ぎせいご
23 きゅうめい
24 きゅうじょう
25 きょぜつ
26 きょうらく
27 はさみ
28 きょうじゅん
29 ため

2「喝破《かっぱ》」は、真実を言い当てること。
5「所轄《しょかつ》」は、権限で管理すること。またその範囲。
12「借款《しゃっかん》」は、国と国との間の貸し借り。
26「享楽《きょうらく》」は、楽しみをたっぷり味わうこと。
28「恭順《きょうじゅん》」は、つつしんで従うこと。
29「矯《た》める」は、正しく直すこと。

練習問題 ② 書き取り

グレーの部分は解答の補足です。

1 一括《いっかつ》
2 一喝《いっかつ》
3 渇《かわ》き
4 褐色《かっしょく》
5 管轄《かんかつ》
6 且《か》つ
7 缶《かん》
8 陥没《かんぼつ》
9 患者《かんじゃ》
10 堪《た》えない
11 石棺《せっかん》
12 閑話《かんわ》
13 寛大《かんだい》
14 遺憾《いかん》
15 還暦《かんれき》
16 軍艦《ぐんかん》
17 頑固《がんこ》
18 飢《う》える
19 便宜《べんぎ》
20 偽《いつわ》って
21 模擬《もぎ》
22 紛糾《ふんきゅう》
23 窮屈《きゅうくつ》
24 拒《こば》む
25 享年《きょうねん》
26 挟《はさ》まって
27 恭順《きょうじゅん》
28 矯正《きょうせい》
29 陥《おちい》る

5「管轄《かんかつ》」は、ある権限をもって取り扱う範囲。
12「閑話休題《かんわきゅうだい》」は、横にそれた話を元にもどすとき使う語。それはさておき。
14「遺憾無《いかんな》く」は、不十分な点が無いことを表す語。
25「享年《きょうねん》」は、この世でうけた年の意。死亡時の年齢。
27「恭順《きょうじゅん》」は、命令に従う意を表すさま。

練習問題 ③ 同音・同訓異字

グレーの部分は解答の補足です。

1 一括《いっかつ》
2 一喝《いっかつ》
3 渇《かわ》いた
4 乾《かわ》いた
5 閑散《かんさん》
6 換算《かんさん》
7 帰還《きかん》
8 旗艦《きかん》
9 挟撃《きょうげき》
10 矯激《きょうげき》

練習問題 ④ 部首

1 車 くるまへん
2 一 いち
3 缶 ほとぎ
4 欠 あくび かける
5 門 もんがまえ
6 頁 おおがい
7 飠 しょくへん
8 宀 うかんむり
9 穴 あなかんむり
10 亠 なべぶた けいさんかんむり
11 ⺗ したごころ
12 矢 やへん

学習ドリル 10 すぐにチェック!! 練習問題【解答・解説】

問題は本冊P50～52

練習問題 ① 読み

グレーの部分は解答の補足です。

1 ぎょうせい
2 ざっきん
3 もっきん
4 つつしんで
5 かいきん
6 ぎんゆう
7 いちぐう
8 かおる
9 ちかけい
10 けいりゅう
11 けいこうとう
12 けいしゅく
13 けっしゅつ
14 けんぎ
15 けんけつ
16 けんじょう
17 まゆだま
18 けんじ
19 かけて
20 じょうげん
21 ごふく
22 ごばん
23 ちょうこう
24 しゅこう
25 しょこう
26 こうせきせい
27 みつぎ
28 そっこう
29 いや

6「吟遊詩人《ぎんゆうしじん》」は、中世ヨーロッパで各地を巡りながら自作の詩を朗読した人。
17「繭玉《まゆだま》」は、木の枝に繭の大きさの餅や縁起物などをつるした正月の飾り物。
20「上弦《じょうげん》の月《つき》」、新月から次の満月に至る間の半月。
25「諸侯《しょこう》」は、封建時代の国主、大名のこと

練習問題 ② 書き取り

グレーの部分は解答の補足です。

1 暁《あかつき》
2 殺菌《さっきん》
3 琴《こと》
4 謹賀《きんが》
5 襟《えり》
6 吟味《ぎんみ》
7 隅《すみ》
8 殊勲《しゅくん》
9 茎《くき》
10 渓谷《けいこく》
11 蛍《ほたる》
12 慶弔《けいちょう》
13 傑作《けっさく》
14 機嫌《きげん》
15 献立《こんだて》
16 謙虚《けんきょ》
17 繭《まゆ》
18 露顕《ろけん》 露見《ろけん》
19 懸命《けんめい》
20 管弦《かんげん》
21 呉音《ごおん》
22 碁石《ごいし》
23 江戸《えど》
24 肯定《こうてい》
25 王侯《おうこう》
26 洪水《こうずい》
27 貢献《こうけん》
28 溝《みぞ》
29 嫌《きら》った

1「暁《あかつき》には」は、ある事が実現した、その時にはの意。
6「吟味《ぎんみ》」は、よく調べること。
8「殊勲《しゅくん》」は、特にすぐれている功績や手柄。
18「露顕《ろけん》」は、隠していたことがばれること。
21「呉音《ごおん》」は、中国揚子江下流地域から伝来した漢字音。仏教関係が多い。

練習問題 ③ 同音・同訓異字

グレーの部分は解答の補足です。

1 隅《すみ》
2 墨《すみ》
3 球茎《きゅうけい》
4 休憩《きゅうけい》
5 献上《けんじょう》
6 謙譲《けんじょう》
7 懸賞《けんしょう》
8 顕彰《けんしょう》
9 長江《ちょうこう》
10 朝貢《ちょうこう》

練習問題 ④ 部首

1 王 おう
2 ネ ころもへん
3 力 ちから
4 艹 くさかんむり
5 虫 むし
6 心 こころ
7 犬 いぬ
8 糸 いと
9 口 くち
10 石 いし
11 肉 にく
12 貝 かい こがい

学習ドリル 11 すぐにチェック!! 練習問題【解答・解説】

問題は本冊P54～56

練習問題 ❶ 読み

グレーの部分は解答の補足です。

1 どりょうこう
2 こうどく
3 ごうもん
4 ごうけん
5 こくひょう
6 こんぶ
7 ねんごろ
8 そそのかした
9 さしゅ
10 ふんさい
11 しゅさい
12 ぼんさい
13 さいじょう
14 たんさく
15 さくさん
16 さんどう
17 さんか
18 ぎし
19 けいいし
20 しはい
21 ぎょくじ
22 しっこく
23 しゃだん
24 だこう
25 ばんしゃく
26 しゃくい
27 こんがん
28 ひがさ
29 じゃぐち

1「度量衡《どりょうこう》」は、長さと容積と重さのこと。
7「懇《ねんご》ろ」は、心のこもった親切な態度。
11「主宰《しゅさい》」は、中心になって物事を行うこと。
16「桟道《さんどう》」は、切り立った崖に板をかけ渡した道。
17「傘下《さんか》」は、一つの勢力の支配下にあること。
26「爵位《しゃくい》」は、公侯伯子男の五等ある世襲的身分。

練習問題 ❷ 書き取り

グレーの部分は解答の補足です。

1 均衡《きんこう》
2 購入《こうにゅう》
3 金剛《こんごう》
4 酷暑《こくしょ》
5 昆虫《こんちゅう》
6 懇親《こんしん》
7 示唆《しさ》
8 詐欺《さぎ》
9 砕《くだ》かれた
10 宰相《さいしょう》
11 植栽《しょくさい》
12 書斎《しょさい》
13 索引《さくいん》
14 酢《す》
15 桟《さん》
16 傘《かさ》
17 選択肢《せんたくし》
18 嫡嗣《ちゃくし》
19 賜《たまわ》った
20 漆《うるし》
21 遮《さえぎ》った
22 蛇《へび》
23 酌《しゃく》
24 伯爵《はくしゃく》
25 砕氷《さいひょう》
26 酢酸《さくさん》
27 落下傘《らっかさん》
28 漆器《しっき》
29 遮光《しゃこう》

1「均衡《きんこう》」は、バランスがとれていること。
3「金剛力士《こんごうりきし》」は、仏法を守護する二神。仁王。
7「示唆《しさ》」は、ヒントを与えること。
10「宰相《さいしょう》」は、総理大臣のこと。
19「賜《たまわ》る」は、目上の人からいただくこと。また、目下の者にお与えになること。

練習問題 ❸ 同音・同訓異字

グレーの部分は解答の補足です。

1 均衡《きんこう》
2 近郊《きんこう》
3 詐称《さしょう》
4 査証《さしょう》
5 潔斎《けっさい》
6 決裁《けっさい》
7 傘下《さんか》
8 惨禍《さんか》
9 酢《す》
10 州《す》

練習問題 ❹ 部首

1 行 ぎょうがまえ ゆきがまえ
2 刂 りっとう
3 酉 とりへん
4 日 ひ
5 木 き
6 斉 せい
7 糸 いと
8 入 ひとやね
9 口 くち
10 玉 たま
11 氵 さんずい
12 爫 つめかんむり つめがしら

まとめテスト 3 すぐにチェック!! 練習問題【解答・解説】

問題は本冊P57～58

練習問題 1 漢字と送りがな

1 稼《かせ》いで
2 渇《かわ》いて
3 陥《おちい》る
4 偽《いつわ》って
5 拒《こば》まれた
6 挟《はさ》んで
7 謹《つつし》んで
8 砕《くだ》ける
9 賜《たまわ》った
10 遮《さえぎ》る

練習問題 2 対義語・類義語

グレーの部分は解答の補足です。

1 亜《あ》流《りゅう》
2 逸《いっ》品《ぴん》
3 韻《いん》文《ぶん》
4 凹《おう》版《はん》
5 災《さい》禍《か》
6 寡《か》黙《もく》
7 傑《けっ》出《しゅつ》
8 生《しょう》涯《がい》
9 閑《かん》職《しょく》
10 虚《きょ》偽《ぎ》
11 拒《きょ》否《ひ》
12 顕《けん》在《ざい》
13 肯《こう》定《てい》
14 貢《こう》献《けん》

練習問題 3 誤字訂正

グレーの部分は誤字・正字を含む熟語です。

[誤] → [正]
1 拝悦 → 拝謁
2 衆過 → 衆寡
3 直括 → 直轄
4 疑名 → 偽名
5 構読 → 購読
6 捜策 → 捜索

練習問題 4 四字熟語

グレーの部分は解答の補足です。

1 意《い》馬《ば》心《しん》猿《えん》
暴れる馬や騒ぎ立てる猿のように心が落ち着かないこと。
2 吉凶《きっきょう》禍《か》福《ふく》
よいことと悪いこと。
3 閑《かん》話《わ》休題《きゅうだい》
それはさておき。話を本筋に戻すときに言う語。
4 内憂外患《ないゆうがいかん》
国の中で起こる心配事と国の外から受ける心配事とのこと。
5 遺《い》憾《かん》千万《せんばん》
この上なく残念で仕方のないこと。
6 頑《がん》固《こ》一徹《いってつ》
とてもかたくなで一度決めたら考え方を変えようとしないこと。
7 対牛弾琴《たいぎゅうだんきん》
骨を折っても何の効果もなく無駄なこと。
8 呉《ご》越同舟《えつどうしゅう》
敵味方や仲の悪い者同士が同じ場所や境遇にいること。
9 質実剛健《しつじつごうけん》
飾り気がなく、まじめで、強くたくましいこと。
10 粉骨砕身《ふんこつさいしん》
力の限り努力すること。
11 3
12 7
13 8

学習ドリル 12

すぐにチェック!! 練習問題【解答・解説】

問題は本冊P60～62

練習問題 1 読み

グレーの部分は解答の補足です。

1 しゅざん
2 じゅか
3 ゆうしゅう
4 くさい
5 ひしゅう
6 おうしゅう
7 しゅうたい
8 ぼくじゅう
9 ほじゅう
10 くじゅう
11 じゅうか
12 はくしゅく
13 しゅくとく
14 じしゅく
15 じゅく
16 しゅんびん
17 ひじゅん
18 じゅんなん
19 いんじゅん
20 しょむ
21 たんしょたんちょ
22 じょじし
23 ますせき
24 しょうろく
25 ふしょう
26 しょうそう
27 よい
28 えんしょう
29 しょうつき

12「伯叔《はくしゅく》」は、父母の兄弟。伯父(両親の兄)と叔父(両親の弟)のこと。
13「淑徳《しゅくとく》」は、上品でしとやかな婦人の美徳。
17「批准《ひじゅん》」は、条約を確認、確定すること。
19「因循《いんじゅん》」は、古い習慣を守っているだけの態度。
29「祥月命日《しょうつきめいにち》」は、一周忌以後の死去と同じ月の命日。

練習問題 2 書き取り

グレーの部分は解答の補足です。

1 真珠《しんじゅ》
2 儒教《じゅきょう》
3 囚人《しゅうじん》
4 消臭《しょうしゅう》
5 愁傷《しゅうしょう》
6 醜聞《しゅうぶん》
7 汁粉《しるこ》
8 充《あ》てる
9 渋《しぶ》る
10 銃撃《じゅうげき》
11 叔父《おじ》
12 淑女《しゅくじょ》
13 静粛《せいしゅく》
14 塾《じゅく》
15 俊足《しゅんそく》
16 准《じゅん》
17 殉職《じゅんしょく》
18 循環《じゅんかん》
19 庶民《しょみん》
20 鼻緒《はなお》
21 叙述《じょじゅつ》
22 一升《いっしょう》
23 抄本《しょうほん》
24 肖像《しょうぞう》
25 高尚《こうしょう》
26 宵《よい》
27 症状《しょうじょう》
28 不祥《ふしょう》
29 醜《みにく》い

5「ご愁傷《しゅうしょう》さま」は、不幸に対する悔やみの言葉。
6「醜聞《しゅうぶん》」は、聞いて不愉快な風評。スキャンダル。
16「准《じゅん》」は、それに次ぐ意。また、見なして扱う意。
17「殉職《じゅんしょく》」は、職務をまっとうする上での死。
23「抄本《しょうほん》」は、内容の一部を抜いて写した書類。
28「不祥事《ふしょうじ》」は、好ましくない事件。まずい事柄。

練習問題 3 同音・同訓異字

グレーの部分は解答の補足です。

1 虜囚《りょしゅう》
2 旅愁《りょしゅう》
3 充《あ》てた
4 当《あ》たる
5 苦汁《くじゅう》
6 苦渋《くじゅう》
7 殉職《じゅんしょく》
8 潤色《じゅんしょく》
9 循環《じゅんかん》
10 旬刊《じゅんかん》

練習問題 4 部首

1 囗 くにがまえ
2 自 みずから
3 心 こころ
4 儿 ひとあし にんにょう
5 又 また
6 聿 ふでづくり
7 土 つち
8 歹 かばねへん いちたへん がつへん
9 广 まだれ
10 十 じゅう
11 肉 にく
12 ⺌ しょう

学習ドリル 13 すぐにチェック!! 練習問題【解答・解説】

問題は本冊P64～66

練習問題 ① 読み

グレーの部分は解答の補足です。

1 かんしょう
2 しょうてい
3 しょうせき
4 けしょうひん
5 みことのり
6 すいしょう
7 けんしょう
8 つぐなって
9 あんしょう
10 じょうざい
11 よじょう
12 てんじょう
13 かもし
14 しんしん
15 くちびる
16 にんしん
17 しんし
18 しんだん
19 はもの
20 じんらい
21 はなはだ
22 しょうすい
23 すいま
24 すうよう
25 すうこう
26 すえる
27 すぎ
28 いっせい
29 きゅうせい

7「顕彰《けんしょう》」は、功績を周知させること。
10「浄財《じょうざい》」は、寺院や学校などに寄付する金銭。
13「醸《かも》し出《だ》す」は、自然に作り出すこと。
14「津津《しんしん》」は、あふれ出ること。
20「迅雷《じんらい》」は、突然の雷。激しくすばやいことの形容。
22「将帥《しょうすい》」は、軍隊を率いて指揮する将軍のこと。

練習問題 ② 書き取り

グレーの部分は解答の補足です。

1 交渉《こうしょう》
2 訴訟《そしょう》
3 硝酸《しょうさん》
4 化粧《けしょう》
5 詔書《しょうしょ》
6 奨学《しょうがく》
7 表彰《ひょうしょう》
8 弁償《べんしょう》
9 座礁《ざしょう》
10 清浄《せいじょう》
11 過剰《かじょう》
12 土壌《どじょう》
13 醸造《じょうぞう》
14 津波《つなみ》
15 妊娠《にんしん》
16 紳士《しんし》
17 問診《もんしん》
18 刃向《はむ》かう
19 迅速《じんそく》
20 甚大《じんだい》
21 元帥《げんすい》
22 睡眠《すいみん》
23 中枢《ちゅうすう》
24 崇拝《すうはい》
25 据《す》わる
26 杉《すぎ》
27 斉唱《せいしょう》
28 逝去《せいきょ》
29 甚《はなは》だしい

9「座礁《ざしょう》」は、船が隠れた岩に乗り上げること。
12「土壌《どじょう》」は、作物が育つ土。それを育てる環境の意でも用いられる。
20「甚大《じんだい》」は、程度が大きいこと。
23「中枢《ちゅうすう》」は、中心にあって連なる各部に指令を出す最も大事なところ。

練習問題 ③ 同音・同訓異字

グレーの部分は解答の補足です。

1 干渉《かんしょう》
2 緩衝《かんしょう》
3 推奨《すいしょう》
4 水晶《すいしょう》
5 剰余《じょうよ》
6 譲与《じょうよ》
7 据《す》えて
8 吸《す》い
9 健診《けんしん》
10 検針《けんしん》

練習問題 ④ 部首

1 米 こめへん
2 大 だい
3 彡 さんづくり
4 刂 りっとう
5 酉 とりへん
6 口 くち
7 刀 かたな
8 甘 かん あまい
9 巾 はば
10 目 めへん
11 山 やま
12 斉 せい

学習ドリル 14 すぐにチェック!! 練習問題【解答・解説】

問題は本冊P68～70

練習問題① 読み

グレーの部分は解答の補足です。

1 ちかって
2 とうせき
3 つたない
4 せっしゅ
5 すいせん
6 けっせん
7 せんりつ
8 じっせん
9 せんと
10 すすめる
11 せんい
12 ゆうぜん
13 ぜんぞう
14 そしゃく
15 そえん
16 ちょうそ
17 そうきょ
18 さんそう
19 そうさ
20 そうわ
21 ほうそう
22 そうしつ
23 よくそう
24 しもつき
25 かいそう
26 だきょう
27 だたい
28 だせい
29 だがし

2「人工透析《じんこうとうせき》」は、腎臓の機能を補い血液を浄化する治療法。
6「血栓《けっせん》」は、血管内に生じた血液の固まりのこと。
12「友禅《ゆうぜん》」は、花鳥など華麗な模様を染める技法。
14「租借《そしゃく》」は、他国の領土内の土地を借りて統治すること。

練習問題② 書き取り

グレーの部分は解答の補足です。

1 宣誓《せんせい》
2 分析《ぶんせき》
3 拙劣《せつれつ》
4 窃盗《せっとう》
5 仙人《せんにん》
6 元栓《もとせん》
7 旋回《せんかい》
8 実践《じっせん》
9 左遷《させん》
10 推薦《すいせん》
11 繊細《せんさい》
12 禅寺《ぜんでら》
13 漸次《ぜんじ》
14 租税《そぜい》
15 疎外《そがい》
16 塑像《そぞう》
17 悲壮《ひそう》
18 別荘《べっそう》
19 捜索《そうさく》
20 挿《さ》し
21 喪主《もしゅ》
22 水槽《すいそう》
23 霜《しも》
24 藻《も》
25 妥当《だとう》
26 堕落《だらく》
27 惰眠《だみん》
28 駄作《ださく》
29 誓《ちか》い

9「左遷《させん》」は、高い官職・地位から落とすこと。
13「漸次《ぜんじ》」は、少しずつ程度が変わっていくこと。
16「塑像《そぞう》」は、粘土で作った像のこと。
25「妥当《だとう》」は、実情によくあてはまり、その判断や処置がよいと認められること。
28「駄作《ださく》」は、出来のよくない作品のこと。

練習問題③ 同音・同訓異字

グレーの部分は解答の補足です。

1 透析《とうせき》
2 党籍《とうせき》
3 窃取《せっしゅ》
4 摂取《せっしゅ》
5 水仙《すいせん》
6 推薦《すいせん》
7 挿《さ》す
8 刺《さ》す
9 喪《も》
10 藻《も》くず

練習問題④ 部首

1 言 げん
2 穴 あなかんむり
3 方 ほうへん かたへん
4 艹 くさかんむり
5 𤴔 ひきへん
6 土 つち
7 士 さむらい
8 曰 ひらび いわく
9 口 くち
10 艹 くさかんむり
11 女 おんな
12 馬 うまへん

学習ドリル 15 すぐにチェック!! 練習問題【解答・解説】

問題は本冊P72〜74

練習問題 1 読み

グレーの部分は解答の補足です。

1 たいせい
2 せんたく
3 ただし
4 あみだな
5 ぐち
6 ちくご
7 ちつじょ
8 ちゃくなん
9 くちゅう
10 とむらい
11 ちょうはつ
12 ちょうぼう
13 つり
14 ちょうかい
15 ちょくだい
16 ちん
17 かいづか
18 つける
19 たてつぼ
20 ていじ
21 きゅうてい
22 ごうてい
23 りょうてい
24 ていせつ
25 ていしん
26 ていさつ
27 ちょうじ
28 いどむ
29 こらしめる

1「泰西《たいせい》」は、西洋諸国のこと。
6「逐語訳《ちくごやく》」は、原文を一語一語忠実に訳すこと。
9「苦衷《くちゅう》」は、苦しい胸のうち。
16「朕《ちん》」は、皇帝・天子・天皇の自称。秦《しん》の始皇帝が始めたという。
20「呈示《ていじ》」は、相手に差し出して見せること。

練習問題 2 書き取り

グレーの部分は解答の補足です。

1 安泰《あんたい》
2 洗濯《せんたく》
3 但《ただ》し
4 棚上《たなあ》げ
5 音痴《おんち》
6 逐一《ちくいち》
7 秩序《ちつじょ》
8 嫡流《ちゃくりゅう》
9 折衷《せっちゅう》
10 弔問《ちょうもん》
11 挑《いど》む
12 眺《なが》める
13 釣《つ》り
14 懲《こ》りた
15 勅使《ちょくし》
16 朕《ちん》
17 塚《づか》
18 漬《つ》かって
19 坪《つぼ》
20 進呈《しんてい》
21 法廷《ほうてい》
22 邸宅《ていたく》
23 亭主《ていしゅ》
24 貞淑《ていしゅく》
25 逓減《ていげん》
26 探偵《たんてい》
27 眺望《ちょうぼう》
28 釣果《ちょうか》
29 懲悪《ちょうあく》

6「逐一《ちくいち》」は、一つ一つ順を追って。もらさず全て。
8「嫡流《ちゃくりゅう》」は、正統的な血筋のこと。
9「折衷《せっちゅう》」は、それぞれの良い点を選び取って別のものを作ること。
25「逓減《ていげん》」は、次第に減っていくこと。
28「釣果《ちょうか》」は、釣れた魚の量、または獲物。

練習問題 3 同音・同訓異字

グレーの部分は解答の補足です。

1 洗濯《せんたく》
2 選択《せんたく》
3 弔問《ちょうもん》
4 聴聞《ちょうもん》
5 挑発《ちょうはつ》
6 徴発《ちょうはつ》
7 漬《つ》ける
8 就《つ》ける
9 貞操《ていそう》
10 逓送《ていそう》

練習問題 4 部首

1 氺 したみず
2 疒 やまいだれ
3 禾 のぎへん
4 衣 ころも
5 弓 ゆみ
6 心 こころ
7 力 ちから
8 月 つきへん
9 口 くち
10 阝 おおざと
11 亠 なべぶた けいさんかんむり
12 貝 かい こがい

まとめテスト 4

すぐにチェック!! 練習問題【解答・解説】

問題は本冊P75〜76

練習問題 1 漢字と送りがな

1 醜《みにく》い
2 誓《ちか》う
3 償《つぐな》う
4 甚《はなは》だしい
5 拙《つたな》い
6 捜《さが》す
7 弔《とむら》う
8 挑《いど》む
9 眺《なが》めた
10 懲《こ》らしめる

練習問題 2 対義語・類義語

グレーの部分は解答の補足です。

1 悪臭《あくしゅう》
2 醜悪《しゅうあく》
3 充電《じゅうでん》
4 淑女《しゅくじょ》
5 庶務《しょむ》
6 緒論《しょろん》
7 抄訳《しょうやく》
8 浄書《じょうしょ》
9 拙劣《せつれつ》
10 実践《じっせん》
11 左遷《させん》
12 疎林《そりん》
13 妥当《だとう》
14 弔辞《ちょうじ》

練習問題 3 誤字訂正

グレーの部分は誤字・正字を含む熟語です。

［誤］ ［正］

1 殊算 → 珠算
2 不昇 → 不肖
3 整唱 → 斉唱
4 駄性 → 惰性
5 挑望 → 眺望
6 低宅 → 邸宅

練習問題 4 四字熟語

グレーの部分は解答の補足です。

1 一汁一菜《いちじゅういっさい》　ひと椀《わん》の汁と一品のおかず。質素な食事のたとえ。
2 汗牛充棟《かんぎゅうじゅうとう》　書物がたいへん多いことの形容。
3 時期尚早《じきしょうそう》　まだ物事を行う時期ではないこと。
4 鼓腹撃壌《こふくげきじょう》　太平の世を喜び楽しむさま。
5 和洋折衷《わようせっちゅう》　建築や生活様式などで、日本風と西洋風を適度に取り合わせること。
6 疾風迅雷《しっぷうじんらい》　素早く激しいさまのこと。
7 気宇壮大《きうそうだい》　心構えや発想が人よりもとても大きいこと。
8 巧遅拙速《こうちせっそく》　巧みであるが遅いより拙くとも速い方がよいこと。
9 泰然自若《たいぜんじじゃく》　落ち着いていて物事に動じないさま。
10 勧善懲悪《かんぜんちょうあく》　善をすすめ悪をこらしめること。
11 2
12 4
13 8

学習ドリル 16 すぐにチェック!! 練習問題【解答・解説】

問題は本冊P78〜80

練習問題 1 読み

グレーの部分は解答の補足です。

1 きょうてい
2 うんでい
3 てつりつ
4 てってい
5 てっしゅう
6 とうじ
7 とうさい
8 びょうとう
9 かみづつ
10 とうき
11 どうさつ
12 とくそく
13 とっぱん
14 とんでんへい
15 やわらかく
16 あまでら
17 にんしん
18 にんたい
19 あんねい
20 はじ
21 はけん
22 すたれて
23 ばいよう
24 ばいたい
25 ばいしょう
26 むなぎ
27 なんちゃくりく
28 しのばせて
29 はいき

3「迭立《てつりつ》」は、かわるがわる地位につくこと。
10「騰貴《とうき》」は、相場や物価が上がること。
14「屯田兵《とんでんへい》」は、明治時代、北海道で軍事・農業に従事した兵士。
19「安寧《あんねい》」は、穏やかで安らかなこと。
24「媒体《ばいたい》」は、情報伝達などの仲立ちとなるもの。

練習問題 2 書き取り

グレーの部分は解答の補足です。

1 泥《どろ》
2 更迭《こうてつ》
3 徹夜《てつや》
4 撤去《てっきょ》
5 悼《いた》む
6 幾棟《いくむね》
7 竹筒《たけづつ》
8 謄本《とうほん》
9 高騰《こうとう》
10 洞穴《ほらあな／どうけつ》
11 監督《かんとく》
12 凹凸《おうとつ》
13 駐屯《ちゅうとん》
14 軟《やわ》らかく
15 尼僧《にそう》
16 不妊《ふにん》
17 忍《しの》び
18 丁寧《ていねい》
19 把握《はあく》
20 覇気《はき》
21 廃品《はいひん》
22 栽培《さいばい》
23 媒介《ばいかい》
24 賠償《ばいしょう》
25 追悼《ついとう》
26 封筒《ふうとう》
27 空洞《くうどう》
28 残忍《ざんにん》
29 廃《すた》る

2「更迭《こうてつ》」は、職責をになう人を交代させること。
8「謄本《とうほん》」は、原本の内容をそのまま写した書類。
13「駐屯《ちゅうとん》」は、軍隊がある土地に留まること。
20「覇気《はき》」は、積極的に立ち向かう心意気。
29「男が廃《すた》る」は、男としての体面や名誉に傷がつくこと。

練習問題 3 同音・同訓異字

グレーの部分は解答の補足です。

1 官邸《かんてい》
2 艦艇《かんてい》
3 悼《いた》む
4 傷《いた》む
5 高騰《こうとう》
6 高踏《こうとう》
7 覇権《はけん》
8 派遣《はけん》
9 荒廃《こうはい》
10 後輩《こうはい》

練習問題 4 部首

1 氵 さんずい
2 彳 ぎょうにんべん
3 忄 りっしんべん
4 言 げん
5 馬 うま
6 目 め
7 凵 うけばこ
8 屮 てつ
9 車 くるまへん
10 尸 かばね しかばね
11 心 こころ
12 襾 おおいかんむり

学習ドリル 17

すぐにチェック!! 練習問題【解答・解説】

問題は本冊P82〜84

練習問題 ❶ 読み

グレーの部分は解答の補足です。

1 はくらく
2 せんぱく
3 ばくぜん
4 はだみ
5 はち
6 もんばつ
7 わずらわしい
8 はんか
9 ひでんか
10 ひけん
11 とびら
12 ひぎょう
13 ねこ
14 ひんきゃく
15 ひんぱん
16 びん
17 ふじょ
18 ふぞく
19 さいふ
20 けいぶ
21 わいた
22 ふんいき
23 ふんがい
24 へい
25 がっぺい
26 いたべい
27 はんぼう
28 ふってん
29 あわせ

1「伯楽《はくらく》」は、よい馬を見分けることが出来る人。転じて素質ある者を見出し育て上げる名人。

6「門閥《もんばつ》」は、その家の家柄、家格のこと。

11「本《ほん》の扉《とびら》」は、本文の前の題字などを記すページ。

12「同盟罷業《どうめいひぎょう》」は、ストライキのこと。

13「猫《ねこ》かぶり」は、おとなしいふりをすること。

練習問題 ❷ 書き取り

グレーの部分は解答の補足です。

1 伯仲《はくちゅう》
2 舶来《はくらい》
3 砂漠《さばく》
4 肌《はだ》
5 金魚鉢《きんぎょばち》
6 財閥《ざいばつ》
7 煩雑《はんざつ》
8 頒布《はんぷ》
9 妃《ひ》
10 披露《ひろう》
11 扉《とびら》
12 罷免《ひめん》
13 猫《ねこ》
14 国賓《こくひん》
15 頻発《ひんぱつ》
16 花瓶《かびん》
17 扶養《ふよう》
18 楽譜《がくふ》
19 侮《あなど》り
20 沸騰《ふっとう》
21 雰囲気《ふんいき》
22 憤然《ふんぜん》
23 丙《へい》
24 併《あわ》せて
25 塀《へい》
26 煩《わずら》わして
27 侮辱《ぶじょく》
28 沸《わ》いた
29 併用《へいよう》

1「伯仲《はくちゅう》」は、優劣をつけがたいこと。

2「舶来《はくらい》」は、外国から運んでくること。

6「財閥《ざいばつ》」は、大資本家の一族、一門。

8「頒布《はんぷ》」は、多くの人にゆきわたるよう分けること。

12「罷免《ひめん》」は、職務をやめさせること。

14「国賓《こくひん》」は、国家による正式な招待客のこと。

練習問題 ❸ 同音・同訓異字

グレーの部分は解答の補足です。

1 船舶《せんぱく》
2 浅薄《せんぱく》
3 煩《わずら》う
4 患《わずら》う
5 頒布《はんぷ》
6 帆布《はんぷ》
7 開披《かいひ》
8 開扉《かいひ》
9 扶養《ふよう》
10 浮揚《ふよう》

練習問題 ❹ 部首

1 舟 ふねへん
2 月 にくづき
3 門 もんがまえ
4 火 ひへん
5 頁 おおがい
6 戸 とだれ とかんむり
7 罒 あみがしら あみめ よこめ
8 貝 かい こがい
9 瓦 かわら
10 阝 こざとへん
11 雨 あめかんむり
12 一 いち

学習ドリル 18 すぐにチェック!! 練習問題【解答・解説】

問題は本冊P86～88

練習問題 1 読み

グレーの部分は解答の補足です。

1 かへい
2 ひへい
3 へんさち
4 へんろ
5 あわ
6 ほうきゅう
7 ほめる
8 かいぼう
9 ぼうしょく
10 しつぼく
11 げぼく
12 ぼくめつ
13 うちぼり
14 ほんそう
15 らんま
16 まてんろう
17 ませい
18 まっしょう
19 みさき
20 めいき
21 もうしん
22 もうじゅう
23 まもう
24 やくどし
25 ゆらく
26 さとす
27 かたよらない
28 はっぽう
29 みがく

4「遍路《へんろ》」は、弘《こう》法大師の遺跡四国八十八か所を巡拝すること。
11「下僕《げぼく》」は、男の召し使い。下男。
15「快刀乱麻《かいとうらんま》を断《た》つ」は、もつれた物事を手際よく処理すること。
20「銘記《めいき》」は、心にしっかりと刻み、忘れないこと。

練習問題 2 書き取り

グレーの部分は解答の補足です。

1 紙幣《しへい》
2 弊害《へいがい》
3 偏《かたよ》って
4 普遍《ふへん》
5 気泡《きほう》
6 年俸《ねんぽう》
7 褒美《ほうび》
8 紡績《ぼうせき》
9 素朴《そぼく》
10 公僕《こうぼく》
11 打撲《だぼく》
12 堀《ほり》
13 奔放《ほんぽう》
14 麻《あさ》
15 摩擦《まさつ》
16 磨《みが》き
17 抹茶《まっちゃ》
18 岬《みさき》
19 銘柄《めいがら》
20 妄想《もうそう》
21 盲点《もうてん》
22 消耗《しょうもう》
23 厄介《やっかい》
24 愉快《ゆかい》
25 教諭《きょうゆ》
26 偏見《へんけん》
27 泡《あわ》
28 褒《ほ》めて
29 麻酔《ますい》

2「弊害《へいがい》」は、有害なこと。他に及ぼす悪い影響。
4「普遍《ふへん》」は、すべてのものに共通していること。
6「年俸《ねんぽう》」は、一年単位で支給される給与。
13「奔放《ほんぽう》」は、思いのままにふるまうこと。
21「盲点《もうてん》」は、気づかなかったところ。
23「厄介《やっかい》」は、手数がかかるようなこと。

練習問題 3 同音・同訓異字

グレーの部分は解答の補足です。

1 御幣《ごへい》
2 語弊《ごへい》
3 偏在《へんざい》
4 遍在《へんざい》
5 本俸《ほんぽう》
6 本邦《ほんぽう》
7 麻《あさ》
8 朝《あさ》
9 妄動《もうどう》
10 盲導犬《もうどうけん》

練習問題 4 部首

1 巾 はば
2 廾 こまぬき にじゅうあし
3 衣 ころも
4 刂 りっとう
5 大 だい
6 麻 あさ
7 手 て
8 石 いし
9 女 おんな
10 目 め
11 耒 すきへん らいすき
12 厂 がんだれ

学習ドリル 19 すぐにチェック!! 練習問題【解答・解説】

問題は本冊P90〜92

練習問題 ❶ 読み

グレーの部分は解答の補足です。

1 へいゆ
2 ゆいび
3 ゆうぜん
4 ゆうし
5 ゆうふく
6 ゆうし
7 ちゅうよう
8 かま
9 らしんばん
10 らくのう
11 せきり
12 りしゅう
13 せんりゅう
14 りゅうぐうじょう
15 りゅうか
16 ほりょ
17 せいりょう
18 かくりょう
19 りょう
20 じんりん
21 けいるい
22 どるい
23 へんれい
24 よれい
25 まかなう
26 わく
27 いえた
28 はく
29 もどって

1「平癒《へいゆ》」は、病気やけがが治ること。
4「猶子《ゆうし》」は、兄弟や親類、また他人の子を自分の子としたもの。
7「中庸《ちゅうよう》」は、一方にかたよらず中正なこと。
20「人倫《じんりん》」は、人として守るべき道のこと。
21「係累《けいるい》」は、面倒をみるべき家族のこと。

練習問題 ❷ 書き取り

グレーの部分は解答の補足です。

1 癒《い》やされた
2 唯一《ゆいいつ》
3 悠悠《ゆうゆう》 悠々《ゆうゆう》
4 猶予《ゆうよ》
5 余裕《よゆう》
6 金融《きんゆう》
7 凡庸《ぼんよう》
8 窯元《かまもと》
9 網羅《もうら》
10 酪農《らくのう》
11 下痢《げり》
12 履《は》き
13 川柳《せんりゅう》
14 竜巻《たつまき》
15 硫酸《りゅうさん》
16 涼《すず》んで
17 同僚《どうりょう》
18 寮母《りょうぼ》
19 倫理《りんり》
20 累進《るいしん》
21 満塁《まんるい》
22 戻《もど》り
23 風鈴《ふうりん》
24 収賄《しゅうわい》
25 大枠《おおわく》
26 治癒《ちゆ》
27 履歴《りれき》
28 柳《やなぎ》
29 恐竜《きょうりゅう》

3「悠悠自適《ゆうゆうじてき》」は、自由を得て毎日を過ごすこと。
9「網羅《もうら》」は、残らず集めつくすこと。
13「川柳《せんりゅう》」は、俳句と同形式で風刺やユーモアを含む短詩。
20「累進《るいしん》」は、数量の増加につれて、それに対する比率が増すこと。

練習問題 ❸ 同音・同訓異字

グレーの部分は解答の補足です。

1 融解《ゆうかい》
2 誘拐《ゆうかい》
3 富《ふ》裕《ゆう》
4 浮《ふ》遊《ゆう》
5 履《は》く
6 吐《は》く
7 涼感《りょうかん》
8 僚艦《りょうかん》
9 累進《るいしん》
10 塁審《るいしん》

練習問題 ❹ 部首

1 心 こころ
2 犭 けものへん
3 虫 むし
4 广 まだれ
5 穴 あなかんむり
6 罒 あみがしら あみめ よこめ
7 竜 りゅう
8 虍 とらがしら とらかんむり
9 糸 いと
10 土 つち
11 戸 とだれ とかんむり
12 貝 かいへん

まとめテスト 5 すぐにチェック!! 練習問題【解答・解説】

問題は本冊P93～94

練習問題 1 漢字と送りがな

1 軟《やわ》らかく
2 忍《しの》ばせる
3 廃《すた》れて
4 煩《わずら》わす
5 偏《かたよ》って
6 諭《さと》して
7 癒《い》える
8 涼《すず》しい
9 戻《もど》す
10 賄《まかな》う

練習問題 2 対義語・類義語

グレーの部分は解答の補足です。

1 搭載《とうさい》
2 騰貴《とうき》
3 軟式《なんしき》
4 把握《はあく》
5 廃刊《はいかん》
6 伯仲《はくちゅう》
7 舶来《はくらい》
8 普遍《ふへん》
9 俸給《ほうきゅう》
10 抹消《まっしょう》
11 富裕《ふゆう》
12 融解《ゆうかい》
13 倫理《りんり》
14 累計《るいけい》

練習問題 3 誤字訂正

グレーの部分は誤字・正字を含む熟語です。

	[誤]		[正]
1	塔乗	→	搭乗
2	隠任	→	隠忍
3	否業	→	罷業
4	消盲	→	消耗
5	余遊	→	余裕
6	同領	→	同僚

練習問題 4 四字熟語

グレーの部分は解答の補足です。

1 初志貫徹《しょしかんてつ》
初めに心に決めた志を最後まで貫き通すこと。
2 隠忍自重《いんにんじちょう》
苦しみをこらえて軽々しく振る舞わないこと。
3 弊衣破帽《へいいはぼう》
身なりを気にしない粗野な様子のこと。
4 東奔西走《とうほんせいそう》
あちこち忙しく走り回ること。
5 快刀乱麻《かいとうらんま》
こじれた物事をあざやかに処理すること。
6 百戦錬磨《ひゃくせんれんま》
多数の戦いで鍛えられていること。
7 唯一無二《ゆいいつむに》
この世にただ一つしかないもののこと。
8 森羅万象《しんらばんしょう》
この世界に存在する全てのもののこと。
9 冠履倒易《かんりとうえき》
物事の価値などが上下さかさまで無秩序なさま。
10 満目荒涼《まんもくこうりょう》
見渡す限り荒れ果てて寂れていること。
11 4
12 5
13 9

一 読み

各1点 計30点

グレーの部分は解答の補足です。

1 つうぎょう
2 にょいぼう
3 もうそう
4 じょうちょ
5 こうし
6 あんかっしょく
7 しゅうたい
8 ぎょくじ
9 せいちょう
10 どたん
11 しんとう しんどう
12 ろくしょう
13 ごい
14 ひけん
15 いけい
16 ふせん
17 わいろ
18 ごうまん
19 いっしゅう
20 のうしゅよう
21 かし
22 みことのり
23 せり
24 あばく
25 もしくは
26 しぐれ
27 やみ
28 うるわしい
29 またたく
30 おこった

1「通暁《つうぎょう》」は、詳しく知っていること。
2「如意《にょい》」は、思いのままになること。「如意棒《にょいぼう》」は「西遊記《さいゆうき》」の孫悟空の持ち物。
8「玉璽《ぎょくじ》」は、天子の印章。
10「土壇場《どたんば》」は、切羽つまった場面。元は斬罪の刑場。
12「緑青《ろくしょう》」は、銅や銅合金に生じるさび。
14「比肩《ひけん》」は、匹敵すること。
26「時雨《しぐれ》」は、晩秋から初冬にかけて降る通り雨。

二 部首

各1点 計10点

グレーの部分は部首の名前です。

1 二 に
2 虍 とらがしら とらかんむり
3 力 ちから
4 人 ひと
5 止 とめる
6 ⻊ ひき
7 鳥 とり
8 臼 うす
9 鼓 つづみ
10 門 もんがまえ

三 熟語の構成

各2点 計20点

1 イ
2 ウ
3 ア
4 イ
5 オ
6 エ
7 ア
8 エ
9 ア
10 ウ

乗除《じょうじょ》 乗(かけ算)⇔除(割り算)
懇請《こんせい》 懇(心をこめて)↓請(願う)
旋回《せんかい》 どちらも「まわる」意。
贈答《ぞうとう》 贈(る)⇔答(お返しをする)
不肖《ふしょう》 不(否定)+肖(似る)。「似ていない」
懐疑《かいぎ》 懐(に持つ)↑疑(いを)
駐留《ちゅうりゅう》 どちらも「とどまる」意。
座礁《ざしょう》 座(乗り上げる)↑礁(暗礁に)
霊魂《れいこん》 どちらも「たましい」の意。
酪農《らくのう》 酪(乳製品を作る)↓農(業)

四 四字熟語

問1 各2点／計20点

グレーの部分は解答の補足です。

1 綱紀粛正《こうきしゅくせい》
政治のあり方や政治家・役人の態度を正すこと。

2 巧遅拙速《こうちせっそく》
上手であるが遅いより、下手でも速い方がいいという意。もと兵法の語。

3 疾風迅雷《しっぷうじんらい》
速い風と激しい雷。勢いが激しく速いさまをいう語。類電光石火《でんこうせっか》

4 軽挙妄動《けいきょもうどう》
軽はずみに、何の分別も無くみだりに行動すること。

5 初志貫徹《しょしかんてつ》
最初に思い立ったときの志を最後まで貫き通すこと。

6 唯唯諾諾《いいだくだく》
何事にも「はいはい」と従うこと。人におもねり、言いなりになるさま。

7 外柔内剛《がいじゅうないごう》
外見は穏やかでやさしそうだが、内面には強い意志を持っていること。

8 鯨飲馬食《げいいんばしょく》
むやみやたらにたくさん飲み食いすること。「牛飲馬食」ともいう。

9 質実剛健《しつじつごうけん》
飾り気がなくまじめで、心身ともに強くたくましいこと。対巧言令色

10 酔生夢死《すいせいむし》
酒に酔ったような夢を見ているような心地で、ぼんやりと一生を送ること。

問2 各2点／計10点

11 エ
12 コ
13 ク
14 カ
15 ア

五 対義語・類義語

各2点 計20点

グレーの部分は問題の熟語です。

1 円滑《えんかつ》↕停頓《ていとん》
2 主役《しゅやく》↕脇役《わきやく》
3 直進《ちょくしん》↕蛇行《だこう》
4 蓄積《ちくせき》↕消耗《しょうもう》
5 静観《せいかん》↕干渉《かんしょう》
6 苦難《くなん》＝辛酸《しんさん》
7 不意《ふい》＝唐突《とうとつ》
8 暗示《あんじ》＝示唆《しさ》
9 扇動《せんどう》＝挑発《ちょうはつ》
10 黙認《もくにん》＝看過《かんか》

6「辛酸《しんさん》」は、つらく苦しいこと。

7「唐突《とうとつ》」は、出し抜けに。にわかに。

8「示唆《しさ》」は、それとなく知らせること。

10「看過《かんか》」は、大目にみること。また、見過ごすこと。

六 同音・同訓異字

各2点 計20点

グレーの部分は解答の補足です。

1 咽喉《いんこう》
2 淫行《いんこう》
3 伯仲《はくちゅう》
4 白昼《はくちゅう》
5 核心《かくしん》
6 確信《かくしん》
7 派遣《はけん》
8 覇権《はけん》
9 渇《かわ》いて
10 乾《かわ》いて

七 誤字訂正

各2点 計10点

グレーの部分は誤字・正字を含む熟語です。

［誤］ ［正］

1 上げて→挙げて
2 低当→抵当
3 恩謝→恩赦
4 功積→功績
5 伐栽→伐採

八 漢字と送りがな

各2点／計10点

1 忌《い》まわしい
2 煩《わずら》わしい
3 培《つちか》われ
4 紛《まぎ》らわしい
5 拙《つたな》い

九 書き取り

各2点 計50点

グレーの部分は解答の補足です。

1 薫風《くんぷう》
2 抹消《まっしょう》
3 猶予《ゆうよ》
4 撤廃《てっぱい》
5 追悼《ついとう》
6 渓谷《けいこく》
7 左遷《させん》
8 恩賜《おんし》
9 近畿《きんき》
10 報酬《ほうしゅう》
11 詮索《せんさく》
12 右舷《うげん》
13 栄《は》え
14 装《よそお》って
15 懐刀《ふところがたな》
16 戸棚《とだな》
17 鑑《かんが》みて
18 貼《は》る
19 宛名《あてな》
20 痩《や》せる
21 匂《にお》い
22 尻込《しりご》み
23 駆逐《くちく》
24 乱麻《らんま》
25 楼閣《ろうかく》

1「薫風《くんぷう》」は、若葉の香りを届ける初夏の風。

8「恩賜《おんし》」は、天皇や主君からいただくこと。

15「懐刀《ふところがたな》」は、信頼のおける大事な部下。

17「鑑《かんが》みて」は、照らし合わせて。

23「悪貨《あっか》は良貨《りょうか》を駆逐《くちく》する」は、悪いものがはびこると良いものは姿を消すということのたとえ。

24「快刀乱麻《かいとうらんま》を断つ」は、こみいった物事を鮮やかに処理すること。

25「砂上《さじょう》の楼閣《ろうかく》」は、外見は立派だが実はもろい物事のたとえ。

一 読み

各1点 計30点

グレーの部分は解答の補足です。

1 きょうげき
2 こうてつ
3 あいとう
4 はんぷ
5 しっぺい
6 ぼんのう
7 あんぎゃ
8 かちゅう
9 くり
10 くどく
11 ゆうたい
12 やっかん
13 くちゅう
14 とくそく
15 ちゅうてん
16 おんりょう
17 しいてき
18 ざせつ
19 おくびょう
20 おうせい
21 とむらう
22 さわり
23 こもりうた
24 あなどって
25 たまわる
26 ひいでて
27 すべる
28 いぶき
29 だし
30 つや

2「更迭《こうてつ》」は、ある役目の人を別の人に変えること。
6「煩悩《ぼんのう》」は、人の心身を悩ませる一切の妄念。
7「行脚《あんぎゃ》」は、僧が諸国を巡って修行すること。また、徒歩で各地を旅すること。
9「庫裏《くり》」は、寺の台所。また、住職や家族の住居。
10「功徳《くどく》」は、世のため、人のためにする善行。
13「苦衷《くちゅう》」は、苦しい胸の内。
15「沖天《ちゅうてん》の勢《いきお》い」は、天高くのぼるほどの勢い。
27「統《す》べる」は、支配すること。

二 部首

各1点 計10点

グレーの部分は部首の名前です。

1 穴 あなかんむり
2 人 ひとやね
3 斉 せい
4 彳 ぎょうにんべん
5 日 ひへん
6 耒 すきへん らいすき
7 又 また
8 心 こころ
9 貝 かい こがい
10 王 おう

三 熟語の構成

各2点 計20点

1 エ　配膳《はいぜん》　配(る)↑膳(を)
2 ウ　傑作《けっさく》　傑(出した)↓作(品)
3 イ　繁閑《はんかん》　繁(忙しい)⇔閑(ひま)
4 オ　未来《みらい》　未(否定)＋来(る)。「まだきていない」
5 エ　殉職《じゅんしょく》　殉(ずる)↑職(に)
6 エ　保健《ほけん》　保(つ)↑健(康を)
7 イ　衆寡《しゅうか》　衆(大人数)⇔寡(少人数)
8 ア　謄写《とうしゃ》　どちらも「うつす」意。
9 ウ　漸進《ぜんしん》　漸(次第に)↓進(む)
10 ア　罷免《ひめん》　どちらも「やめさせる」意。

四 四字熟語

問1 各2点／計20点

グレーの部分は解答の補足です。

1 相互扶助《そうごふじょ》　お互いに助け合うこと。「弱肉強食《じゃくにくきょうしょく》」に対する社会学説の基本概念。
2 文人墨客《ぶんじんぼっかく》　詩文や書画に親しむ風流な人のこと。
3 悪口雑言《あっこうぞうごん》　口汚く、さんざんに悪口を言うこと。
4 雲散霧消《うんさんむしょう》　雲が散り霧が消えてしまうように、あとかたもなく消え去ること。
5 頑固一徹《がんこいってつ》　非常にかたくなで、一度決めたことは強情に押し通すさま。
6 晴耕雨読《せいこううどく》　わずらわしい世間を離れた田園で、心穏やかに日々を過ごすこと。
7 怒髪衝天《どはつしょうてん》　髪の毛が逆立つほど激しく怒るさま。「怒髪《どはつ》天を衝く」と訓読する。
8 弊衣破帽《へいいはぼう》　破れた衣服や帽子。特に旧制高校生の身なりに構わない様子を表す。
9 霊魂不滅《れいこんふめつ》　人間の魂は、肉体が滅んでも永遠に存在しているという考え方。
10 雲泥万里《うんでいばんり》　空の雲と地上の泥。非常にかけ離れている大きな差異のたとえ。

問2 各2点／計10点

11 キ
12 カ
13 イ
14 コ
15 エ

五 対義語・類義語

各2点 計20点

グレーの部分は問題の熟語です。

1 挫折《ざせつ》↕貫徹《かんてつ》
2 極端《きょくたん》↕中庸《ちゅうよう》
3 隆起《りゅうき》↕陥没《かんぼつ》
4 巧妙《こうみょう》↕拙劣《せつれつ》
5 記名《きめい》↕匿名《とくめい》
6 抜粋《ばっすい》＝抄録《しょうろく》
7 脅迫《きょうはく》＝恐喝《きょうかつ》
8 光陰《こういん》＝星霜《せいそう》
9 辛酸《しんさん》＝困窮《こんきゅう》
10 察知《さっち》＝洞察《どうさつ》

2「中庸《ちゅうよう》」は、かたよらず中正を保つこと。

6「抄録《しょうろく》」は、原文から必要箇所を抜き書きしたもの。

8「光陰《こういん》」は、「光」が太陽、「陰」が月。年月の意。

8「星霜《せいそう》」は、「光陰《こういん》」とおなじく年月のこと。

六 同音・同訓異字

各2点 計20点

グレーの部分は解答の補足です。

1 勧告《かんこく》
2 韓国《かんこく》
3 威儀《いぎ》
4 意義《いぎ》
5 一糸《いっし》
6 一矢《いっし》
7 給与《きゅうよ》
8 窮余《きゅうよ》
9 履《は》き
10 掃《は》き

七 誤字訂正

各2点 計10点

グレーの部分は誤字・正字を含む熟語です。

［誤］　［正］
1 威核 → 威嚇
2 訴証 → 訴訟
3 凡例 → 判例
4 漁穫 → 漁獲
5 模疑 → 模擬

八 漢字と送りがな

各2点／計10点

1 潔《いさぎよ》い
2 癒《い》える
3 瞬《また》たく
4 来《きた》す
5 偽《いつわ》り

九 書き取り

各2点 計50点

グレーの部分は解答の補足です。

1 発煙筒《はつえんとう》
2 薫製《くんせい》
3 搭載《とうさい》
4 推薦《すいせん》
5 拐帯《かいたい》
6 捜索《そうさく》
7 押収《おうしゅう》
8 雰囲気《ふんいき》
9 窮屈《きゅうくつ》
10 頓挫《とんざ》
11 嗅覚《きゅうかく》
12 頭蓋骨《ずがいこつ》
13 稼《かせ》ぎ
14 虐《しいた》げ
15 築山《つきやま》
16 慕《した》い
17 商売敵《しょうばいがたき》
18 繭《まゆ》
19 凝《こ》って
20 串《くし》
21 鎌倉《かまくら》
22 釜《かま》
23 一徹《いってつ》
24 堪忍《かんにん》
25 閑《かん》

3「搭載《とうさい》」は、飛行機や船などに人員・貨物を積み込むこと。

5「拐帯《かいたい》」は、預かった金品を持ち逃げすること。

14「虐《しいた》げる」は、むごく扱うこと。

23「老《お》いの一徹《いってつ》」は、年を取って強情になり、思い込んだことを押し通そうとすること。

24「成《な》らぬ堪忍《かんにん》するが堪忍《かんにん》」は、これ以上我慢できないというところを耐えるのが真の堪忍であるということ。

25「忙中閑有《ぼうちゅうかんあ》り」は、忙しい中にも一息つく間はあるということ。

一 読み

各1点 計30点

グレーの部分は解答の補足です。

1 どくしんじゅつ
2 ぜんじ
3 かぎょう
4 ちゅうすう
5 とうほん
6 しょうよう
7 おんど
8 かっとう
9 ようぎょう
10 きぐ
11 ごんぎょう
12 すんか
13 ほうちく
14 しゅっすい
15 こしょう
16 うつびょう
17 だっきゅう
18 かぶき
19 ねんざ
20 るいせん
21 うやうやしく
22 むなぎ むねぎ
23 ちぎった
24 こりた
25 ためる
26 いろどる
27 あてられる
28 はぎれ
29 ならって
30 つきやま

1「読唇術《どくしんじゅつ》」は、相手の唇の動きを見て言葉を理解する技術。
2「漸次《ぜんじ》」は、次第に。
6「従容《しょうよう》」は、ゆったりと落ち着いているさま。
11「勤行《ごんぎょう》」は、仏前で読経などをすること。
14「出穂《しゅっすい》」は、麦や稲の穂が出ること。
25「矯《た》める」は、悪いところを改め直すこと。
30「築山《つきやま》」は、庭園などで土を小高く盛って山を模したもの。

二 部首

各1点 計10点

グレーの部分は部首の名前です。

1 一 いち
2 彡 さんづくり
3 頁 おおがい
4 宀 うかんむり
5 口 くち
6 糸 いと
7 彳 ぎょうにんべん
8 心 こころ
9 土 つち
10 山 やま

三 熟語の構成

各2点 計20点

1 ア
2 オ
3 エ
4 ウ
5 ウ
6 エ
7 ウ
8 イ
9 ア
10 イ

枢要《すうよう》 どちらも「大切な所」の意。
不遜《ふそん》 不（否定）＋遜（へりくだる）。「思い上がった態度」
懸念《けねん》 懸（かる）↑念（気に）
仮睡《かすい》 仮（りの）↓睡（眠）
直轄《ちょっかつ》 直（接）↓轄（管轄する）
遭難《そうなん》 遭（う）↑難（災難に）
奔流《ほんりゅう》 奔（ほとばしるような）↓流（れ）
起伏《きふく》 起（高いところ）⇕伏（低いところ）
勤務《きんむ》 どちらも「つとめる」意。
経緯《けいい》 経（たて）⇕緯（よこ）

四 四字熟語

問1 各2点／計20点

グレーの部分は解答の補足です。

1 吉凶禍福《きっきょうかふく》
よいことと悪いこと。わざわいと幸い。

2 懇切丁寧《こんせつていねい》
まごころをこめて親切にし、更に細かいところまで気を配ること。

3 天壌無窮《てんじょうむきゅう》
天地とともに永久に極まりないこと。「天壌」は天と地。類天長地久《てんちょうちきゅう》

4 百家争鳴《ひゃっかそうめい》
立場の異なる人々が活発に論争し合うこと。中国共産党のスローガン。

5 道聴塗説《どうちょうとせつ》
理解が浅く、また根拠のない伝聞を受け売りすること。「塗」は道の意。

6 迅速果断《じんそくかだん》
速やかに決断し、大胆に物事を行うさま。類即断即決《そくだんそっけつ》

7 合従連衡《がっしょうれんこう》
その時の情勢に応じて、結びついたり離れたりする巧みな外交政策。

8 自縄自縛《じじょうじばく》
自分の言動に縛られ、自由に行動できないでいるさま。

9 英俊豪傑《えいしゅんごうけつ》
人並み外れた能力を持つすぐれた人物のこと。

10 刻苦勉励《こっくべんれい》
非常な苦労をして勉学に励むこと。

問2 各2点／計10点

11 キ
12 ウ
13 オ
14 カ
15 エ

五 対義語・類義語

各2点 計20点

グレーの部分は問題の熟語です。

1 尊敬《そんけい》↔軽蔑《けいべつ》
2 多弁《たべん》↔寡黙《かもく》
3 率先《そっせん》↔追随《ついずい》
4 任命《にんめい》↔罷免《ひめん》
5 存続《そんぞく》↔廃止《はいし》

6 激励《げきれい》＝鼓舞《こぶ》
7 深謀《しんぼう》＝遠慮《えんりょ》
8 気概《きがい》＝覇気《はき》
9 公表《こうひょう》＝披露《ひろう》
10 太平《たいへい》＝安泰《あんたい》

2「寡黙《かもく》」は、口数の少ないこと。「寡」は少ない。

4「罷免《ひめん》」は、公職にある者を免職にすること。

6「鼓舞《こぶ》」は、人の気を奮い立たせ、励ますこと。

7「深謀《しんぼう》」は、深く考えをめぐらしたはかりごと。

六 同音・同訓異字

各2点 計20点

グレーの部分は解答の補足です。

1 弾劾《だんがい》
2 断崖《だんがい》
3 応酬《おうしゅう》
4 押収《おうしゅう》
5 異様《いよう》
6 偉容《いよう》 威容

7 宝飾《ほうしょく》
8 奉職《ほうしょく》
9 駆《か》られる
10 刈《か》り

七 誤字訂正

各2点 計10点

グレーの部分は誤字・正字を含む熟語です。

［誤］ ［正］

1 惨渦 渦 → 禍 惨禍
2 排棄 排 → 廃 廃棄
3 難着陸 難 → 軟 軟着陸
4 克似 克 → 酷 酷似
5 販布 販 → 頒 頒布

八 漢字と送りがな

各2点／計10点

1 唆《そそのか》し
2 慌《あわ》ただしい
3 塞《ふさ》がる
4 頼《たの》もしい
5 伸《の》ばし

九 書き取り

各2点 計50点

グレーの部分は解答の補足です。

1 愚痴《ぐち》
2 擬態《ぎたい》
3 摩耗《まもう》 磨耗
4 国璽《こくじ》
5 花瓶《かびん》
6 供養《くよう》
7 臼歯《きゅうし》
8 憧憬《しょうけい どうけい》
9 洞窟《どうくつ》

10 楷書《かいしょ》
11 辣腕《らつわん》
12 完璧《かんぺき》
13 堪《た》えない
14 漬《つ》かって
15 恨《うら》めしい
16 渇《かわ》き
17 貝殻《かいがら》
18 据《す》わった

19 褒《ほ》められ
20 隙間《すきま》
21 託《たく》す
22 裾野《すその》
23 旦夕《たんせき》
24 憂患《ゆうかん》
25 柳眉《りゅうび》

2「擬態《ぎたい》」は、あるものの様子に似せること。

11「辣腕《らつわん》」は、物事をてきぱき処理する能力。すご腕。

12「完璧《かんぺき》」は、傷の無い玉の意から完全無欠のこと。

23「命旦夕《めいたんせき》に迫《せま》る」は、死が目前に迫っていること。

24「人生字《じんせいじ》を知るは憂患《ゆうかん》の始《はじ》め」は、知識を身につけると憂え悩むことが多くなるということ。

25「柳眉《りゅうび》を逆立《さかだ》てる」は、美人がひどく怒る形容。

問題は本冊P114～119

一 読み

各1点 計30点

グレーの部分は解答の補足です。

1 きそう
2 らつわん
3 そうにゅうか
4 あんねい
5 がくばつ
6 げんすい
7 こうずか
8 いはつ
9 りちぎ
10 おうう
11 きつもん
12 けんお
13 いい
14 こうせつ
15 さんげ
16 かんきゃく
17 きんこ
18 ゆうよう
19 こかんせつ
20 ばせい
21 ただし
22 うれい
23 そそのかす
24 ねんごろ
25 しわす
26 いなめない
27 つや
28 なえて
29 やよい
30 ほころび

4「安寧《あんねい》」は、世の中が無事で穏やかなこと。

6「元帥《げんすい》」は、軍隊の最高位にある人。総大将。

7「好事家《こうずか》」は、物好きな人。また、風流な人。

8「衣鉢《いはつ》」は、師から弟子へ伝える奥義。

13「唯唯《いい》」は、人に逆らわずに従うさま。

15「散華《さんげ》」は、法会でハスの花弁をかたどった紙をまくこと。また、戦死を指していう。

16「閑却《かんきゃく》」は、いいかげんに放置しておくこと。

18「悠揚《ゆうよう》」は、ゆったりと落ち着いていること。

二 部首

各1点 計10点

グレーの部分は部首の名前です。

1 士 さむらい
2 罒 あみがしら あみめ よこめ
3 凵 うけばこ
4 虍 とらがしら とらかんむり
5 大 だい
6 女 おんな
7 弓 ゆみ
8 木 き
9 麻 あさ
10 大 だい

三 熟語の構成

各2点 計20点

1 ウ
2 ウ
3 ア
4 イ
5 エ
6 エ
7 オ
8 エ
9 ウ
10 ア

傘下《さんか》 傘(の)↓下
苦衷《くちゅう》 苦(しい)↓衷(胸の内)
模擬《もぎ》 どちらも「まねる」意。
隠顕《いんけん》 隠(れる)⇔顕(あらわれる)
沖天《ちゅうてん》 沖(高くのぼる)↑天(に)
執務《しつむ》 執(る)↑務(仕事を)
不偏《ふへん》 不(否定)+偏(り)。「かたよらない」
宣誓《せんせい》 宣(述べる)↑誓(いを)
細心《さいしん》 細(やかな)↓心(遣い)
租税《そぜい》 どちらも「ぜい」の意。

四 四字熟語

問1 各2点／計20点

グレーの部分は解答の補足です。

1 片言隻語《へんげんせきご》
ほんのひと言ふた言のわずかな言葉。類片言隻句《へんげんせっく》

2 円転滑脱《えんてんかつだつ》
言動が自在で角立たず、物事を滑らかに処理していくこと。

3 気宇壮大《きうそうだい》
心の持ち方、心意気がたいへん大きく立派なこと。

4 東奔西走《とうほんせいそう》
仕事や用件のため、あちこちへ忙しく走り回ること。類南船北馬《なんせんほくば》

5 情状酌量《じょうじょうしゃくりょう》
刑罰を科したり懲罰したりするとき、同情すべき点を考慮すること。

6 大喝一声《だいかついっせい》
ひと声大きく叱りつけること。類大《たい》声一喝《せいいっかつ》

7 内憂外患《ないゆうがいかん》
国内にも国外にも憂慮すべき厄介な問題を抱えていること。

8 唯我独尊《ゆいがどくそん》
この世の中で尊いのは自分一人だけであるという意。

9 一切衆生《いっさいしゅじょう》
この世の生きとし生けるものすべての存在。仏教語。

10 教唆扇動《きょうさせんどう》
教えそそのかして人心をあおり立て、行動するよう仕向けること。

問2 各2点／計10点

11 エ
12 ア
13 コ
14 ケ
15 ク

五 対義語・類義語
各2点 計20点

グレーの部分は問題の熟語です。

1 栄転《えいてん》↔左遷《させん》
2 大胆《だいたん》↔臆病《おくびょう》
3 助長《じょちょう》↔阻害《そがい》
4 潤沢《じゅんたく》↔枯渇《こかつ》
5 分割《ぶんかつ》↔併合《へいごう》
6 抵当《ていとう》＝担保《たんぽ》
7 謹賀《きんが》＝恭賀《きょうが》
8 是認《ぜにん》＝肯定《こうてい》
9 削除《さくじょ》＝抹消《まっしょう》
10 続出《ぞくしゅつ》＝頻発《ひんぱつ》

1「左遷《させん》」は、地位や官職を低いものに落とすこと。

4「潤沢《じゅんたく》」は、物品や資金が十分にあること。

6「担保《たんぽ》」は、借金のかたとなるもの。

7「恭賀《きょうが》」は、つつしんで祝うこと。

六 同音・同訓異字
各2点 計20点

1 高騰《こうとう》
2 荒唐《こうとう》
3 佳作《かさく》
4 寡作《かさく》
5 勧奨《かんしょう》
6 観賞《かんしょう》
7 後見《こうけん》
8 貢献《こうけん》
9 鎌《かま》
10 釜《かま》

七 誤字訂正
各2点 計10点

グレーの部分は誤字・正字を含む熟語です。

【誤】→【正】
1 驚威→脅威
2 緩和索→緩和策
3 土譲→土壌
4 紛砕→粉砕
5 付設→布設 敷設

八 漢字と送りがな
各2点／計10点

1 慈《いつく》しむ
2 葬《ほうむ》られ
3 免《まぬか》れる
4 懐《なつ》かしい
5 憧《あこが》れる

九 書き取り
各2点 計50点

グレーの部分は解答の補足です。

1 癒着《ゆちゃく》
2 叙勲《じょくん》
3 掲揚《けいよう》
4 開襟《かいきん》
5 相殺《そうさい》
6 成就《じょうじゅ》
7 勇敢《ゆうかん》
8 佳境《かきょう》
9 歯牙《しが》
10 真摯《しんし》
11 蜂起《ほうき》
12 椅子《いす》
13 暁《あかつき》
14 拒《こば》む
15 鍵《かぎ》
16 障《さわ》る
17 募《つの》る
18 憩《いこ》い
19 縫《ぬ》う
20 鍛《きた》える
21 紛《まぎ》れ
22 捉《とら》え
23 弁慶《べんけい》
24 甲羅《こうら》
25 薬籠《やくろう》

2「叙勲《じょくん》」は、勲等を授け、勲章を与えること。

8「佳境《かきょう》」は、面白いところ。

10「真摯《しんし》」は、まじめでひたむき。

11「蜂起《ほうき》」は、人々が一斉に実力行使の挙に出ること。

13「～の暁《あかつき》には」は、それが実現したその時には、の意。

24「カニは甲羅《こうら》に似《に》せて穴《あな》を掘《ほ》る」は、人は自分の力量に見合った考え方や行動をするということ。

25「自家薬籠中《じかやくろうちゅう》の物《もの》」は、自分の薬箱の薬のように、いつでも思い通りに利用できるもののこと。

問題は本冊P120～125

一 読み

各1点 計30点

グレーの部分は解答の補足です。

1 さいひょう
2 すうこう
3 けんぎ
4 かんかつ
5 ねんぐ
6 しゅさい
7 しせい
8 ちょうか
9 こうそく
10 とうてん
11 しゅびょう
12 せいか
13 こくう
14 かいじゅう
15 ざいごう
16 きんせん
17 かいたい
18 いす
19 ふほう
20 ひゆ
21 みささぎ
22 うとい
23 はずかしめる
24 こう
25 かや
26 もさ
27 けがす
28 たわむれ
29 うらやましく
30 はし

5「年貢《ねんぐ》の納《おさ》め時《どき》」は、続けてきた物事に見切りをつけ、改める時のこと。
6「主宰《しゅさい》」は、人々の中心になって取りまとめること。
7「市井《しせい》」は、世間、ちまた。
14「懐柔《かいじゅう》」は、巧みに手なずけて抱き込むこと。
16「琴線《きんせん》」は、心の奥の、感動し共鳴する心情。
17「拐帯《かいたい》」は、預かった金品を持ち逃げすること。
21「陵《みささぎ》」は、天皇や皇后の墓のこと。

二 部首

各1点 計10点

グレーの部分は部首の名前です。

1 耒 すきへん らいすき
2 力 ちから
3 欠 あくび かける
4 儿 ひとあし にんにょう
5 石 いし
6 虫 むし
7 犭 けものへん
8 馬 うま
9 巾 はば
10 宀 うかんむり

三 熟語の構成

各2点 計20点

1 ア
2 エ
3 オ
4 ウ
5 イ
6 ウ
7 ア
8 イ
9 ア
10 ア

網羅《もうら》 どちらも「あみ」の意。
応募《おうぼ》 応(こたえる)↑募(集に)
不朽《ふきゅう》 不(否定)+朽(ちる)。「くちない」
優遇《ゆうぐう》 優(れた)↓遇(待遇)
禍福《かふく》 禍(災い)⇕福(幸せ)
漆黒《しっこく》 漆(のような)↓黒
苛烈《かれつ》 どちらも「はげしい」意。
授受《じゅじゅ》 授(ける)⇕受(ける)
依頼《いらい》 どちらも「たのむ」意。
均衡《きんこう》 どちらも「ひとしい」意。

四 四字熟語

問1 各2点／計20点

グレーの部分は解答の補足です。

1 襲名《しゅうめい》披露《ひろう》
先代の名跡を継承したことを広く世間に知らせること。
2 低唱《ていしょう》微吟《びぎん》
低く小さい声で詩歌をうたうこと。
3 付和《ふわ》雷同《らいどう》
定見を持たず、他人の言動にすぐ同調すること。類 唯唯諾諾《いいだくだく》
4 流言《りゅうげん》飛語《ひご》
確かな根拠もなく、事実とも異なるうわさ話。
5 意馬《いば》心猿《しんえん》
煩悩や妄念などのために心が騒いで落ち着かないたとえ。
6 窮余《きゅうよ》の一策《いっさく》
追い詰められ困り果てたあげくに思いついた方策のこと。
7 春愁《しゅんしゅう》秋思《しゅうし》
春の日に心がとらわれる愁いと、秋にふと感じる寂しい思い。
8 沈思《ちんし》黙考《もっこう》
黙ってじっくりと深く考えること。
9 風霜《ふうそう》高潔《こうけつ》
澄み切った秋の景色の形容。風が高く吹き渡り霜が清らかに降りる。
10 柳緑《りゅうりょく》花紅《かこう》
美しい春の景色の形容。また華やかな装いの形容。類 花紅柳緑《かこうりゅうりょく》

問2 各2点／計10点

11 ウ
12 カ
13 コ
14 ケ
15 オ

五 対義語・類義語

各2点 計20点

グレーの部分は問題の熟語です。

1 賞賛《しょうさん》↕叱責《しっせき》
2 独創《どくそう》↕模倣《もほう》
3 拒絶《きょぜつ》↕応諾《おうだく》
4 蓄積《ちくせき》↕消耗《しょうもう》
5 低俗《ていぞく》↕高尚《こうしょう》

6 成就《じょうじゅ》＝完遂《かんすい》
7 受胎《じゅたい》＝妊娠《にんしん》
8 傾倒《けいとう》＝心酔《しんすい》
9 虚構《きょこう》＝架空《かくう》
10 根絶《こんぜつ》＝撲滅《ぼくめつ》

5「高尚《こうしょう》」は、上品で格が高いこと。
8「心酔《しんすい》」は、心から敬服し慕うこと。
9「架空《かくう》」は、想像で作り出すこと。
10「撲滅《ぼくめつ》」は、完全にうち滅ぼすこと。

六 同音・同訓異字

各2点 計20点

グレーの部分は解答の補足です。

1 戴冠《たいかん》
2 耐寒《たいかん》
3 帰還《きかん》
4 基幹《きかん》
5 紀行《きこう》
6 寄稿《きこう》

7 融資《ゆうし》
8 有史《ゆうし》
9 酌《く》み
10 組《く》んで

七 誤字訂正

各2点 計10点

グレーの部分は誤字・正字を含む熟語です。

［誤］　［正］
1 寒 寂 → 閑 寂
2 愛 歓 → 哀 歓
3 裁 相 → 宰 相
4 謹 み → 慎 み
5 前 後策 → 善 後策

八 漢字と送りがな

各2点／計10点

1 辱《はずかし》める
2 憤《いきどお》る
3 衰《おとろ》える
4 漂《ただよ》う
5 羨《うらや》ましい

九 書き取り

各2点 計50点

グレーの部分は解答の補足です。

1 漸減《ぜんげん》
2 閑散《かんさん》
3 苦衷《くちゅう》
4 挨拶《あいさつ》
5 奔放《ほんぽう》
6 座礁《ざしょう》
7 潜伏《せんぷく》
8 幸甚《こうじん》
9 悠揚《ゆうよう》

10 風呂《ふろ》
11 曖昧《あいまい》
12 煎茶《せんちゃ》
13 懸《か》かって
14 洞穴《どうけつ》《ほらあな》
15 長袖《ながそで》
16 悼《いた》む
17 忍《しの》んで
18 赴《おもむ》く

19 諭《さと》す
20 鶏《にわとり》
21 蜂《はち》
22 脇腹《わきばら》
23 清濁《せいだく》
24 蛍雪《けいせつ》
25 雲泥《うんでい》

1「漸減《ぜんげん》」は、少しずつ減ること。
3「苦衷《くちゅう》」は、苦しい胸のうち。
5「奔放《ほんぽう》」は、自由気ままに振る舞うこと。
8「幸甚《こうじん》」は、何よりもしあわせ。書信に用いることが多い。
9「悠揚《ゆうよう》」は、細事にこだわらず、ゆったりしているさま。
23「清濁併《せいだくあわ》せのむ」は、度量の大きいことのたとえ。
24「蛍雪《けいせつ》の功《こう》を積《つ》む」は、貧しい中で苦学して成果を得ること。
25「雲泥《うんでい》の差《さ》」は、雲と地上の泥のように違いが大きいこと。

問題は本冊P126〜131

一 読み

各1点 計30点

グレーの部分は解答の補足です。

1 もんぴ
2 いっしょう
3 いっこん
4 あくえき
5 せったく
6 けんこう
7 ひへい
8 じょうじゅ
9 ちょうめい
10 あいびょうか
11 こさつ
12 へんきょう
13 ぶさた
14 どき
15 たんしゅう
16 げだつ
17 せいとん
18 はたん
19 たいかん
20 はんてん
21 さえぎる
22 つぐなう
23 ゆく いく
24 ふところ
25 ほかげ
26 すい
27 うたい
28 さとす
29 のら
30 おぼれる

2「一升買《いっしょうが》い」は、米などを一升ずつ買うこと。貧しい生活のさま。

6「権衡《けんこう》」は、おもりとさおのこと。転じて物事のつりあい。

11「古刹《こさつ》」は、由緒ある古い寺のこと。

15「反収《たんしゅう》」は、田畑一反(約10アール)当たりの収穫高。

26「酸《す》いも甘《あま》いもかみ分《わ》ける」は、人生経験を積んで人情の機微や世間の複雑さをよく知ること。

二 部首

各1点 計10点

グレーの部分は部首の名前です。

1 寸 すん
2 殳 るまた ほこづくり
3 雨 あめかんむり
4 刂 りっとう
5 糸 いと
6 十 じゅう
7 戸 とだれ とかんむり
8 口 くち
9 田 た
10 罒 あみがしら あみめ よこめ

三 熟語の構成

各2点 計20点

1 ア
2 エ
3 ウ
4 イ
5 ア
6 ア
7 イ
8 ウ
9 オ
10 エ

解剖《かいぼう》 どちらも「切り分ける」意。
耐震《たいしん》 耐(える)↑震(地震に)
佳境《かきょう》 佳(すばらしい)↓境(ところ)
抑揚《よくよう》 抑(える)⇔揚(げる)
珠玉《しゅぎょく》 どちらも「宝石」の意。
研磨《けんま》 どちらも「みがく」意。
屈伸《くっしん》 屈(まげる)⇔伸(ばす)
晩成《ばんせい》 晩(時期がおそく)↓成(できる)
無粋《ぶすい》 無(否定)+粋(いき)。「いきでない」
融資《ゆうし》 融(通する)↑資(金を)

四 四字熟語

問1 各2点/計20点

グレーの部分は解答の補足です。

1 大《たい》悟《ご》徹《てっ》底《てい》
2 汗《かん》牛《ぎゅう》充《じゅう》棟《とう》
3 面《めん》目《もく》躍《やく》如《じょ》
4 換《かん》骨《こつ》奪《だっ》胎《たい》
5 千《せん》載《ざい》一《いち》遇《ぐう》
6 勇《ゆう》猛《もう》果《か》敢《かん》
7 禍《か》福《ふく》得《とく》喪《そう》
8 堅《けん》忍《にん》不《ふ》抜《ばつ》
9 鼓《こ》腹《ふく》撃《げき》壌《じょう》
10 少《しょう》壮《そう》気《き》鋭《えい》

1 すべての迷いを断って悟りきること。仏教語。
2 蔵書が非常に多いことの形容。積めば棟木まで届き運べば牛が汗する。
3 世間の評判通りの活躍をして威勢がよいこと。「面目」は「めんぼく」とも読む。
4 外見は元のままで中身が違うこと。元は詩文の創作に関する語だった。
5 千年に一度、偶然に出会うくらいの滅多にない機会。「載」は年の意。
6 勇ましく、力強く、決断力に富むさま。類 剛《ごう》毅《き》果《か》断《だん》
7 災いに遭遇したり幸運に恵まれたり、成功したり失敗したりすること。
8 強い意志で何事も耐え忍び、心を動かさないこと。類 志《し》操《そう》堅《けん》固《ご》
9 善政が行われて、人々が太平の世を喜び楽しむさま。
10 二十代、三十代の意気盛んな年ごろで、将来が期待されていること。

問2 各2点/計10点

11 コ
12 ウ
13 エ
14 ケ
15 イ

五 対義語・類義語

各2点 計20点

グレーの部分は問題の熟語です。

1 老巧《ろうこう》 ↔ 稚拙《ちせつ》
2 崇拝《すうはい》 ↔ 軽侮《けいぶ》
3 疎遠《そえん》 ↔ 懇意《こんい》
4 軽快《けいかい》 ↔ 荘重《そうちょう》
5 小計《しょうけい》 ↔ 総計《そうけい》

6 倒壊《とうかい》 ＝ 瓦解《がかい》
7 裕福《ゆうふく》 ＝ 富貴《ふうき》
8 勘弁《かんべん》 ＝ 容赦《ようしゃ》
9 寄与《きよ》 ＝ 貢献《こうけん》
10 手柄《てがら》 ＝ 勲功《くんこう》

1「稚拙《ちせつ》」は、子どもっぽくて下手なこと。

3「懇意《こんい》」は、仲よく付き合う関係にあること。

4「荘重《そうちょう》」は、いかめしく重々しいこと。

6「瓦解《がかい》」は、一部の崩れから全体が崩れ去ること。

六 同音・同訓異字

各2点 計20点

1 拳法《けんぽう》
2 憲法《けんぽう》
3 教義《きょうぎ》
4 狭義《きょうぎ》
5 警鐘《けいしょう》
6 継承《けいしょう》

7 考証《こうしょう》
8 交渉《こうしょう》
9 江《え》
10 柄《え》

七 誤字訂正

各2点 計10点

グレーの部分は誤字・正字を含む熟語です。

［誤］ ［正］
1 陶粋 → 陶酔
2 簡傑 → 簡潔
3 粛正 → 粛清
4 凡悩 → 煩悩
5 貫容 → 寛容

八 漢字と送りがな

各2点／計10点

1 芳《かんば》しい
2 賄《まかな》う
3 怠《おこた》る
4 謹《つつし》んで
5 爽《さわ》やかな

九 書き取り

各2点 計50点

グレーの部分は解答の補足です。

1 返戻《へんれい》
2 触媒《しょくばい》
3 迅速《じんそく》
4 愉快《ゆかい》
5 批准《ひじゅん》
6 完遂《かんすい》
7 芯《しん》
8 喝采《かっさい》
9 腎臓《じんぞう》

10 親戚《しんせき》
11 堆積《たいせき》
12 隠蔽《いんぺい》
13 貪《むさぼ》る
14 麓《ふもと》
15 脅《おびや》かされ
16 居候《いそうろう》
17 培《つちか》う
18 染《し》み

19 鶴《つる》
20 担《かつ》がれ
21 焦《あせ》り
22 励《はげ》まし
23 覆水《ふくすい》
24 禍福《かふく》
25 冥土《めいど》

2「触媒《しょくばい》」は、化学反応に際し、それ自身は化学変化を受けずに反応速度に影響を与える物質。

5「批准《ひじゅん》」は、全権委員が署名した条約を主権者が承認すること。

16「居候《いそうろう》」は、他人の家に寄食すること。また、その人。

23「覆水盆《ふくすいぼん》に返《かえ》らず」は、こぼれた水が元に戻らないように、一度起きてしまったことは取り返しがつかないということ。

25「門松《かどまつ》は冥土《めいど》の旅《たび》の一里塚《いちりづか》」は、毎年門松を立てるごとに死に近づいているということ。

問題は本冊P132〜137

一 読み

各1点 計30点

グレーの部分は解答の補足です。

1 きょうきん
2 とうき
3 はいえつ
4 じぎ
5 ほうしょう
6 てっぱつ
7 やっかい
8 てっしょう
9 だじょうかん
10 ふせつ
11 むほん
12 きえ
13 こんぼう
14 ようする
15 しゅうちしん
16 ほうちく
17 あいさつ
18 ひっす
19 かこく
20 しゅうきゅう
21 いつくしむ
22 うね
23 とこよ
24 かたく
25 しずめる
26 まぶか
27 かんばしい
28 のりと
29 ねたむ
30 けちらす

1「胸襟《きょうきん》」は胸の中。心の中。
4「時宜《じぎ》」は、物事を行うにちょうどよい頃合い。
6「鉄鉢《てっぱつ》」は、僧が托鉢《たく》に用いる鉢。応器ともいう。
9「太政官《だいじょうかん》」は、明治政府の最高官庁。明治十八年に廃止された。
14「擁《よう》する」は、かかえる。率いる。
18「必須《ひっす》」は、必ずあるべきもののこと。
23「常世《とこよ》」は、常世の国のこと。古代の日本人が遥《はる》か遠くにあると想像した。

二 部首

各1点 計10点

グレーの部分は部首の名前です。

1 刂 りっとう
2 阝 おおざと
3 玉 たま
4 小 したごころ
5 行 ぎょうがまえ ゆきがまえ
6 口 くち
7 爫 つめかんむり つめがしら
8 氺 したみず
9 斉 せい
10 一 いち

三 熟語の構成

各2点 計20点

1 エ
2 エ
3 オ
4 イ
5 ウ
6 ウ
7 ア
8 エ
9 ウ
10 ア

徹宵《てっしょう》 徹(する)↑宵(夜を)
発泡《はっぽう》 発(する)↑泡(を)
不穏《ふおん》 不(否定)＋穏(やか)。「おだやかでない」
巧拙《こうせつ》 巧(み)⇕拙(い)
漸減《ぜんげん》 漸(次第に)↓減(らす)
公僕《こうぼく》 公(おおやけの)↓僕(しもべ)
弾劾《だんがい》 どちらも「罪をただす」意。
即位《そくい》 即(つく)↑位(地位に)
重視《じゅうし》 重(要と)↓視(みる)
選択《せんたく》 どちらも「えらぶ」意。

四 四字熟語

問1 各2点／計20点

グレーの部分は解答の補足です。

1 多岐亡羊《たきぼうよう》
学問の道が細分化しすぎ、真理に到達し難いこと。

2 当意即妙《とういそくみょう》
即座に機転をきかせて適切な対応を取ること。

3 面従腹背《めんじゅうふくはい》
うわべでは従うふりをして、心の中で背くこと。

4 佳人薄命《かじんはくめい》
美しい人はとかく薄幸であること。「薄命」には短命の意もある。

5 高論卓説《こうろんたくせつ》
非常に程度の高い議論やすぐれた意見。

6 熟慮断行《じゅくりょだんこう》
十分に考えた上で思い切って実行すること。対 軽挙妄動《けいきょもうどう》

7 痛快無比《つうかいむひ》
比べるものがないくらい、この上なく愉快であること。

8 同工異曲《どうこういきょく》
外見は異なるが、内容にたいした違いは無いこと。類 大同小異《だいどうしょうい》

9 明鏡止水《めいきょうしすい》
澄み切って落ち着いた心の形容。類 虚心坦懐《きょしんたんかい》 対 意馬心猿《いばしんえん》

10 和魂洋才《わこんようさい》
日本古来の精神を失わずに西洋の学問・知識を活用すべきである。

問2 各2点／計10点

11 ウ
12 ケ
13 ク
14 イ
15 ア

五 対義語・類義語

各2点 計20点

グレーの部分は問題の熟語です。

1 賛辞《さんじ》 ↕ 酷評《こくひょう》
2 慶賀《けいが》 ↕ 哀悼《あいとう》
3 巧遅《こうち》 ↕ 拙速《せっそく》
4 豊富《ほうふ》 ↕ 僅少《きんしょう》
5 反逆《はんぎゃく》 ↕ 恭順《きょうじゅん》

6 寄贈《きぞう》 ＝ 進呈《しんてい》
7 熟知《じゅくち》 ＝ 通暁《つうぎょう》
8 我慢《がまん》 ＝ 忍耐《にんたい》
9 委任《いにん》 ＝ 付託《ふたく》
10 憎悪《ぞうお》 ＝ 嫌悪《けんお》

2「慶賀《けいが》」は、めでたい出来事をよろこび祝うこと。

3「拙速《せっそく》」は、仕上がりは拙くともやり方が速いこと。

5「恭順《きょうじゅん》」は、つつしんで従うこと。

7「通暁《つうぎょう》」は、詳しく知っていること。

六 同音・同訓異字

各2点 計20点

グレーの部分は解答の補足です。

1 蜂起《ほうき》
2 放棄《ほうき》
3 検疫《けんえき》
4 権益《けんえき》
5 高架《こうか》
6 硬化《こうか》
7 渋滞《じゅうたい》
8 縦隊《じゅうたい》
9 腐《くさ》す
10 臭《くさ》い

七 誤字訂正

各2点 計10点

グレーの部分は誤字・正字を含む熟語です。

【誤】 → 【正】

1 弱干 → 弱冠
2 阻借 → 租借
3 堪案 → 勘案
4 磨天楼 → 摩天楼
5 故傷 → 故障

八 漢字と送りがな

各2点／計10点

1 奉《たてまつ》られる
2 嘲《あざけ》る
3 妨《さまた》げ
4 潔《いさぎよ》し
5 滞《とどこお》る

九 書き取り

各2点 計50点

グレーの部分は解答の補足です。

1 吟醸《ぎんじょう》
2 贈呈《ぞうてい》
3 艦艇《かんてい》
4 透析《とうせき》
5 威嚇《いかく》
6 稚拙《ちせつ》
7 懐中《かいちゅう》
8 喚起《かんき》
9 拒絶《きょぜつ》
10 短冊《たんざく》
11 稽古《けいこ》
12 柵《さく》
13 裁《た》つ
14 矯《た》める
15 帆《ほ》
16 籠《こ》もり
17 諦《あきら》める
18 懇《ねんご》ろ
19 瞳《ひとみ》
20 慰《なぐさ》めて
21 枕《まくら》
22 利《き》き
23 喉元《のどもと》
24 駄賃《だちん》
25 栄辱《えいじょく》

1「吟醸《ぎんじょう》」は、精選した材料で丁寧に醸造すること。

6「稚拙《ちせつ》」は、幼稚で未熟、拙いこと。

14「矯《た》める」は、悪いところを改めさせ、正しく直すこと。

24「行《い》き掛《が》けの駄賃《だちん》」は、あることのついでに別のことをして金品を得ること。

25「衣食足《いしょくた》れば すなわち栄辱《えいじょく》を知《し》る」は、衣食の心配が無くなって初めて名誉を守り、恥を知るようになるということ。「衣食足《いしょくた》りて礼節《れいせつ》を知《し》る」とも言う。

問題は本冊P138～143

一 読み

各1点 計30点

グレーの部分は解答の補足です。

1 はいび
2 ぐまい
3 せんりつ
4 せっちゅう
5 はくしゅく
6 こくひん
7 おうめんきょう
8 そうさい
9 ぶしん
10 しっと
11 へんれい
12 ちみつ
13 きゃはん
14 あっさく
15 せきじつ
16 だき
17 ゆうすい
18 ちょうふ
19 かいしょ
20 やきん
21 つむいで
22 かいま
23 あせり
24 ひるがえって
25 つづみうた
26 きわ
27 おのおの
28 みぞ
29 かもされる
30 かき

1「拝眉《はいび》」は、お目にかかること。

2「愚昧《ぐまい》」は、おろかで道理にうといこと。

4「折衷《せっちゅう》」は、取捨してほどよく調和させること。

5「伯叔《はくしゅく》」は、兄と弟。また、父の兄と弟。

13「脚半《きゃはん》」は、動きやすくするためすねに巻いた布。

16「唾棄《だき》」は、軽蔑して嫌うこと。

20「冶金《やきん》」は、鉱石から含有金属を取り出し精製すること。また、その金属を加工する技術。

25「鼓唄《つづみうた》」は、太鼓・小鼓だけを伴奏にした唄。

二 部首

各1点 計10点

グレーの部分は部首の名前です。

1 力 ちから
2 𤴔 ひきへん
3 頁 おおがい
4 瓦 かわら
5 心 こころ
6 口 くち
7 刀 かたな
8 穴 あなかんむり
9 缶 ほとぎ
10 手 て

三 熟語の構成

各2点 計20点

1 ア
2 オ
3 エ
4 イ
5 ウ
6 イ
7 エ
8 オ
9 ウ
10 ア

素朴《そぼく》 どちらも「そのまま」の意。
未熟《みじゅく》 未(否定)＋熟(熟練)。「熟練していない」
殉教《じゅんきょう》 殉(命をささげる)↑教(えに)
添削《てんさく》 添(加える)⇔削(除く)
予告《よこく》 予(あらかじめ)↓告(げる)
陰陽《いんよう》 陰(かげ)⇔陽(ひなた)
献金《けんきん》 献(差し上げる)↑金(を)
無事《ぶじ》 無(否定)＋事(できごと)。「なにごともない」
環礁《かんしょう》 環(輪になった)↓礁(さんご礁)
船舶《せんぱく》 どちらも「ふね」の意。

四 四字熟語

問1 各2点／計20点

グレーの部分は解答の補足です。

1 気炎万丈《きえんばんじょう》
他を圧倒するほど盛んな気勢。また、意気盛んな議論。

2 主客転倒《しゅかくてんとう》
物事の順序や立場が逆転すること。類 本末転倒《ほんまつてんとう》

3 対牛弾琴《たいぎゅうだんきん》
牛に琴を弾いて聞かせても分からない。何の効果もなく無駄なたとえ。

4 春宵一刻《しゅんしょういっこく》
春の夜のひと時は何とも言えぬ良い味わいがあり、千金の価値を持つ。

5 率先垂範《そっせんすいはん》
人の先頭に立って模範を示すこと。

6 隠忍自重《いんにんじちょう》
辛さなどをじっと堪え忍んで、行動を慎むこと。対 軽挙妄動《けいきょもうどう》

7 金科玉条《きんかぎょくじょう》
大切なよりどころとして守るべき法律や規則。

8 森羅万象《しんらばんしょう》
この世界に存在するすべてのもの。

9 群雄割拠《ぐんゆうかっきょ》
多くの英雄や実力者たちが各地に勢力を張って競い合うこと。

10 精進潔斎《しょうじんけっさい》
飲食や行いを慎み、心身の清浄さを保つこと。

問2 各2点／計10点

11 ウ
12 カ
13 キ
14 ア
15 エ

五 対義語・類義語

各2点 計20点

グレーの部分は問題の熟語です。

1 混雑《こんざつ》↕閑散《かんさん》
2 臭気《しゅうき》↕芳香《ほうこう》
3 恒久《こうきゅう》↕暫時《ざんじ》
4 威圧《いあつ》↕懐柔《かいじゅう》
5 勤勉《きんべん》↕怠惰《たいだ》

6 心配《しんぱい》＝憂慮《ゆうりょ》
7 混乱《こんらん》＝紛糾《ふんきゅう》
8 調和《ちょうわ》＝均衡《きんこう》
9 交渉《こうしょう》＝折衝《せっしょう》
10 念願《ねんがん》＝本懐《ほんかい》

3「暫時《ざんじ》」は、少しの間。しばし。
4「懐柔《かいじゅう》」は、言葉巧みに手なずけ抱き込むこと。
9「折衝《せっしょう》」は、外交交渉などにおけるかけひきのこと。
10「本懐《ほんかい》」は、本来の願い。本望。

六 同音・同訓異字

各2点 計20点

グレーの部分は解答の補足です。

1 既成《きせい》
2 既製《きせい》
3 修業《しゅぎょう》
4 修行《しゅぎょう》
5 雌伏《しふく》
6 至福《しふく》

7 慰労《いろう》
8 遺漏《いろう》
9 荒《あら》い
10 粗《あら》い

七 誤字訂正

各2点 計10点

グレーの部分は誤字・正字を含む熟語です。

［誤］ ［正］
1 欠叙 → 欠如
2 遇発 → 偶発
3 唯納 → 結納
4 貨弊 → 貨幣
5 譲成 → 醸成

八 漢字と送りがな

各2点／計10点

1 侮《あなど》れ
2 企《くわだ》てる
3 覆《くつがえ》し
4 施《ほどこ》し
5 懲《こ》りる

九 書き取り

各2点 計50点

グレーの部分は解答の補足です。

1 惰性《だせい》
2 枯渇《こかつ》
3 糾弾《きゅうだん》
4 廃棄《はいき》
5 褒美《ほうび》
6 駄作《ださく》
7 平衡《へいこう》
8 旋盤《せんばん》
9 貫徹《かんてつ》

10 繊維《せんい》
11 追随《ついずい》
12 脊椎《せきつい》
13 棚引《たなび》く
14 挿《さ》し
15 巧《たく》み
16 橋桁《はしげた》
17 緩《ゆる》やか
18 爪《つめ》

19 狙《ねら》った
20 野面《のづら》
21 駒《こま》
22 韓国《かんこく》
23 亀《かめ》
24 葬式《そうしき》
25 沙汰《さた》

7「平衡感覚《へいこうかんかく》」は、釣り合っていることを知る感覚。
8「旋盤《せんばん》」は、加工物の切削などを行う工作機械。
13「棚引《たなび》く」は、雲や煙などが横に長く流れて緩やかに動くこと。
23「亀《かめ》の甲《こう》より年《とし》の功《こう》」は、年長者の人生経験は貴重だということ。
24「葬式《そうしき》すんで医者《いしゃ》ばなし」は、今さら言っても仕方のない愚痴。
25「地獄《じごく》の沙汰《さた》も金《かね》次第《しだい》」は、この世のことは何事も金が物を言うというたとえ。

一 読み

各1点 計30点

グレーの部分は解答の補足です。

1 ばいしゃく
2 ししゅく
3 さくさん
4 しんりゅう
5 とんでんへい
6 しそう
7 さん
8 えこう
9 せしゅ
10 こくびゃく
11 しか
12 かせん
13 せんりつ
14 どんよく
15 じみ
16 そうてん
17 はんよう
18 しんぼくかい
19 めんるい
20 じょうるり
21 わずらって
22 かたよった
23 はばまれ
24 したたり
25 くつがえされ
26 いたむ
27 ほうむり
28 ちご
29 くろうと
30 やみよ

2「私淑《ししゅく》」は、ひそかにある人を師として敬い、学ぶこと。
5「屯田兵《とんでんへい》」は、明治時代に北海道の開拓と警備を任務とした兵のこと。
6「詞藻《しそう》」は、ことばのあや。また、詩文の才。
8「回向《えこう》」は、仏事を営み、死者の冥福を祈ること。
10「黒白《こくびゃく》の差《さ》」は、ふたつの物事の違いが大きいこと。
11「賜暇《しか》」は、官吏が休暇をもらうこと。
17「汎用《はんよう》」は、ひとつのものを多方面に用いること。

二 部首

各1点 計10点

グレーの部分は部首の名前です。

1 頁 おおがい
2 心 こころ
3 言 げん
4 貝 かい こがい
5 囗 くにがまえ
6 尸 かばね しかばね
7 衣 ころも
8 目 め
9 口 くち
10 亠 なべぶた けいさんかんむり

三 熟語の構成

各2点 計20点

1 エ
2 オ
3 ア
4 ウ
5 ア
6 イ
7 ア
8 イ
9 エ
10 ア

懐古《かいこ》 懐(しむ)↑古(昔を)
未然《みぜん》 未(否定)＋然(その状態)。「まだそうならない」
露顕《ろけん》 どちらも「あらわれる」意。
酷似《こくじ》 酷(とても)↓似(ている)
謙譲《けんじょう》 どちらも「へりくだる」意。
寛厳《かんげん》 寛(ゆるやか)⇔厳(しい)
愉悦《ゆえつ》 どちらも「よろこび楽しむ」意。
硬軟《こうなん》 硬(い)⇔軟(らかい)
避難《ひなん》 避(ける)↑難(災難を)
抹消《まっしょう》 どちらも「けす」の意。

四 四字熟語

問1 各2点／計20点

グレーの部分は解答の補足です。

1 内柔外剛《ないじゅうがいごう》
内面は弱いのに、外に対しては強気に出ること。対外柔内剛《がいじゅうないごう》
2 一陽来復《いちようらいふく》
冬が終わり春が来ること。また悪い事が続いた後でよい方に向かうこと。
3 空中楼閣《くうちゅうのろうかく》
しんきろう。転じて空想的に作り上げた根拠のない事がらのこと。
4 順風満帆《じゅんぷうまんぱん》
物事がすべて順調にうまくいくたとえ。
5 心頭滅却《しんとうめっきゃく》
心中の雑念・妄念を消し去ること。
6 大慈大悲《だいじだいひ》
衆生を救う仏の広大な慈悲のこと。
7 博覧強記《はくらんきょうき》
多くの物事を見知って、よく覚えていること。
8 遺憾千万《いかんせんばん》
思い通りにいかず、非常に残念なさま。
9 夏炉冬扇《かろとうせん》
時期外れで役に立たないもののたとえ。
10 九牛一毛《きゅうぎゅうのいちもう》
多くの中の、きわめてわずかな部分のたとえ。類大海一滴《たいかいいってき》

問2 各2点／計10点

11 ア
12 コ
13 ケ
14 ウ
15 オ

五 対義語・類義語

各2点 計20点

グレーの部分は問題の熟語です。

1 薄暮《はくぼ》↔払暁《ふつぎょう》
2 違反《いはん》↔遵守《じゅんしゅ》
3 更生《こうせい》↔堕落《だらく》
4 充実《じゅうじつ》↔空虚《くうきょ》
5 酸化《さんか》↔還元《かんげん》

6 尽力《じんりょく》＝奔走《ほんそう》
7 起源《きげん》＝発祥《はっしょう》
8 悪習《あくしゅう》＝弊風《へいふう》
9 所持《しょじ》＝携行《けいこう》
10 小規模《しょうきぼ》＝零細《れいさい》

1「払暁《ふつぎょう》」は、夜明けのこと。

3「更生《こうせい》」は、考えを改め生活態度を建て直すこと。

5「還元《かんげん》」は、酸化された物質をもとに戻すこと。

7「発祥《はっしょう》」は、物事が初めて起こること。

六 同音・同訓異字

各2点 計20点

1 召喚《しょうかん》
2 召還《しょうかん》
3 償却《しょうきゃく》
4 焼却《しょうきゃく》
5 整腸《せいちょう》
6 清澄《せいちょう》

7 妥当《だとう》
8 打倒《だとう》
9 刃《は》
10 端《は》

七 誤字訂正

各2点 計10点

グレーの部分は誤字・正字を含む熟語です。

	【誤】		【正】
1	塁計	→	累計
2	端霊	→	端麗
3	叙々	→	徐々
4	述戒	→	述懐
5	移殖	→	移植

八 漢字と送りがな

各2点／計10点

1 翻《ひるがえ》る
2 踏《ふ》まえ
3 虐《しいた》げ
4 潤《うるお》す
5 臭《くさ》い

九 書き取り

各2点 計50点

グレーの部分は解答の補足です。

1 斉唱《せいしょう》
2 扶助《ふじょ》
3 寮《りょう》
4 甚雨《じんう》
5 耗弱《こうじゃく》
6 抄本《しょうほん》
7 奨励《しょうれい》
8 恭悦《きょうえつ》 恐悦《きょうえつ》
9 墜落《ついらく》

10 失踪《しっそう》
11 天丼《てんどん》
12 自嘲《じちょう》
13 傷《いた》んだ
14 砕《くだ》いて
15 催《もよお》す
16 襟《えり》
17 誓《ちか》い
18 鍋《なべ》

19 苗代《なわしろ》
20 謎《なぞ》
21 爽《さわ》やか
22 砂嵐《すなあらし》
23 蹴《け》る
24 百遍《ひゃっぺん》
25 愁眉《しゅうび》

5「耗弱《こうじゃく》」は、精神が衰弱して判断力が衰えること。

6「抄本《しょうほん》」は、原本の一部を抜き書きしたもの。

8「恭悦《きょうえつ》・恐悦《きょうえつ》」は、つつしんで喜ぶこと。目上の人に対して言う語。

23「蹴《け》る馬《うま》も乗《の》り手次第《てしだい》」は、暴れ馬でも乗る人によっておとなしくなることから、乱暴な人でも扱い方で変わってくる。

25「愁眉《しゅうび》を開《ひら》く」は、心配事で眉を寄せていたが、ほっと一安心できるようになったさま。

問題は本冊P150〜155

一 読み

各1点 計30点

グレーの部分は解答の補足です。

1 さんばし
2 いれい
3 じんしつ
4 かんめい
5 ちかく
6 たんのう
7 きゅうめい
8 ちょくし
9 せつな
10 しゃくどう
11 ゆさん
12 ふってい
13 やくびょう
14 ねんしゅつ
15 しゅうげん
16 ぎんみ
17 かっぱ
18 かんおう
19 ていねん
20 はいぜん
21 つるおと
22 おそれ
23 いしずえ
24 ためる
25 いきどおり
26 いやしく
27 いこい
28 はれて
29 ふさがれ
30 かけ

2「違戻《いれい》」は、道理をはずれ、規則を守らないこと。
3「迅疾《じんしつ》」は、はやいこと。
6「堪能《たんのう》」は、十分に満足すること。
7「糾明《きゅうめい》」は、悪事などを問いただして明らかにすること。
8「勅旨田《ちょくしでん》」は、平安時代、皇室の経費に充てるため勅旨によって開墾された田。
17「喝破《かっぱ》」は、真理を説き明かすこと。

二 部首

各1点 計10点

グレーの部分は部首の名前です。

1 艹 くさかんむり
2 心 こころ
3 土 つち
4 言 げん
5 頁 おおがい
6 竜 りゅう
7 力 ちから
8 又 また
9 日 ひ
10 ⼁ てつ

三 熟語の構成

各2点 計20点

1 ア　訴訟《そしょう》　どちらも「うったえる」意。
2 オ　不遇《ふぐう》　不（否定）＋遇（めぐりあわせ）。「めぐり合わせが悪い」
3 エ　失策《しっさく》　失（敗する）↑策（はかりごとを）
4 ウ　逓減《ていげん》　逓（次第に）↓減（る）
5 イ　賞罰《しょうばつ》　賞（ほうび）⇔罰
6 ア　精密《せいみつ》　どちらも「こまやか」の意。
7 イ　親疎《しんそ》　親（しむ）⇔疎（む）
8 エ　享楽《きょうらく》　享（うける）↑楽（しみを）
9 イ　因果《いんが》　因（原因）⇔果（結果）
10 ウ　激突《げきとつ》　激（しく）↓突（つきあたる）

四 四字熟語

問1 各2点／計20点

グレーの部分は解答の補足です。

1 生《せい》殺《さつ》与《よ》奪《だつ》
絶対的な権力を握り、人の生死などを思いのままにすること。

2 粗《そ》製《せい》濫《らん》造《ぞう》
粗末な質の悪い製品をむやみやたらに作ること。

3 百《ひゃっ》鬼《き》夜《や》行《こう》
大勢の悪人がのさばり歩くこと。「百鬼」はいろいろな化け物。

4 要《よう》害《がい》堅《けん》固《ご》
険しい地形をたのみ外敵に対し堅く備えること。類 難攻不落《なんこうふらく》・金城鉄壁《きんじょうてっぺき》

5 一《いち》念《ねん》発《ほっ》起《き》
今までの考えを改めて、ある事を成し遂げようと決心すること。

6 寡《か》頭《とう》政《せい》治《じ》
少数の人間が実権を握って独裁的に行う政治のこと。

7 遮《しゃ》二《に》無《む》二《に》
あることを前後の見通しも考えずに行うこと。類 我武者羅《がむしゃら》

8 新《しん》陳《ちん》代《たい》謝《しゃ》
新しいものが古いものに入れ替わること。「陳」は古い。

9 電《でん》光《こう》石《せっ》火《か》
非常に素早いことや非常に短い時間のたとえ。「石火」は火打石の火。

10 有《う》為《い》転《てん》変《ぺん》
この世の存在や現象は常に移り変わっているということ。もと仏教語。

問2 各2点／計10点

11 ア
12 ウ
13 キ
14 ケ
15 エ

五 対義語・類義語

各2点 計20点

グレーの部分は問題の熟語です。

1 卑俗《ひぞく》 ↕ 高尚《こうしょう》
2 追加《ついか》 ↕ 削減《さくげん》
3 漠然《ばくぜん》 ↕ 歴然《れきぜん》
4 簡潔《かんけつ》 ↕ 冗長《じょうちょう》
5 総合《そうごう》 ↕ 分析《ぶんせき》

6 克明《こくめい》 ＝ 丹念《たんねん》
7 逐電《ちくでん》 ＝ 出奔《しゅっぽん》
8 物騒《ぶっそう》 ＝ 不穏《ふおん》
9 技量《ぎりょう》 ＝ 手腕《しゅわん》
10 心配《しんぱい》 ＝ 懸念《けねん》

3「歴然《れきぜん》」は、はっきり明白なさま。

4「冗長《じょうちょう》」は、要点がはっきりせず長たらしいこと。

6「克明《こくめい》」は、細かいところまで念を入れること。

7「逐電《ちくでん》」は、素早く逃げて行方知れずになること。

六 同音・同訓異字

各2点 計20点

グレーの部分は解答の補足です。

1 改定《かいてい》
2 改訂《かいてい》
3 壮健《そうけん》
4 双肩《そうけん》
5 適性《てきせい》
6 適正《てきせい》

7 督励《とくれい》
8 特例《とくれい》
9 老《ふ》けた
10 更《ふ》ける

七 誤字訂正

各2点 計10点

グレーの部分は誤字・正字を含む熟語です。

【誤】 【正】
1 繊緯 → 繊維
2 報給 → 俸給
3 余断 → 予断
4 環元 → 還元
5 偏歴 → 遍歴

八 漢字と送りがな

各2点／計10点

1 麗《うるわ》しい
2 甚《はなは》だしい
3 促《うなが》す
4 触《さわ》る
5 滴《したた》る

九 書き取り

各2点 計50点

グレーの部分は解答の補足です。

1 栓《せん》
2 献身《けんしん》
3 逝去《せいきょ》
4 阻喪《そそう》
5 窮地《きゅうち》
6 静粛《せいしゅく》
7 壮大《そうだい》
8 満喫《まんきつ》
9 瓶《びん》

10 煎餅《せんべい》
11 剝奪《はくだつ》
12 伴侶《はんりょ》
13 省《かえり》みる
14 頬《ほお》
15 雇《やと》う
16 岬《みさき》
17 阻《はば》まれ
18 汚《けが》す

19 磨《みが》けば
20 餅《もち》
21 初詣《はつもうで》
22 餌付《えづ》け
23 勘定《かんじょう》
24 頭巾《ずきん》
25 孤《こ》

3「逝去《せいきょ》」は、人の死の尊敬語。

7「壮大《そうだい》」は、大きく立派なこと。

22「餌付《えづ》け」は、野生動物に人の手で餌を与え、なれさせること。

23「勘定合《かんじょうあ》って銭足《ぜにた》らず」は、計算上は利益が出るのに、実際は損をしていること。

24「冬編笠《ふゆあみがさ》に夏頭巾《なつずきん》」は、編笠は風通しがよく、頭巾は暖かい。物事がさかさまであること。

25「徳《とく》は孤《こ》ならず必《かなら》ず隣有《となりあ》り」は、人格者はその感化が周囲に及び、孤立することはないという意。

2級 本試験型テスト 第11回 解答・解説

問題は本冊P156～161

一 読み

各1点 計30点

グレーの部分は解答の補足です。

1 しが
2 ていかん
3 しゅんけつ
4 らっかさん
5 ざいわい
6 きちじょう きっしょう
7 ひっこう
8 おういん
9 こんりゅう
10 れいげん れいけん
11 しゃふつ
12 そうでん
13 にそう
14 ほにゅう
15 ようかい
16 ほんりゅう
17 ろけん
18 もうじゃ
19 みぞう
20 がんたん
21 いおう
22 まぬかれ
23 おおせ
24 さげすむ
25 さだか
26 かて
27 よし
28 つぶして
29 しかられ
30 だれ

2「定款《ていかん》」は、法人の基本規則を書いた文書。
5「財賄《ざいわい》」は、財産。
7「筆耕《ひっこう》」は、文章の筆写、清書などをして報酬を得ること。
8「押韻《おういん》」は、漢詩で決まった位置に韻を踏むこと。
10「霊験《れいげん》」は、熱心な祈願に対し神仏が示す感応。ご利益。
18「金《かね》の亡者《もうじゃ》」は、金銭欲に取り付かれている人。
19「未曽有《みぞう》」は、今までに一度もなかったこと。

二 部首

各1点 計10点

グレーの部分は部首の名前です。

1 自 みずから
2 犬 いぬ
3 刂 りっとう
4 疒 やまいだれ
5 广 まだれ
6 聿 ふでづくり
7 心 こころ
8 凵 うけばこ
9 車 くるまへん
10 曰 ひらび いわく

三 熟語の構成

各2点 計20点

1 ア 把握《はあく》 どちらも「にぎる」意。
2 イ 諾否《だくひ》 諾（ひきうける）⟷否（拒否する）
3 ア 凡庸《ぼんよう》 どちらも「ふつう」の意。
4 ウ 棋譜《きふ》 棋（将棋などの）→譜（手順の記録）
5 エ 罷業《ひぎょう》 罷（やめる）←業（仕事を）
6 ウ 鉄瓶《てつびん》 鉄（で出来た）→瓶
7 ア 威嚇《いかく》 どちらも「おどす」意。
8 エ 抗菌《こうきん》 抗（あらがう）←菌（に）
9 オ 未詳《みしょう》 未（否定）＋詳（しい）。「まだ詳しくない」
10 イ 攻守《こうしゅ》 攻（撃）⟷守（り）

四 四字熟語

問1 各2点／計20点

グレーの部分は解答の補足です。

1 普遍妥当《ふへんだとう》 どんな条件下でもすべてのものに共通し、適切に当てはまること。
2 快刀乱麻《かいとうらんま》 もつれた物事を鮮やかに処理し解決すること。「快刀《かいとう》、乱麻《らんま》を断《た》つ」の略。
3 勢力伯仲《せいりょくはくちゅう》 互いの実力がほぼ同じで優劣つけ難いこと。「伯」は長兄、「仲」は次兄。
4 温厚篤実《おんこうとくじつ》 穏やかで情が深く、誠実なさま。
5 秋霜烈日《しゅうそうれつじつ》 刑罰、節操などが厳しいこと。秋の冷たい霜と夏の暑い日差しから。
6 粉骨砕身《ふんこつさいしん》 努力の上にも努力すること。また骨身を惜しまず懸命に働くこと。
7 会者定離《えしゃじょうり》 この世で出会った人とは必ず別れの時がくる。人生の無常を言う仏教語。
8 寛仁大度《かんじんたいど》 心が広くて情が深く、度量の大きいこと。
9 出処進退《しゅっしょしんたい》 官職や地位における身の処し方。「処」は官を退いて家にいること。
10 栄枯盛衰《えいこせいすい》 盛んになったり衰えたりする人の世のはかなさを言う語。

問2 各2点／計10点

11 ウ
12 イ
13 カ
14 キ
15 オ

五 対義語・類義語

各2点 計20点

グレーの部分は問題の熟語です。

1 不足《ふそく》↕過剰《かじょう》
2 自生《じせい》↕栽培《さいばい》
3 設置《せっち》↕撤去《てっきょ》
4 傑物《けつぶつ》↕凡人《ぼんじん》
5 真実《しんじつ》↕虚偽《きょぎ》

6 清書《せいしょ》＝浄書《じょうしょ》
7 辛抱《しんぼう》＝忍耐《にんたい》
8 卓越《たくえつ》＝秀逸《しゅういつ》
9 返済《へんさい》＝償還《しょうかん》
10 制裁《せいさい》＝懲戒《ちょうかい》

4「傑物《けつぶつ》」は、抜きん出てすぐれた人物のこと。
8「秀逸《しゅういつ》」は、他に抜きん出てすぐれていること。
9「償還《しょうかん》」は、借りたものを返すこと。
10「制裁《せいさい》」は、決まりなどに背いた者を懲らしめること。

六 同音・同訓異字

各2点 計20点

グレーの部分は解答の補足です。

1 追求《ついきゅう》
2 追及《ついきゅう》
3 傍聴《ぼうちょう》
4 膨張《ぼうちょう》
5 明記《めいき》
6 銘記《めいき》

7 浮揚《ふよう》
8 扶養《ふよう》
9 柔《やわ》らか
10 和《やわ》らげ

七 誤字訂正

各2点 計10点

グレーの部分は誤字・正字を含む熟語です。

［誤］→［正］

1 刑閥→刑罰
2 瞬足→俊足
3 栽媒→栽培
4 優偶→優遇
5 奉謙→奉献

八 漢字と送りがな

各2点／計10点

1 戯《たわむ》れ
2 奏《かな》でる
3 賜《たまわ》る
4 衰《おとろ》える
5 繕《つくろ》う

九 書き取り

各2点 計50点

グレーの部分は解答の補足です。

1 挑発《ちょうはつ》
2 朕《ちん》
3 紡績《ぼうせき》
4 賠償《ばいしょう》
5 購読《こうどく》
6 頒布《はんぷ》
7 盗塁《とうるい》
8 悪弊《あくへい》
9 享受《きょうじゅ》

10 打診《だしん》
11 普請《ふしん》
12 憂鬱《ゆううつ》
13 覆《くつがえ》す
14 漆塗《うるしぬ》り
15 隅《すみ》
16 履《は》き
17 過《あやま》ち
18 枕《まくら》

19 藤棚《ふじだな》
20 暗闇《くらやみ》
21 日頃《ひごろ》
22 虎《とら》
23 慈雨《じう》
24 肝胆《かんたん》
25 出藍《しゅつらん》

2「朕《ちん》」は、天子の自称。
6「頒布《はんぷ》」は、広く行き渡るように配ること。
8「悪弊《あくへい》」は、悪い習慣のこと。
10「打診《だしん》」は、働きかけて様子をみること。
11「普請《ふしん》」は、建築や土木のこと。
23「干天《かんてん》の慈雨《じう》」は、苦境で出会った救い。
24「肝胆相照《かんたんあいて》らす」は、心の奥底まで深く理解し合っていること。
25「出藍《しゅつらん》の誉《ほま》れ」は、師を超えるすぐれた弟子という名声。

2級 本試験型テスト 第12回 解答・解説

問題は本冊P162〜167

一 読み

各1点 計30点

グレーの部分は解答の補足です。

1 かくど
2 ちょうそ
3 かんこ
4 じゅん
5 かいけい
6 ていじ
7 くんいく
8 けっしゅつ
9 ゆうぜい
10 ごはっと
11 きんど
12 こうさつ
13 いっし
14 しょうけん
15 ごんげ
16 しゅうぶん
17 ひよく
18 みけん
19 だんがい
20 えんこん
21 つぐ
22 つちかわれ
23 うぶぎ
24 ゆかた
25 とえはたえ
26 はかる
27 ひ
28 はうた
29 さかのぼって
30 すそ

1「嚇怒《かくど》」は、激しく怒ること。

3「閑古鳥《かんこどり》」はカッコウ。「閑古鳥が鳴く」は、来る人も無く、ひっそりとしていること。

6「逓次《ていじ》」は、順次と同じ。

7「薫育《くんいく》」は、徳によって指導し、育てること。

11「襟度《きんど》」は、人を受容できる心の広さ。

13「一矢《いっし》を報《むく》いる」は、相手からの攻撃・非難に対し反撃すること。

14「正絹《しょうけん》」は、混じりもののない絹、絹織物。

二 部首

各1点 計10点

グレーの部分は部首の名前です。

1 羽 はね
2 宀 うかんむり
3 心 こころ
4 糸 いと
5 ⺌ しょう
6 石 いし
7 廾 こまぬき にじゅうあし
8 虍 とらがしら とらかんむり
9 襾 おおいかんむり
10 冫 にすい

三 熟語の構成

各2点 計20点

1 ウ
2 ア
3 エ
4 ウ
5 イ
6 イ
7 ア
8 エ
9 エ
10 オ

物価《ぶっか》 物(の)↓価(値段)
華麗《かれい》 どちらも「美しい」の意。
譲位《じょうい》 譲(る)↑位(を)
漸進《ぜんしん》 漸(次第に)↓進(む)
多寡《たか》 多(い)⇕寡(少ない)
集散《しゅうさん》 集(まる)⇕散(る)
詳細《しょうさい》 どちらも「こまかい」の意。
護身《ごしん》 護(まもる)↑身(を)
争覇《そうは》 争(う)↑覇(権を)
未了《みりょう》 未(否定)+了(終わり)。「まだ終わらない」

四 四字熟語

問1 各2点/計20点

グレーの部分は解答の補足です。

1 大願成就《たいがんじょうじゅ》
神仏に祈った大きな願いがかなえられること。

2 破邪顕正《はじゃけんしょう》
不正を打破し、正しい考えを明らかにすること。「顕正」は「けんせい」とも読む。

3 落花流水《らっかりゅうすい》
落ちた花が水に流されてゆく春の景色。物事の衰えや時の経過のたとえ。

4 一罰百戒《いちばつひゃっかい》
一人の罪や過失を罰することで多くの人の戒めにすること。

5 鶏口牛後《けいこうぎゅうご》
大組織の末端より、弱小集団でも良いから上に立つ存在である方がよい。

6 針小棒大《しんしょうぼうだい》
ささいな物事を大げさに誇張して言うこと。

7 直情径行《ちょくじょうけいこう》
感情にまかせて思いのままに行動すること。対 熟慮断行《じゅくりょだんこう》

8 比翼連理《ひよくれんり》
相思相愛の仲、むつまじい夫婦仲のたとえ。出典は白居易の「長恨歌」。

9 万古不易《ばんこふえき》
永久に変わらないこと。類 永久不変《えいきゅうふへん》

10 遠慮会釈《えんりょえしゃく》
つつましく控えめにして、相手のことを思いやること。対 傍若無人《ぼうじゃくぶじん》

問2 各2点/計10点

11 イ
12 ク
13 キ
14 カ
15 オ

五 対義語・類義語 各2点 計20点

グレーの部分は問題の熟語です。

1 短気《たんき》 ↕ 悠長《ゆうちょう》
2 強硬《きょうこう》 ↕ 軟弱《なんじゃく》
3 固執《こしつ》 ↕ 妥協《だきょう》
4 栄誉《えいよ》 ↕ 恥辱《ちじょく》
5 決裂《けつれつ》 ↕ 妥結《だけつ》

6 歴然《れきぜん》 ＝ 顕著《けんちょ》
7 手当《てあて》 ＝ 報酬《ほうしゅう》
8 座視《ざし》 ＝ 傍観《ぼうかん》
9 統制《とうせい》 ＝ 統轄《とうかつ》 統括《とうかつ》
10 気分《きぶん》 ＝ 機嫌《きげん》

1「悠長《ゆうちょう》」は、ゆったりと落ち着いていること。

3「固執《こしつ》」は、自分の意見などを主張してまげないこと。

5「妥結《だけつ》」は、折れ合って話し合いをまとめること。

8「座視《ざし》」は、側で見ているだけで関わらないこと。

六 同音・同訓異字 各2点 計20点

1 体制《たいせい》
2 態勢《たいせい》
3 遊戯《ゆうぎ》
4 遊技《ゆうぎ》
5 有終《ゆうしゅう》
6 憂愁《ゆうしゅう》

7 偏食《へんしょく》
8 変色《へんしょく》
9 隅《すみ》
10 墨《すみ》

七 誤字訂正 各2点 計10点

グレーの部分は誤字・正字を含む熟語です。

【誤】 → 【正】
1 純僕 → 純朴
2 削取 → 搾取
3 捜策 → 捜索
4 択越 → 卓越
5 発気 → 発揮

八 漢字と送りがな 各2点／計10点

1 恭《うやうや》しく
2 挑《いど》む
3 弔《とむら》う
4 葬《ほうむ》る
5 秀《ひい》でた

九 書き取り 各2点 計50点

グレーの部分は解答の補足です。

1 督促《とくそく》
2 履修《りしゅう》
3 暗礁《あんしょう》
4 徹底《てってい》
5 謙虚《けんきょ》
6 元帥《げんすい》
7 渦中《かちゅう》
8 逮捕《たいほ》
9 発酵《はっこう》

10 披露《ひろう》
11 牙城《がじょう》
12 僅差《きんさ》
13 翻《ひるがえ》る
14 怠《なま》け
15 窯元《かまもと》
16 畝《うね》
17 神神《こうごう》しい 神々《こうごう》しい
18 拒《こば》み

19 盾《たて》
20 蓋《ふた》
21 虹《にじ》
22 鎌倉《かまくら》
23 賭《と》す
24 蹴《け》ったり
25 煩悩《ぼんのう》

3「暗礁《あんしょう》」は、海中に隠れている岩。

6「元帥《げんすい》」は、軍隊の総大将。

11「牙城《がじょう》」は、敵の本丸。敵対する勢力の根拠地。

15「窯元《かまもと》」は陶磁器の製造元。

16「畝《うね》」は、作物の植え付けのため、畑の土を筋状に盛り上げたもの。

19「盾《たて》をつく」は、反抗すること。

23「身命《しんめい》を賭《と》する」は、命をかけて努力すること。

25「煩悩《ぼんのう》の犬《いぬ》は追《お》えども去《さ》らず」は、煩悩は付きまとう犬のように、考えまいとしても心から離れないということ。

矢印の方向に引くと別冊が外れます